Diana Voigt / Hilde Jawad-Estrak (Hrsg.)

VON FRAU ZU FRAU

Feministische Ansätze in Theorie und Praxis psychotherapeutischer Schulen

REIHE FRAUENFORSCHUNG Band 17

Wiener Frauenverlag

Gedruckt mit Förderung durch das Bundesministerium für Wissenschaft und Forschung und das Bundeministerium für Unterricht und Kunst.

Die Deutsche Bibliothek – CIP-Einheistaufnahme
Von Frau zu Frau : feministische Ansätze in Theorie und Praxis psychotherapeutischer Schulen / Diana Voigt ; Hilde Jawad (Hrsg.). – Wien : Wiener Frauenverl., 1991
(Reihe Frauenforschung ; Bd. 17)
ISBN 3-900399-56-5
NE: Voigt, Diana [Hrsg.]; GT

Umschlaggestaltung und Coverfoto: Gudrun Stotz
Buchgestaltung: Diana Voigt
Lektorat: Diana Voigt
Datenkonvertierung: PCG, Wien
Druck: Wiener Verlag, Himberg, technische Beratung: Rudolf Leonardelli

A-1080 Wien, Lange Gasse 51
ISBN 3-900399-56-5
Redaktion der REIHE FRAUENFORSCHUNG: Barbara Neuwirth

VORWORT DER HERAUSGEBERINNEN

Wozu ein Buch wie dieses über feministische Ansätze in den Psychotherapien? Unsere Beweggründe waren vielfältig. Für uns als Herausgeberinnen stand vorerst persönliches Interesse und Betroffenheit im Vordergrund. Beide mit langjähriger Therapieerfahrung in verschiedenen therapeutischen Richtungen als Klientinnen, bei Hilde Jawad auch als therapeutisch Tätige, erlebten wir am eigenen Leib bzw. an der eigenen Seele die Auswirkungen von hierarchischen Strukturen, Wertungen, therapeutischen Übergriffen und Machtmißbrauch gegenüber Frauen – und das nicht nur von Männern. Und erlebten auch, wie es anders sein kann; das Heilsame einer liebevollen, auf Bewertung verzichtenden, partnerschaftlichen therapeutischen Grundhaltung, die es Frauen ermöglicht, ihre Ressourcen zu entdecken. Diese Haltungen entsprechen auch den Grundsätzen der Feministischen Psychotherapie. Der Frage ihrer Verwirklichung in den verschiedenen therapeutischen Richtungen galt unser Interesse.

Ein weiterer Grund zur Entstehung mag die politische Situation sein. In einer Zeit, in der soziales Engagement und Feminismus als Worte bald nicht mehr in den Mund genommen werden dürfen, als Lebenshaltungen gerne als überkommene Linkslastigkeit bezeichnet werden, die sich ja endlich, die Geschichte beweist es doch, überlebt haben, in einer Zeit, in der Frauen erst wieder „richtige Frauen" sind, wenn sie das „Selbstbewußtsein" haben, die alten Rollenzuweisungen zu erfüllen und dies aus Konformitätsdruck, finanziellem Druck u. v. a. auch tun, in einer Zeit, in der eine steigende Anzahl von Menschen nicht neben homosexuellen Frauen und Männern leben wollen und für deren Bestrafung sind (siehe PROFIL-Serie „Österreich-Intim"), finden wir es wichtig, Position zu beziehen. Und zwar Positon für die Entdeckung und Entfaltung der eigenen (weiblichen) Freiheit, die vielleicht in einiger Entfernung zur „Norm" liegt, für die Förderung der eigenen Kreativität, für die Eigenverantwortlichkeit sich selbst und der umgebenden Welt gegenüber. Diese Potentiale sind üblicherweise unterdrückt und verschüttet. Therapie – in diesem Fall auf Frauen

bezogene, engagierte Therapie – ist eine der vielen Möglichkeiten, sie zutage zu bringen. Dem gilt im Sinne einer Liberalisierung, einer Feminisierung, einer toleranten, eigenverantwortlichen Grundhaltung unserer Gesellschaft, unser Engagement, das wir versuchten, mit vorliegendem Buch auszudrücken.
Und ein dritter Grund ist schlicht verlegerischer Stolz, daß dieser Band eine Novität darstellt, es keine ähnliche Publikation gibt, die versucht, ein breites Spektrum therapeutischer Schulen zu präsentieren, in die frauenspezifisches Denken Eingang gefunden hat.
Wir stellen allerdings keinen Anspruch auf Vollständigkeit, bei weitem nicht alle Therapierichtungen sind vertreten. Wir versuchten bei der Ausschreibung möglichst viele verschieden ausgebildete Therapeutinnen anzusprechen, einige erklärten sich bereit, einen Beitrag zu verfassen, andere lehnten ab, daher gerieten „Lücken" in unser Konzept. Trotzdem können sich die Leserinnen und Leser über viele Richtungen informieren, teilweise neue Ansätze in den feministisch orientierten Therapien entdecken. Von den klassischen psychoanalytischen Schulen nach Freud und Jung über Gestalttherapie, Initiatische Leibtherapie, Integrative Sexualtherapie, Gesprächstherapie, Bioenergetik, bis zur Tanztherapie und Musiktherapie erstreckt sich das Spektrum, in dem frauenspezifisches therapeutisches Arbeiten stattfinden kann.

Wir wünschen allen Interessierten eine intensive, aufschlußreiche, gute Lektüre.

Ursula Wirtz

THERAPEUTISCHE ARBEIT MIT FRAUEN

EINE EINFÜHRUNG

In den 70er Jahren hat die Frauenbewegung ein Bewußtsein dafür geweckt, daß die Psychologie der Frau in den herrschenden Theorien neu reflektiert werden muß. Die Marginalisierung und Fremdbestimmung des weiblichen Geschlechtes forderte Frauen heraus, sich endlich selbst zu definieren und nicht mehr länger als abgeleitetes, defizitäres Wesen in den psychoanalytischen Theorien und kulturellen Nischen ihr Dasein zu fristen.
Der frauenspezifische Standpunkt ist vor allem ein kritischer, antithetischer, der aus der Abgrenzung von bestehenden Entwürfen hervorging und die soziale Wirklichkeit der Frau erstmals in den Blickwinkel psychologischer Theorienbildung rückte. Die Signaturen weiblicher Identität bilden sich ja nicht in einem sozialen Vacuum, sondern in einem gesellschaftlichen Kontext.
Zum Prozeß der weiblichen Identitätsfindung gehört für Frauen ein Bewußtwerden ihrer selbst, ein Erkennen patriarchaler Verformungen und ein Vertrautwerden mit den ihrem Geschlecht eigenen Möglichkeiten und Bedürfnissen in dieser Gesellschaft.
Frauenspezifische Therapie orientiert sich an der Interdependenz der sozialen und wirtschaftlichen Situation von Frauen und ihrer psychischen Befindlichkeit und an frauenspezifischen Bewältigungsstrategien in kritischen Phasen weiblicher Lebenszyklen. Sie erforscht die inhärenten Widersprüche in den vorgezeichneten Sozialrollen der Frau, grenzt sich vom sexistischen Bezugsrahmen traditioneller Therapie ab und arbeitet an Neudefinitionen psychologischer Begriffe, was zu einem eigenen Interpretationswinkel bezüglich Diagnose und Ätiologie traditioneller Krankheitsbilder führt.
So ist der Beginn feministischer Psychotherapie in einem neuen Denken verwurzelt und den philosophischen Grundlagen des Feminismus verpflichtet. Im Rahmen dieses neuen Welt- und Menschenbildes sind Grundwerte erarbeitet worden, die heute für ein feministisches Bewußtsein konstitutiv sind, obwohl auch in der fe-

ministischen Psychotherapie Entpolitisierungstendenzen wahrgenommen werden können. Zu den Grundwerten feministischer Orientierung gehören:
– Das Persönliche ist politisch.
– Gleichheit und antihierarchische Grundhaltung.
– Autonomie und selbstverantwortliches Handeln.
– Parteilichkeit und Betroffenheit.

Die Beiträge in diesem Buch vermitteln einen Eindruck davon, wie sich diese Haltungen in der Therapie praktisch manifestieren. Es geht in diesem Band nicht um die Konzeptualisierung, was denn feministische Therapie sei. Diese Form der Grundlagenforschung war nicht mehr das Anliegen dieses Sammelbandes, sondern der Einblick in konkrete Arbeitsansätze und therapeutisches Handeln mit einem frauenspezifischen Blick. Der Reader macht deutlich, daß Frauen in den verschiedenen therapeutischen Richtungen einen sehr unterschiedlichen Ort einnehmen und die politische Dimension der therapeutischen Arbeit nicht nur von den impliziten Werten der Methode, sondern auch von den internalisierten Werten der Therapeutin abhängt.

Auch im feministischen Diskurs wird deutlich, daß die Diskussion um die disparaten Strukturen von Männlichkeit und Weiblichkeit von ideologischen Zuschreibungen nicht frei ist. Das hängt damit zusammen, daß die Kategorie „Geschlecht" noch immer keine begriffsgeschichtliche Tradition und kein ausreichend reflektiertes theoretisches Bezugssystem aufweist.

Hatten die Kulturphilosophen bereits die Welt in Form von geschlechtsspezifischen Dichotomien und Hierarchien beschrieben, so leistete der patriarchale, psychoanalytische Diskurs einen weiteren Beitrag zur Internalisierung von Geschlechtsstereotypen, die auch unsere modernen gesellschaftlichen Deutungsmuster prägen. Das ideologische Gefängnis der Kategorie „Geschlecht" ist aber nicht nur auf die Psychoanalyse begrenzt, auch die humanistischen Therapien gehen von der subtilen Gleichsetzung von Mann und Mensch aus.

Die Neureflexion des Geschlechtergegensatzes läßt sich an den Buchtiteln der letzten Jahre deutlich ablesen: „Die Kunst ist weiblich", „Die Zukunft ist weiblich", „Weibliche Beziehungsmuster", „Weibliches Denken"...Auch heute begegnet uns wieder die Frage, ob es so etwas wie eine „Geschlechterspur" in der kulturellen Identität gibt. Nach dieser Geschlechterspur fragten auch die „Frauen der Feder", allen voran Christa Wolff, die aus einem „weiblichen Weltbild" heraus, eine „weibliche Ästhetik" und „weibliches Schreiben" zu postulieren versucht.

So notwendig dieser „andere Blick" für die weibliche Lebenswirklichkeit von Frauen in dieser Gesellschaft ist, um ihre Zurichtung und Unterdrückung sichtbar zu machen, so gefährlich scheint mir die gegenwärtige Tendenz bei der Frage nach dem Geschlecht wieder in die verdächtige Nähe einer Geschlechtsmetaphysik zu rücken, bei der die Anatomie letztlich doch Schicksal bleibt. Der Versuch, weibliche Identität zu konstituieren, indem ursprünglich abgewertete weibliche Verhaltensweisen umbewertet und aufgewertet werden, muß scheitern. Wenn die Vertreterinnen feministischer Spiritualität Frauen als die neuen Heilerinnen preisen, und zu besseren Menschen hochstilisieren, verbirgt sich dahinter lediglich das alte, systemstabilisierende patriarchale Konstrukt mit umgekehrtem Vorzeichen: die Theorie der biologischen Geschlechtsunterschiede als vorgegebene Seinsunterschiede.

Feministische Psychotherapie oder Psychoanalyse setzt woanders an. Sie hinterfragt kritisch das Menschen- und Weltbild in den verschiedenen therapeutischen Richtungen in Hinblick auf die unterschiedliche Lebenswirklichkeit von Frauen und Männern.

Bei der kritischen Aufarbeitung der Bilder von Weiblichkeit, die in den patriarchalen Diskursen entworfen werden, ist besonders das psychoanalytische Denkmodell scharf kritisiert worden. Für eine systematische „Dekonstruktion und Rekonstruktion von Weiblichkeitsparadigmen in der Psychoanalyse" hat sich Ch. Rohde-Dachser eingesetzt. Und auch in diesem Buch wird die theoretische Auseinandersetzung um Weiblichkeitsentwürfe von *Barbara Gissrau* im Rahmen der Psychoanalyse geführt. Sie versucht einen feministisch-kritischen Überblick über die gegenwärtigen Weiblichkeitskonstruktionen in der Psychoanalyse zu geben und verdeutlicht die Notwendigkeit eines ausdifferenzierten Symbolisierungssystems weiblicher psychosexueller Entwicklung.

Über die verschiedenen Frauenbilder werden jeweils sehr subtil

Werthierarchien vermittelt, die den Sexismus der einzelnen Therapiemethoden enthüllen. Weibliches Begehren präsentiert sich in den psychologischen Theorien höchstens marginal, und das Schicksal lesbischer Wünsche und Konflikte wird von *Verena Blumer* in einer neuen Lesart der Fallgeschichte von H. D. vorgestellt. Freuds Deutungen, mit denen er das Erleben und die Wünsche seiner Patientin ignoriert und abwertet, spiegeln das patriarchale Wertsystem wider, die Absenz von Frauen, die Frauen lieben.

Die Signaturen der geschlechtlichen Identität werden aber nicht nur von der Psychoanalyse diktiert, sondern auch von sozialen Institutionen, in denen Männer Experten sind und die Definitionsmacht besitzen. Frauenspezifische Therapie deckt auch in diesem Rahmen auf, daß männliche Werte die Meßlatte für die seelische Gesundheit der Frau liefern und festsetzen, was in dieser Gesellschaft als sozial erwünschtes weibliches Verhalten gilt. Der Beitrag von *Elisabeth Pahl* macht deutlich, wie sehr Frauen der Diagnosestellung von Ärzten und Psychiatern ausgesetzt sind und Therapie und Psychiatrie eine Form sozialer Kontrolle darstellen.

Hilde Jawad-Estrak behandelt in ihrem Beitrag das tabuisierte Thema der Konkurrenz zwischen Frauen – in diesem Fall zwischen Therapeutinnen. Sie zeigt sich in der Doppelrolle der Betroffenen und der „Fachfrau“, versucht persönliche Vorgänge transparent zu machen – ein Beitrag zur Enthierarchisierung der (feministischen) Gestalttherapie.

Therapie mit Frauen von Frauen, das bedeutet immer auch einen spezifischen Blick auf den weiblichen Körper, seine Entfremdung und Enteignung, auf das Kreuz mit dem Körper, an dem wir Frauen schwer tragen. Den eigenen Körper wieder zu bewohnen, ihn sich neu anzueignen, wird zu einem politischen Ziel auf dem Weg zu mehr Autonomie. Dieser kritische Blick auf die Hochkonjunktur körperorientierter Verfahren in feministischen Therapien wird von *Birgit Hoppe* eingeleitet. Sie überprüft, welche Weiblichkeitskonstruktionen über den Körper in der feminstischen Therapie entworfen und legitimiert werden, wobei sie die Gefahren einer möglichen Verkürzung ins Blickfeld rückt, die sich aus der Hinwendung zu einem Mythos der „Körperwahrheit“ ergeben.

Im Rahmen feministischer Psychotherapie ist das Verhältnis der Geschlechter zueinander als potentielles Gewaltverhältnis demaskiert worden. Besonders im Bereich der Sexualität ist deutlich geworden, daß Gewalt gegen Frauen als „Kontroll- und Unterwerfungsritual" dient und in unserer Gesellschaft strukturell fest verankert ist. Sexuelle Ausbeutung von Klientinnen als Machtmißbrauch ist ein wichtiges Thema in der therapeutischen Praxis, neben der Kritik an frauenfeindlichen sexualtherapeutischen Konzepten. Es ist auch den feministischen Therapeutinnen zu verdanken, daß sexuelle Abstinenz als konstitutiv für jeden therapeutischen Prozeß in die Standesordnung und die ethischen Richtlinien vieler Psychotherapieverbände aufgenommen worden ist. *Rotraud A. Perner* will mit ihrer Sexualtherapie hilfreich sein, Sexualität als wesentlichen Aspekt der Persönlichkeit wahrzunehmen. Sie warnt vor den vorgezeichneten Wegen und diagnostischen Etikettierungen und macht Mut zur „Leere", damit der Raum für die Entfaltung des eigentlichen Selbst frei wird.
Auch *Maria Majce-Egger* folgt den Spuren weiblicher Körpergeschichte in der bioenergetischen Arbeit , um „den Kern der Person wiederzufinden". Dabei bezieht sie sich besonders auf die spezifisch weibliche Charakteranalyse und die Konflikte zwischen Selbständigkeit und Abhängigkeit, Autonomie und Sexualität. *Barbara Hennig* geht es in ihrem Beitrag zur Initiatischen Leibtherapie um die Verbindung fragmentierter Leibbereiche zur lebendigen Erfahrung des Wesenskerns. Besonders für Frauen, die schon früh das Trauma der sexuellen Ausbeutung erfahren mußten, kann diese Therapieform mit dem Einsatz verschiedener Medien, wie Zeichnen, Tonarbeit, Gebärden, zum Weg aus der Selbstentfremdung werden. Einen anderen Ansatz zur weiblichen Identitätsfindung, Ichstärke und bewußterer Körperwahrnehmung beschreibt *Elisabeth Grünberger* mit ihrer Tanztherapie. Im Protokoll einer Tanztherapiestunde zum Thema Mädchen–Frau–Alte Frau gewinnen wir Einblick in den Prozeß der Identitätsfindung via Identifizierung.
Marianne Springer-Kremser schließlich beschreibt vom Standpunkt der Medizinerin mit psychotherapeutischer Schulung die psychosomatischen Hintergründe und Abläufe im weiblichen Zyklus und seine Störungen.

Drei Beiträge sind um das Thema Frauenmusiktherapie gruppiert. *Inge Latz* nimmt uns hinein in den musiktherapeutischen Alltag und läßt uns mitstaunen über die „kleinen Wunder" aus der therapeutischen Praxis. Wir können die Suche nach den eigenen Körpertönen verfolgen und einen Eindruck bekommen, wie Frauenmusiktherapie „neue alte Wege zur differenzierten Selbstheilung" benutzt. Bei *Eva Bauer* entdecken wir, wie Frauen in der Therapie wieder die eigene innere Musik wahrnehmen und sich singend in ihrem Frauenkörper neu einrichten, wobei der Klangkontakt den Weg freilegt zu anderen Kontakten mit der Welt. *Marianne Breiter* versucht aufzuzeigen, in welcher Weise Musiktherapie feministischen Ansprüchen entgegenkommt. Alles therapeutische Geschehen wird immer auf dem Hintergrund unseres Wissens über die Sozialisations- und Lebensbedingungen von Frauen gesehen und dort jeweils eingesetzt, wo die Ressourcen der Frauen liegen, damit die gesunden, starken Persönlichkeitsanteile Unterstützung erfahren und die Selbstheilungskräfte der Klientinnen mobilisiert werden. Damit konstituiert sich Frauenmusiktherapie als wirksames Gegengewicht zur „patriarchalen Körperpolitik".

Die Beiträge in diesem Band machen deutlich, daß auch im Rahmen frauenspezifischer Therapie die Werte unterschiedlich gesetzt werden. Ob der Akzent mehr darauf liegt, die eigene Sexualität zu entdecken, eigene Bedürfnisse zu formulieren und für die vielfältigen Formen männlicher Unterdrückung sensibler zu werden, oder ob sich die therapeutische Arbeit eher an Werten von „Ganzheit" und „Heilwerden" orientiert, erscheint als eine Frage der persönlichen Gleichung der Therapeutin. Die weiteren Beiträge vermitteln eine Auseinandersetzung mit der Arbeit an der Basis. Hier, auf der Ebene feministischer Therapie- und Beratungsprojekte, werden die psychosozialen Belastungen und Konflikte von Frauen überdeutlich. Parteilichkeit und Betroffenheit und die Arbeit an selbstbestimmten antihierarchischen Strukturen kennzeichnen diese Projekte. In solchen Arbeitsfeldern wird sich auch erweisen, ob feministische Therapie letztlich eine systemstabilisierende Funktion bekommt, als „Reparaturwerkstatt und Fürsorgestationen seelischen Elends" (Thürmer-Rohr), oder ob sie ihren emanzipatorischen, kulturkritischen Anspruch einlösen kann.

Margot Scherl stellt „Frauen beraten Frauen" aus Wien vor und die Schwierigkeiten im Umgang mit Grenzen und Begrenzungen im Rahmen dieses feministischen Projekts. *Traude Ebermann* berichtet über einen wöchentlichen Treffpunkt für arbeitslose Frauen und die existienziellen Auswirkungen weiblicher Langzeitarbeitslosigkeit. *Agnes Büchele* und *Martina Brandl* nehmen uns mit an den „offenen Abend", einen Ort für Frauenkultur, wo alles das lebendig umgesetzt wird, was gute frauenspezifische psychosoziale Arbeit ausmacht.
Die Leserinnen und Leser sind herzlich eingeladen, sich entlang dieser Vielfalt der Wege den eigenen Weg zu erlesen.

Verena Blumer

WAS DAS WEIB BEGEHRT

H. D. BEI FREUD

I

Wien, 1. März 1933. Eine Frau kommt zur ersten psychoanalytischen Sitzung zu Freud, nicht als Patientin, sondern als „Schülerin“. Freud ist 77 Jahre alt und behandelt nur noch wenige Patienten. Er hat ein besonderes Interesse, Kreative als „Schüler“ in Analyse zu nehmen. Die Frau kommt auf Empfehlung des Berliner Psychoanalytikers Hanns Sachs, der sie nicht selbst nehmen kann, weil er beabsichtigt, in die USA zu emigrieren. Sie wird bis Ende Juni in Wien bleiben und im folgenden Jahr noch einmal für einen Monat kommen. Fünf Stunden in der Woche wird sie auf der Couch liegen. Die Frau ist 47 Jahre alt und lebt mit ihrer 14jährigen Tochter und ihrer Lebensgefährtin am Genfersee in der Schweiz. Sie ist Amerikanerin und eine „expatriate“, wie viele ihrer Landsleute aus LiteratInnenkreisen zu dieser Zeit (z. B. Gertrude Stein, Natalie Barney, Djuna Barnes), die ihre Heimat verlassen hatten, um in Europa zu leben, vorzugsweise in Paris und London. Sie hat sich einen Namen gemacht als Lyrikerin: H. D. 1956 wird sie „Tribute to Freud“ publizieren, worin sie ihre Erfahrung mit Freud verarbeitet hat.[1]

Hilda Doolittle wurde 1886 in Bethlehem, Pennsylvania, geboren. Ihr Vater war ein angesehener Wissenschaftler, Astronom und Mathematiker, ihre Mutter künstlerisch begabt. Vor ihrer Ehe hatte diese Zeichnen und Musik am örtlichen Seminar unterrichtet, an dem ihr Vater Rektor war. Ihre Kinder bewunderten die Bilder, die sie malte; sie selbst lachte darüber. Hildas Familie war durchaus typisch für ihre Schicht und ihre Zeit. Aus erster Ehe brachte der Vater zwei Söhne mit – er war Witwer. Eine Tochter war in früher Kindheit gestorben. Die zwei Halbbrüder waren viel älter als Hilda. Aus der Ehe ihrer Eltern gingen fünf Kinder hervor. Das äl-

1 Die biographischen Informationen stammen, wo nicht anders vermerkt, aus Robinson, J. S.: H. D. The Life and Work of an American Poet. Boston 1982.

teste Mädchen starb früh, sodaß Hilda nur ihr Grab kannte. Sie wuchs zusammen mit einem wenig älteren und einem wenig jüngeren Bruder auf. Ein letzter Bruder kam als Nachzügler. Als typisch für die Beziehung zu ihrem Vater beschrieb sie später die Ehrfurcht, die sie vor ihm hatte und daß er in seinem Arbeitszimmer nicht gestört werden durfte, ob er nun arbeitete oder schlief, wenn er nachts die Sterne beobachtet hatte. Wenn er nicht da war, durfte auf seinem Schreibtisch nichts angerührt werden. Sie war die einzige der Kinder, die zugelassen wurde, wenn er arbeitete, vorausgesetzt sie verhielt sich ruhig, z. B. im Spiel mit ihrer Puppe. In „Huldigung an Freud" hat sie diese Situation als „die heilige Familie" imaginiert: Gottvater, die Jungfrau und das Kind.[2]
Die Beziehung zur Mutter war ebenso typisch für die Zeit wie die zu ihrem Vater. Die Mutter war für die Organisation des Haushaltes und die Erziehung der Kinder zuständig, wobei die mit den Kindern verbrachte Zeit im Vergleich zu heute knapp bemessen war.
Ein bürgerliches Hauswesen dieser Zeit umfaßte nicht nur die zahlreichen Familienmitglieder, sondern auch einige Bedienstete, mindestens eine Köchin, ein Hausmädchen und ein Kindermädchen, solange die Kinder klein waren. Die Organisation eines Haushaltes bescherte der Hausfrau ein umfangreiches Pflichtenheft, nicht zu vergessen die aufwendigen Vorbereitungen für Einladungen, die für das gesellschaftliche Leben eine zentrale Rolle spielten. Die bürgerlichen Frauen versorgten und betreuten ihre Kleinkinder nicht selbst, sondern überließen diese Arbeit meist ganz jungen Frauen aus unteren Schichten, die schlecht bezahlt wurden und kaum Freizeit hatten. Sie wechselten auch häufig. Es ist leicht vorstellbar, daß die Kinder großen Spannungen und Verlusten ausgesetzt waren. Die ausgebeuteten und überforderten Kindermädchen hatten zudem vielfältige Gelegenheiten, sich mehr oder weniger bewußt an den Kindern der Herrschaft zu rächen. Dazu kam, daß auch die offiziellen Erziehungsvorstellungen das Kindeswohl, verglichen mit unseren heutigen Standards, nicht sehr sensibel vertraten: Kinder mußten früh lernen, in Anwesenheit von Erwachsenen still zu sitzen, leise zu sein, zu gehor-

2 H. D. (= Hilda Doolittle): Huldigung an Freud. Frankfurt/M. 1976 S. 49, 66.

chen, sich nicht schmutzig zu machen usw., und bei Nichterfüllung der Erwartungen waren die Straf- und Zwangsmaßnahmen unglaublich brutal: körperliche Züchtigung, Entzug von Nahrung, Isolationshaft, manchmal sogar in Dunkelheit. Die herrschende Erziehungsvorstellung war, den kindlichen Willen zu brechen und die Unterwerfung zu erzwingen. Die wenige Zeit, die die Mutter – allenfalls auch der Vater – mit ihren kleinen Kindern verbrachte, war – zumindest in England zu dieser Zeit – in der Institution der „Kinderstunde" ritualisiert, d. h. die Mutter/Eltern machten pro Tag einen Besuch von einer Stunde in der Kinderstube, die sich für diese Gelegenheit besonders manierlich zu präsentieren hatte.[3]
Von Hildas Mutter ist bekannt, daß sie mit den Kindern Dekorationen bastelte für anstehende Feste und Einladungen, ihnen vorlas und sie Lieder und Gedichte lehrte, die sie dann bei den festlichen Veranstaltungen vorzutragen hatten. Hilda schrieb später, daß ihre Mutter so viele Leute kannte, die sie besuchen kamen, und daß Hilda sich von ihnen gestört fühlte. Zeitlebens war die Sehnsucht nach Mutternähe ein wichtiges Thema für sie.
Es ist mir wichtig, die Bedingungen des Aufwachsens hier mindestens anzudeuten, weil die Angst vor Gewalttätigkeit in H. D.s Leben eine wichtige Rolle spielte und weil normalerweise die Bedeutung der ganz gewöhnlichen und alltäglichen Brutalität – früher und heute – als wichtigster Faktor in der Genese von psychischen Problemen im Erwachsenenleben unterdrückt wird.
H. D. erinnerte sich, daß sie nicht streng behandelt und nicht oft bestraft wurde, jedoch gleichzeitig, daß sie als Kind schreckliche Zwangsideen und Vorgefühle von Strafen hatte.[4] Im Erwachsenenleben litt sie unter Katastrophenängsten.
Auf ihren älteren Bruder war Hilda eifersüchtig, weil sie glaubte, daß die Mutter ihn bevorzuge und daß er den Platz bei ihr habe, den sie für sich wünschte. Sie schloß sich mit Hilfe einer Zwillingsfantasie so eng wie möglich an ihn an, um an seiner Mutternähe teilzuhaben.
Die Familie der Mutter war in Bethlehem ansässig. Das soziale

3 Vgl. De Salvo, L.: Virginia Woolf. Die Auswirkungen sexuellen Mißbrauchs auf ihr Leben und Werk. München 1990; Bryher: The Heart to Artemis. A Writer's Memoirs. London 1963.

4 H. D. 1976, S. 62.

Leben der Gemeinde war stark religiös geprägt durch eine mystische Bruderschaft, „The Moravians“[5], in der Hildas Großvater eine führende Rolle spielte. Für Hildas späteres Leben prägend war die frühe Nähe zur Mystik, die sich in ihrem kreativen Schaffen niederschlug, sowie die durch ihre Religion vermittelte Vorstellung von einer spirituellen und sexuellen Gleichwertigkeit der Geschlechter, die einen Grundstein für ihren späteren Feminismus legte. Als Hilda acht Jahre alt war, zog die Familie nach Philadelphia, einem Ruf des Vaters an die Universität folgend. Hier wurde das soziale Leben durch die Universität bestimmt, was hieß, daß die durch die Verwandtschaft der Mutter und durch den Glauben geprägte Zeit zu Ende ging.

Mit 15 Jahren lernte Hilda Ezra Pound kennen, einen eindrucksvollen und exzentrischen jungen Mann, ein Jahr älter als sie, mit dem sie ihre literarischen Interessen und Ambitionen teilte. Ezra wurde ihr Tutor und war ihre erste große Liebe. Er versprach durch seine unangepaßten Ansichten und Verhaltensweisen, für sie eine Art Retter zu werden, der sie aus der Wohlanständigkeit ihres gutbürgerlichen Elternhauses befreien würde. Hildas Eltern hielten Ezra folgerichtig für verantwortungslos und waren gegen eine Heirat. Die beiden verlobten sich trotzdem. Mit 20 löste Hilda die Verlobung auf. In ihrem autobiographischen Roman „Hermione“ erscheint weniger die Opposition der Eltern als Grund für die Trennung, sondern ihre eigenen Zweifel an George Lowndes (Ezra Pound) Vertrauenswürdigkeit und Liebesfähigkeit. Zudem beschreibt sie ein Ereignis, das jedoch von Hermione (Hilda) nie bewußt in Zusammenhang zur Trennung gebracht wird. George Lowndes versucht an einem Abend, als nur noch die Köchin mit im Hause ist, Hermione zu überwältigen. Sie reagiert panisch, wie auf eine traumatische Situation. Sie kann sich ihm zwar entwinden, vermeidet aber, ihn mit ihrem Widerwillen zu konfrontieren und ihn für seinen Überfall zur Rechenschaft zu ziehen. Gefühle der Wut und Enttäuschung fehlen. In der Zeit des Rückzugs von Ezra spielt eine Freundin, Frances Gregg, eine wichtige Rolle. Niemand außer Hilda scheint mit ihr einverstanden gewesen zu

5 Nachkommen der Herrenhutter-Gemeinde, die in Teilen Europas, auch in Deutschland, wegen ihres Glaubens verfolgt wurden und in der ersten Hälfte des 18.Jahrhunderts nach Amerika auswanderten.

sein. Eugenia, Hermiones Mutter, hielt sie für einen schlechten Einfluß und für den Grund der Auflösung der Verlobung. Eine Heirat mit George hätte sie dieser Freundschaft offensichtlich vorgezogen. George seinerseits, ein erklärter Vertreter einer fortschrittlichen Moral, meinte: „Hermione, dich und sie hätte man als Hexen verbrennen sollen."[6] Nach „Hermione" war die Freundschaft zwischen den jungen Frauen intensiv, erotisch und etwas verrückt, in dem Sinne, daß sie es verstanden, ihre „hysterischen" Seiten in die Beziehung einzubringen und sich darin gegenseitig zu spiegeln. Ambivalenterweise hatte Hermione jedoch gleichzeitig den Verdacht, daß George und Fayne (Frances), obwohl sie sich gegenseitig für „unmöglich" hielten, etwas miteinander hatten.

In dieser ganzen Konstellation erkenne ich, im Unterschied zur Interpretation von Janice Robinson, ein Wiederholungsmuster, das sich in Hildas kommenden Beziehungen – mindestens bis zum Zeitpunkt der Analyse bei Freud – immer wieder durchsetzen wird: H. D. wird sich erstens immer in Liebesbeziehungen bewegen, die von wichtigen anderen und von ihr selbst nicht voll anerkannt werden, und sie wird sich zweitens auf keine Liebesbeziehung einlassen können, ohne zumindest in der Fantasie mit einer dritten Person beschäftigt zu sein. Ihr unmögliches Begehren richtet sich immer wieder auf Männer, die emotionale Nähe und Verständnis versprechen und trotzdem ihre Würde als Frau, wie sie sie verstand, nicht anerkennen und sich nicht auf ihre Bedürfnisse einlassen wollen. Ezra Pound hätte ihr gerne den Status einer Hetäre zugewiesen, und D. H. Lawrence war besessen von der Vorstellung, daß das Begehren einer Frau die leidenschaftliche Unterwerfung unter die phallische Urlust zu sein habe. Auch in der Psychoanalyse mit Freud wird sich dieses Muster wiederholen, ohne sich aufzulösen.

In ihren Werken, in denen sie sich mit der Behandlung, die ihr ihre Auserwählten angedeihen ließen, auseinandersetzte, drückte sie Gefühle der Frustration, der Verletzung und der Verzweiflung aus, manchmal auch der sexuellen Unzulänglichkeit. Die Wahrnehmung und der Ausdruck von Wut und Enttäuschung fehlen,

6 Doolittle, H.: Hermione. München–Wien 1987, S. 211.

was erklärt, daß sie in diesen demütigenden Bindungen verhaftet blieb und weder auf ihre unrealistischen Hoffnungen auf Anerkennung verzichten noch den Kampf um Anerkennung aufnehmen konnte. Aufschlußreich für die innere Haltung von H. D. und deren Glauben an Möglichkeiten der Veränderung des Umgangs von Männern mit Frauen über Einsicht, war die Devise, die sie mit Bryher teilte: „We believed that if we stated facts without comment, moral or otherwise, mankind must see its folly and revise its laws."[7]

Nach der Auflösung der Verlobung mit Ezra wurde Hilda schwer krank, ein „leichter Nervenzusammenbruch", wie sie später sagte. Nach ihrer Genesung ging sie nicht mehr aufs College zurück, sondern widmete sich zu Hause ihren selbstgewählten literarischen Studien und arbeitete an eigenen Produktionen – gegen den Willen ihres Vaters, der gerne eine Naturwissenschafterin aus ihr gemacht hätte. In den fünf Jahren ihrer Arbeit zu Hause – von 1906–11 – blieb die Beziehung zu Ezra weiterhin bedeutungsvoll und spannungsreich. 1907 wollte er sie davon überzeugen, mit ihm nach Europa durchzubrennen. 1908 ging er allein. Als er 1910 nach Amerika zurückkehrte, begeistert von der europäischen Künstlerkultur, warb er erneut um Hilda und wollte, daß sie zu ihm nach London komme. Sie erneuerten die Verlobung. 1911 unternahm Hilda mit ihrer Freundin Frances Gregg und deren Mutter eine Europareise und blieb in London, wo sie erfuhr – nicht von Ezra – daß dieser auch mit Dorothy Shakespeare verlobt war. Sie zog sich zurück und entschloß sich, Richard Aldington zu heiraten, einen sechs Jahre jüngeren Dichterkollegen aus den gleichen Kreisen. Doch auch diese Heirat reichte nicht aus, ihre Bindung an Pound zu lösen, der seinerseits diese Ehe auch gar nicht respektierte. Ihre dichterischen Bemühungen, sich von ihm zu verabschieden, vereinnahmte Pound, indem er sie mit eben diesen Gedichten als H. D. „Imagiste" auf den Markt brachte. Damit behandelte er sie als seine Entdeckung und beraubte sie symbolisch, durch die Veröffentlichung unter ihren Initialen, ihrer Weiblichkeit. Unter solchen Umständen war die Ehe mit Aldington von Anfang an schwierig, und es gelang den beiden nicht,

7 Bryher 1963, zit. nach Robinson 1982, S. 105.

die mitgebrachten Konflikte zu bewältiqen. Aldington wich sehr bald in Verhältnisse zu anderen Frauen aus und H. D. begann eine heimliche literarische Liebesbeziehung zu D. H. Lawrence, der Pound ersetzte. H. D. scheint sich Hoffnungen gemacht zu haben, daß daraus eine gelebte ideale Beziehung werden könnte, doch Lawrence entschied sich, bei seiner dominanten Frau zu bleiben und beließ das Verhältnis zu H. D. im Literarischen. Nach Robinson bezieht sich „Lady Chatterley's Lover" auf diese romantische Affäre. Am Ende des Ersten Weltkrieges spitzte sich H. D.s schon lange krisenhafte Lebenssituation – 1915 hatte sie auch noch eine Fehlgeburt – aufs äußerste zu. Sie erlebte, wie sie von allen ihr wichtigen Männern verlassen wurde. Zum Scheitern der Ehe mit Aldington und der zerschlagenen Hoffnung auf Lawrence kam dazu, daß sie schwanger war, nicht von Aldington. Über die Identität des Vaters schwieg sie sich beharrlich aus. Aldington bot erst Hilfe an, zog sein Angebot dann wieder zurück und setzte sie unter Druck wegen der Illegitimität des Kindes. Am Anfang ihrer Schwangerschaft fiel ihr älterer Bruder an der Front in Frankreich, zum Ende ihrer Schwangerschaft starb ihr Vater. Kurz vor der Geburt erkrankte sie schwer, und die Arzte hielten es für unmöglich, daß Mutter und Kind die Geburt überleben würden.
Mitten in dieser chaotischen, ungeschützten und von ihr als erniedrigend erlebten Lebenssituation meldete sich Bryher bei H. D. Winnifred Ellerman – ab 1920 führte sie den Namen Bryher – war die Tochter von Sir John Ellerman, Reederei-Besitzer und einer der reichsten Männer Englands. Als sie bei H. D. vorsprach, war sie 25 Jahre alt und lebte noch zu Hause und in Abhängigkeit von ihrer Familie. Von ihr beabsichtigte Befreiungsversuche über ein Studium der Archäologie und die Teilnahme an Ausgrabungen scheiterten am Veto der Familie. So versuchte sie sich als Schriftstellerin und schrieb Rezensionen. 1920 erschien ihr erstes Buch „Development", das ein Angriff auf die traditionelle Erziehung war und ihr Vorwürfe von ihrer Familie einbrachte. Durch den Weltkrieg war sie am Reisen gehindert, was ihren Freiheitsdrang unerträglich werden ließ. Zu Ende des Krieges war ihre psychische Verfassung so miserabel, daß sie sich mit Gedanken an Selbstmord herumschlug. In diesen bitteren Zeiten fand sie Trost in einem Gedichtband von H. D., „The Sea Garden", den sie auswen-

dig konnte und in dem sie sich selbst wiederfand. Als sie erfuhr, daß sich hinter den Initialen eine Frau und eine Amerikanerin versteckte, wollte sie H. D. unbedingt kennenlernen. Sie schwärmte schon vorher für amerikanische Lyrik. Im Sommer 1918 erfuhr sie, daß H. D. sich in Cornwall in ihrer unmittelbaren Nachbarschaft aufhielt und fragte schriftlich an, sie sehen zu dürfen, worauf sie von H. D. zum Tee eingeladen wurde. Sie war sehr aufgeregt vor der für sie so bedeutungsvollen Begegnung und hatte, als sie endlich vor H. D. stand, das Gefühl, diese schon lange zu kennen, sie endlich gefunden zu haben. Die beiden Frauen sahen sich nicht oft im folgenden Winter, doch für Bryher waren diese Treffen lebenswichtig und aufregend, hatte sie doch in H. D. eine Freundin gefunden, mit der sie über Literatur sprechen konnte und die sie ernst nahm in ihren eigenen schriftstellerischen Bemühungen.[8] Als H. D. zum Ende der Schwangerschaft krank wurde, sorgte Bryher für ausreichende Pflege. Sie hatte große Angst davor, ihre eben gefundene Freundin wieder zu verlieren. Am 31. März 1919 kam Frances Perdita zur Welt und H. D. überlebte. Über die Hilfe von Bryher schrieb sie:

> Die in materieller wie geistiger Hinsicht beschwerliche Aufgabe, uns aus der Gefahrenzone zu ziehen, fiel einer jungen Frau zu, der ich erst vor kurzem begegnet war – jeder, der mich kennt, weiß wer sie ist. Ihr Pseudonym ist Bryher, und wir alle nennen sie Bryher. Sobald es mir gut ging, wollte sie selbst für Pflege und Obhut des Kindes sorgen, und mich wollte sie in eine neue Welt führen, in ein neues Leben, in das Land, das meine geistige Heimat und das Reiseziel meiner Träume war. Wir wollten nach Griechenland gehen...[9]

Die erste Zeit der Rekonvaleszenz verbrachten die beiden Frauen auf den Scilly-Inseln[10], wo sie ihre Zusammenarbeit begründeten. Im Frühjahr 1920 machten sie zusammen die von Bryher versprochene Griechenlandreise. Nach der Griechenlandreise erwirkte Bryher die Erlaubnis ihrer Eltern, mit H. D. zusammenzuwohnen. Sie nahmen sich eine möblierte Wohnung in Buckingham Mansions, Kensington.[11] 1920/1921 machten sie zusammen

8 Bryher 1963, S. 187f., 190.
9 H. D. 1976, S. 68f.
10 Die Scilly-Inseln liegen vor der Südwestspitze von England im Golfstrom.
11 Bryher 1963, S. 194.

eine Amerika-Reise. In New York lernte Bryher einen jungen Schriftsteller, Robert McAlmon, kennen, der nach Paris wollte und dem das Geld für die Überfahrt fehlte. Da sie von ihren Eltern wieder nach Hause befohlen wurde, heiratete sie ihn. Es war ein Arrangement, das Bryher mehr Unabhängigkeit von ihren Eltern und McAlmon finanzielle Vorteile brachte.[12] (McAlmon wurde Verleger in Paris und publizierte Texte der literarischen Avantgarde, u. a. H. D. und Bryher.) 1922 ließen sich die beiden Frauen auf Riant Chateau in Territet am Genfersee in der Schweiz nieder. Robinson schreibt, daß H. D. ihre eigene Wohnung hatte, wo sie mit ihrer Tochter lebte und eine lange Zeit auch mit ihrer Mutter, vor deren Tod 1927. Perdita Schaffner dagegen beschreibt sich im Vorwort zu „Hermione" als mit zwei Müttern in einem Haushalt lebend.[13] 1922 folgten weitere Reisen nach Amerika und nach Griechenland, 1923 nach Ägypten, wo die beiden Frauen auch Tochter Perdita und die Mutter von H. D. dabei hatten. Viele Reisen und auch längere Aufenthalte in Paris und London unterbrachen in den folgenden Jahren das zurückgezogene Leben, das die beiden Frauen in der Schweiz führten. 1927 heiratete Bryher ihren zweiten Mann, Kenneth Macpherson, einen im Film engagierten Künstler – nach Robinson, um das Weiterleben seiner Affäre mit H. D. zu verhindern. H. D. hatte ihn in London kennengelernt. Kenneth Macpherson lebte und arbeitete lange Zeit mit den beiden Frauen zusammen, zu welchem Zwecke sich alle drei gemeinsam ein Haus bauten.

Es kann mir nicht gelingen, ein befriedigendes Bild von der Beziehung zwischen H. D. und Bryher in den 20er und frühen 30er Jahren zu zeichnen. Die Schwierigkeiten, die sich auftun, empfinde ich als typisch. Sie hängen zusammen mit der Art, wie unsere Kultur den Blick für die Bedeutung und die Gestaltung von Frauenfreundschaften verstellt und es lesbischen Frauen durch Stigmatisierung erschwert, ihr Selbstverständnis auch öffentlich zu erklären.

Jutta Brauckmann hat aufgezeigt, wie verinnerlichte Werthaltungen und Tabus Frauen daran hindern, ihre positiven Erfahrungen

12 Ebda S. 205.
13 Perdita Schaffner im Vorwort zu: H. D. 1987, S. 6.

miteinander, wie erlebte emotionale Nähe, selbstverständliche Unterstützung, Verständnis, gegenseitige Wertschätzung und Erotik, in ihrem eigenen Bewußtsein zu repräsentieren. Frauen tendieren dazu, die für sie lebenswichtigen Verbindungen zu anderen Frauen symbolisch zu unterschlagen oder abzuwerten und auf der anderen Seite die Beziehungen zu Männern zu idealisieren. Dies geschieht entlang der gesellschaftlichen Norm, wonach nur heterosexuelle Beziehungen anerkannt sind. Zur Durchsetzung dieser Norm dient die gesellschaftlich erzeugte und gewünschte und in der individuellen Psyche verankerte Homophobie, eine neurotische Abwehr gegen die identifikatorische Berührung mit homosexuellen Wünschen, die sowohl die natürliche Neugier hemmt als auch Denkhemmungen verursacht.[14]
Ich kann Janice Robinson den Vorwurf der Homophobie nicht ersparen. Das von ihr entworfene Bild der Freundschaft zwischen H. D. und Bryher ist für mein Empfinden seltsam verzerrt. Allerdings muß ich anmerken, daß ihr H. D. dazu durchaus genügend Material geliefert hat, und es bleibt zu untersuchen, wie weit H. D. selbst diese Abwertung vorgezeichnet hat.
Vordergründig und im allgemeinen würdigt Robinson durchaus die Bedeutung der Freundschaft zu Bryher für Leben und Werk von H. D. Sie schreibt z. B.:

> Bryher helped her through the ordeal. [Gemeint ist die Krise in der Schwangerschaft und um die Geburt von Perdita. V. B.] And Bryher helped her to nurture and rear her daughter, Frances Perdita, in the difficult years ahead. Winnifred Ellerman helped H. D. too in her work. Beginning with „Notes on Thought and Vision", written with Bryher in the Scilly Isles in 1919 and through all the short stories, novellas, and novels published during the twenties and thirties, the presence of Bryher in H. D.'s work is strongly felt. The companionship the two women shared would help H. D. through many of the most serious crises of her life. To underestimate the significance of Bryher's friendship would be seriously to missunderstand H. D.'s life as a writer.[15]

Bryher wird gewürdigt als Retterin in der Not, als Begleiterin durch Krisen, als Bezugsperson für Tochter Perdita, als Reisegefährtin

14 Brauckmann, J.: Die vergessene Wirklichkeit. Männer und Frauen im weiblichen Leben. Dissertation, Münster 1984.
15 Robinson 1982, S. 230.

und als Gesprächspartnerin auch über literarisches Arbeiten – nur nicht als Lebensgefährtin – obwohl Janice Robinson sogar erwähnt, daß H. D. in den 20er Jahren ihre Partnerschaft mit Bryher „as an odd sort of second marriage“ sah und Bryher von dieser Vorstellung sehr angetan war. Robinson zeichnet Bryher klischeehaft als männliche „Lesbierin“, und zwar mit genau jenem Klischee, das sich in den 20er Jahren etablierte: Bryher wollte nie eine Frau sein „and enjoyed being referred to as ‚He'“. In einem Film, den Kenneth drehte, spielte sie „a cigar-smoking innkeeper“. Robinson versäumt es, diese Posen der homosexuellen Subkultur in ihren historischen Kontext zu stellen. So präsentiert sie Bryher als Liebende als seltsam – oder eben klischeehaft – unzulänglich. Weder kann sie H. D.s emotionalen Bedürfnissen gerecht werden, da sie psychisch schwer gestört gewesen sein soll und sich und H. D. mit unverständlichen Verrücktheitszuständen plagt, noch kann sie hoffen, in H. D. Begehren zu wecken, da diese, wie Robinson versichert, zwar ihr und Frauen im allgemeinen zugetan ist, jedoch ihre sexuellen Wünsche eindeutig auf Männer ausgerichtet sind, und dies, obwohl sie andernorts erwähnt, daß Freud H. D. Bisexualität attestiert habe.[16] Es ist ganz klar: Robinson kann ihre Heldin nicht mit homosexuellen Wünschen begabt brauchen. Darum zeichnet sie das Paar – auch wieder klischeehaft – als eine männliche Lesbierin, die ihre ihr zugetane Freundin dann doch mal rumkriegt. Denn es gab offenbar eine Zeit, in der „the relationship took an active physical turn“, was eine hinreißende Beschreibung für wie auch immer gelebte Sinnlichkeit zwischen zwei Frauen ist. (Frau stelle sich diese Beschreibung für ein heterosexuelles Paar vor!). Übrigens hat Robinson zur Reinhaltung ihrer Heldin die leidenschaftliche Seite der frühen Freundschaft zwischen H. D. und Frances Gregg unterschlagen, bei der weit und breit noch keine „männliche Lesbierin“ anwesend war.

Robinsons Verständnis von Frauenbeziehungen stellt die herrschende Heteronorm nicht in Frage. Eine Frau ist grundsätzlich heterosexuell, wenn sie nicht beweist, daß sie lesbisch ist. Dies kann sie durch die Erfüllung des gängigen Klischees als männli-

16 Ebda S. 264, 267, 263.

che Lesbierin, womit sie gleichzeitig abgewertet wird, oder sie muß wohl eine langjährige, monogame, leidenschaftliche und das höchste Liebesideal erfüllende Beziehung vorzuweisen haben. Grundsätzlich erhalten Frauen, auch wenn sie Sympathieträgerinnen sind, Minuspunkte für ihr Lesbischsein. Also muß es verleugnet werden.
Meiner Ansicht nach nimmt Robinson die Obsession, die H. D. z. B. mit Lawrence hatte, als Zeichen ihrer ausschließlichen Heterosexualität und fragt sich nicht, welche psychischen Schwierigkeiten ihre Heldin daran hinderten, eine Liebesbeziehung, zu welchem Geschlecht auch immer, befriedigend zu gestalten, ohne störende und gleichzeitig entlastende Dritte dabeihaben zu müssen.
Es ist mir nicht bekannt, welches Selbstverständnis H. D. von sich als frauenbezogener Frau hatte, noch wie sie ihre Bindung an Bryher sah, außer als „odd sort of second marriage", was immerhin eine gewisse Verbindlichkeit mitbeinhaltet – klar ist nur, daß sie sich selbst nicht als lesbische Frau definierte. Ich habe nicht erfahren, wie sie mit dem Vorwurf, eine lesbische Beziehung zu leben, der sie mit Sicherheit getroffen hat, umging, noch inwiefern sie sich bestimmten lesbischen Beziehungsnetzen zugehörig fühlte. Ich weiß nicht, welchen Platz H. D. der Sexualität, Erotik, der Zärtlichkeit und Liebe in ihrer Beziehung zu Bryher einräumte – sicher ist nur, daß sie erhebliche Konflikte damit hatte.
Bryher dagegen erscheint mir in ihrer Autobiographie deutlich als eine Frau mit lesbischem Selbstverständnis. Nicht, daß sie die Beziehung zu H. D. in den Mittelpunkt stellen würde – dies tun auch heterosexuelle Autorinnen zu der Zeit nicht in ihren Lebensberichten –, jedoch gibt sie klare Hinweise darauf über die Schilderung der Deckfunktion, die ihr erster Ehemann McAlmon gegenüber ihren Eltern hatte[17], sowie über die Wertschätzung der Freundschaften, die sie zu prominenten Vertreterinnen der literarischen lesbischen Gegenkultur pflegte – Sylvia Beach und Adrienne Monnier, Alice Toklas und Gertrude Stein.[18] Die unmißverständlichste Aussage zu ihrer lesbischen Identität beinhaltet die Note an Norman Douglas, die bezwecken sollte, daß er sich kei-

17 Bryher 1963, S. 205, 211.
18 Ebda S. 211–215.

ne falschen Hoffnungen machte.

> I wrote most sorrowfully to disillusion him, saying that I was condemned to petticoats instead of deerskin breeches [eine Anspielung auf sein Buch. V. B.] but that if he could bear the disappointment, we expected him to lunch.[19]

Halten wir uns vor Augen, welche Möglichkeiten des Selbstverständnisses die 20er Jahre für frauenbezogene Frauen boten. In den großen Städten, hauptsächlich in Berlin, Paris und London, und darüberhinaus durch eine internationale Vernetzung, hatte sich eine lesbische Sub- oder Gegenkultur etabliert, die sich in ihrer Selbstdefinition einerseits an die Klassifizierungen der Sexualwissenschaften anlehnte, jedoch sich anderseits eine gewisse Autonomie bewahrte, indem sie sich diesen Zuschreibungen teilweise widersetzte und teilweise entzog.[20] Die Frauenbewegung ihrerseits pflegte sich offiziell eher gar nicht zum Thema der weiblichen Homosexualität zu äußern. Wenn einzelne Vertreterinnen doch einmal etwas dazu sagten, dann nahmen sie klare Abgrenzungen vor, indem sie diese als unreif und ungesund disqualifizierten und sich damit an den männlichen wissenschaftlichen Diskurs, z. B. der Psychoanalyse, anschlossen. Daneben jedoch wurde die Wichtigkeit von Frauenfreundschaften zur Selbstfindung weiterhin gepriesen, wie wenn es noch nie einen Vorwurf der Homosexualität gegeben hätte – auch dies eine Form von Widerständigkeit. Sich als Frau einzulassen auf eine Liebesbeziehung zu einer Frau und auch deren sexuelle Seite wertzuschätzen, was H. D. in der Beziehung zu Bryher nicht gelungen zu sein scheint, bedeutet auch heute noch, die Fähigkeit zu erwerben, auf die Anerkennung von zumindest einigen wichtigen Menschen, v. a. Männern, verzichten zu können, sich allenfalls auch von ihnen zu trennen. H. D. konnte dies nicht. Eher suchte sie verzweifelt nach dieser Anerkennung, auch noch in ihrer Analyse mit Freud.

19 Ebda S. 227
20 Vgl. Hacker, H.: Frauen und Freundinnen. Studien zur „weiblichen Homosexualität“ am Beispiel Österreich 1870–1938. Weinheim–Basel 1987, S. 185–266.

II

Als ich die „Huldigung an Freud“ vor vielen Jahren zum ersten Mal las, hatte ich das Gefühl, hochexplosives Material in Händen zu halten – und nicht zu wissen, wie zu zünden. Ich vermutete ein Komplott von offizieller psychoanalytischer Seite gegen die Aufdeckung und Integration von homosexuellen Wünschen bei einer Frau, die seit Jahren ihre wichtigste Beziehung, neben der zu ihrer Tochter, zu einer anderen Frau lebte. Ich ärgerte mich maßlos über die Art, wie diese Beziehung aus dem symbolischen Raum ausgespart blieb, durch systematisches Nicht-Eingehen auf Andeutungen seitens der „Schülerin“ oder gar äußerst autoritäre Zurückweisungen von ganz deutlich gelegten Spuren. Was war los? Warum kamen homosexuelle Neigungen nicht zur Verhandlung? Und das 1933, nach einem Jahrzehnt der relativen Toleranz und der sexuellen Aufklärung, nach einem Jahrzehnt der Blüte der lesbischen Gegenkultur in Paris, Berlin und London. Und das bei einer Frau, die in einem ihrer autobiographischen Werke – „Bid Me to Live“, 1960 – erwähnte, daß es vor dem ersten Weltkrieg in der englischen Bohème, zu der sie selbst gehörte, nicht ungewöhnlich war, wenn eine Frau verkündete: „Ich denke mir, es wäre reizend, eine Geliebte zu haben.“[21] Oder handelte es sich um ein Artefakt, da H. D. die „Huldigung“ erst viel später publizierte, zu einer Zeit, da die Netzwerke von lesbischen Frauen längst gründlich zerstört waren? Tatsächlich spiegeln sich die politischen Verhältnisse im Grad der Verborgenheit, der Text von 1944 ist viel indirekter und schwerer verständlich, stärker durch Abwehr gekennzeichnet. Doch dazu komme ich gleich.

H. D.s Schilderung der Eindrücke aus ihrer Zusammenarbeit mit Freud hat den Originaltitel „Tribute to Freud“, Tribut an Freud. Der deutsche Titel „Huldigung an Freud“ ist für mein Empfinden euphemistisch, da er eine wichtige Konnotation von „Tribut“ unterschlägt, nämlich das Pflichtgemäße. Der Analyse-Bericht gliedert sich in zwei sehr unterschiedliche Teile: Der erste Teil, „Die Schrift an der Wand“, ist eine Rückschau von 1944. Der Grundtenor ist depressiver als im zweiten Teil, Freuds Verhalten wird als unbere-

21 Zit. nach Faderman, L.: Köstlicher als die Liebe der Männer. Romantische Freundschaft und Liebe zwischen Frauen von der Renaissance bis heute. Zürich 1990, S. 380f.

chenbarer und autoritärer beschrieben, gleichzeitig idealisiert H. D. Freud stärker. Die Verhandlung von lesbischem Begehren findet auf eine schwerer verständliche, verschlüsseltere Art statt, z. B. in der „Schrift an der Wand", die die beiden Frauen 1920 auf Korfu zusammen halluzinierten. Bryher taucht als Person fast nur mittelbar auf. Der zweite Teil, „Advent", besteht aus Tagebuchaufzeichnungen aus der ersten Phase der Analyse, und zwar vom 2.–25. März. Dann machte sich Freuds Einfluß geltend, der nicht wollte, daß H. D. sich Notizen machte. Die letzten zwei Eintragungen stammen vom 12. und 15. Juni, dem Ende der ersten Analyse-Phase. Das Thema des lesbischen Begehrens und die Konflikte darum tauchen hier unmittelbarer auf, jedoch nie in Form einer bewußten Verhandlung oder gar einer kämpferischen Konfrontation. Eine dritte Informationsquelle über den Verlauf der Analyse sind die Briefe von H. D. an Bryher, von denen mir für diese Arbeit nur diejenigen zugänglich waren, die Robinson zitiert.

„Die Schrift an der Wand" lese ich als eine Bilanz der Arbeit mit Freud, die mir darüber Auskunft gibt, wie H. D., in der Rückschau von 1944, die Analyse erlebte. Meine Interpretation ihrer vielschichtigen Botschaft ist die folgende: H. D. kam mit ungeheuren Erwartungen an Freud nach Wien. Sie hatte Freuds Werke studiert und war eine Verehrerin der Psychoanalyse. Ihre Freundin Bryher war begeistert von ihrer Psychoanalyse bei Hanns Sachs und hatte schon 1927 Freud in Wien besucht. H. D. empfand es als unglaubliches Privileg, von Freud in Analyse genommen zu werden. Freud hatte, in Vorbereitung auf die Analyse, ihre Werke studiert, und dem Beginn der Analyse ging ein herzlicher Briefwechsel voraus. H. D. idealisierte Freud, was angesichts der Umstände nahelag. Sie sah ihn als zugewandte, verständnisvolle und wissende väterliche Autorität auf der Grundlage ihrer Identifikation mit der Psychoanalyse und mit Freuds gesellschaftlichem und wissenschaftlichem Außenseiterstatus: als Jude gefährdet, zum Opfer zu werden, als Begründer der Psychoanalyse von namhaften Kollegen abgelehnt und lächerlich gemacht. Sie hatte gute Gründe, sich von ihm Anerkennung zu versprechen, und es erstaunt auch nicht, daß er ihr als die letzte Hoffnung erschien, gewisse Phänomene in ihrem Leben zu verstehen. H. D. war hochgradig kränkbar und dazu geneigt, in Freuds Äußerungen

Tadel und Kritik zu sehen. Sie meinte, ganz Besonderes leisten zu müssen, um von ihm in ihrer Eigenheit anerkannt zu werden. Auf erlebte Kränkungen und die nicht ausbleibende Enttäuschung ihrer Erwartungen auf Übereinstimmung und tiefes Verständnis, reagierte sie mit Verleugnung: Sie äußerte sich nicht dazu, sprach von etwas anderem oder rettete sich in übertrieben anmutende Lobpreisungen Freuds, z. B. als „Arzt ohne Fehl und Tadel". Ihre Angst vor eigenen und fremden Aggressionen zeigte sich hauptsächlich in Form von projektiven Ängsten vor der Nazigefahr, die Freud bedrohte, über die sie aber mit ihm nicht sprach.[22] Sie schildert sich so, daß sie nicht in der Lage war, sich über die Bedeutung von Differenzen mit Freud auseinanderzusetzen. Sie präsentiert sich ihm gegenüber als gehorsame Tochter, die sich jedoch tiefgründig verweigert. Es ist ihr nicht gelungen, das zu bearbeiten, was sie bewußt bearbeiten wollte, nämlich die Ereignisse während dem Ersten Weltkrieg und ihrer Schwangerschaft, die zu einem psychischen Zusammenbruch geführt hatten. Das Erstaunlichste – worauf sie uns typischerweise nur in einem Nebensatz hinweist – jedoch ist, daß sie auf die Analyse wie auf die Wiederholung eines Traumas reagierte. 1944, anläßlich der Niederschrift, kann sie sich endlich „ohne unerträgliche Angst und überwältigendes Herzweh wieder an jene Sitzungen in Wien erinnern".[23] Den Anzeichen nach handelte es sich wahrscheinlich um ein Trennungstrauma, denn bei allen wichtigen Trennungen in ihrem Leben reagierte H. D. äußerst massiv. Zudem kann ich es mir nur so erklären, daß sich die „Schrift an der Wand" verglichen mit „Advent" so depressiv ausnimmt. Im ganzen gesehen wirkt sie auf mich wie die verdeckte Schilderung eines Kampfes um Selbstbehauptung und Anerkennung, in dem H. D. nicht die geringste Chance hatte.
Auf diesem eher allgemeinen Hintergrund wende ich nun meine Aufmerksamkeit der speziellen Frage zu, wie die beiden GegenspielerInnen in der Analyse ihre unterschiedlichen Weiblichkeitsentwürfe einbrachten, wie sie aufeinander reagierten und welche

22 Es scheint mir unwahrscheinlich, daß H. D. nichts wußte von der Verfolgung von Homosexuellen durch die Nazis, da Bryher von 1928 bis 1932 so oft in Berlin war und auch deutsch konnte.
23 H. D. 1976, S. 114.

Rolle dabei der aktuelle Lebenskontext von H. D., ihre Lebensgemeinschaft mit Bryher, spielte. Die beiden KontrahentInnen traten mit völlig verschiedenen Voraussetzungen an. Freud hatte eben seine Theorie zur Weiblichkeit fertiggedacht und meinte kokettierend, daß er sich vor der Niederschrift fürchte, da er sich keine Feindinnen unter den Frauen machen wolle.[24] Er wußte, daß sein Entwurf nicht schmeichelhaft war.[25] In seiner Bewertung von Weiblichkeit unterschied er sich nicht von der herrschenden patriarchalen Sichtweise. Heute interpretieren wir Freuds Vorstellungen als narzißtische Abwehr der Beunruhigung über die Geschlechterdifferenz und als Verleugnung der gesellschaftlichen Gewaltverhältnisse zwischen den Geschlechtern. H. D.s Entwurf zum Verhältnis der Geschlechter dagegen war einerseits egalitär, anderseits war sie nicht frei von verinnerlichter Selbstabwertung und Idealisierung von Männern. Heute wissen wir, daß dieser psychische Habitus verinnerlichte Machtverhältnisse wiederspiegelt.

Anhand von Textbeispielen aus „Advent" möchte ich im folgenden die Bewegungen von Analysandin und Analytiker nachzeichnen, wie sie für den Zeitraum vom 2.–25. März überliefert sind. Nach meiner Einschätzung handelt es sich bei dieser Auseinandersetzung um Weiblichkeitsvorstellungen, um einen Hauptschauplatz dieses ersten und überlieferten Teils der Analyse.

Der Anfang der Analyse muß sehr schwierig gewesen sein. H. D. erlebte Freud als einschüchternd, eher ablehnend und kritisch ihr gegenüber. Sie wurde überschwemmt von Ängsten, sich aufzulösen unter Freuds Blick, von Trennungs- und Todesängsten.[26] Jedoch beruhigte sich H. D. schnell und der Tanz/Kampf um die differierenden Weiblichkeitsvorstellungen konnte beginnen.

H. D. präsentiert Freud den Prinzessinnen-Traum: Eine wunderschöne Frau kommt die Stufen zu einem Fluß herab, im Schilf

24 H. D. in einem Brief an Bryher vom 1. Mai 1933. In: Robinson 1982, S. 280.

25 Ich erinnere mich genau, welche Gefühlsstürme die Lektüre der 33. Vorlesung, „Die Weiblichkeit", bei mir als Studentin der Psychologie auslöste, nämlich eine Mischung aus ohnmächtiger Wut und grenzenloser Enttäuschung, auf die resignativer Rückzug folgte.

26 Vgl. auch den Brief an Bryher vom 1. März 1933. In: Robinson 1982, S. 278f. und „Schrift an der Wand". In: H. D. 1976, S. 118–122.

liegt ein Baby im Korb, die Prinzessin soll es finden, um es zu beschützen. H. D. ist Zuschauerin. Amüsiert gibt nun H. D. das gemeinsame Suchen nach einer Interpretation wieder, ein Puzzlespiel, ein Kreuzworträtsel, ein Versteckspiel, doch sie können sich nicht einigen.

> Doch der Professor bestand darauf: Ich selbst wollte Moses sein, ich wollte nicht nur ein Junge sein, sondern ich wollte ein Held sein. Er schlug mir vor, ich solle Otto Ranks „Der Mythus von der Geburt des Helden“ lesen.[27]

Ende der Stunde. Auf diese Deutung Freuds antwortet H. D. mit der „Lilienfantasie“: Als einziges Mädchen in einer Schar von Jungen (dies war ihre Kindheits-Realität, V. B.) unterwegs, wird sie von einem alten Mann auserwählt, in seinen Garten zu treten und sich eine Blume auszusuchen.

> Es ist keine Blume, die sie sich ausgesucht hätte, denn sie hätte sie niemals aussuchen dürfen. Es ist eine Weiße Lilie oder Marienlilie, die neben dem Weg wächst. Sie zeigt darauf, überwältigt von ihrer eigenen Verwegenheit. Der Gärtner klappt ein Messer auf, schneidet die Blume für sie ab.[28]

Sie bringt die Lilie nach Hause zu Mutter und Großmutter, und Großmutter sagt, daß sie auf dem Grab von Großvater wunderbar aussehen wird. Diesen Großvater assoziiert H. D. mit Freud. Ich interpretiere diese Fantasie als Antwort auf Freuds Junge-und-Held-Sein-Wollen-Deutung. H. D. stellt damit ihren „verwegenen“ Wunsch dar, als Mädchen auserwählt zu werden und mit der symbolischen Darstellung von jungfräulicher Weiblichkeit von Freud anerkannt zu werden – (jetzt einmal abgesehen von den Konflikten, die sie durch das Von-den-Frauen-an-den-Patriarchen-verwiesen-Werden andeutet). Zu dieser Lilienfantasie assoziiert sie Gesten von Bryher.

> Auf Korfu stellte jemand zwei weiße Lilien und eine rote Tulpe auf meinen Tisch. Wahrscheinlich Bryher. Aber das Ereignis hatte etwas Mysteriöses. Ich fragte Bryher nicht danach. Ich hatte vor langer Zeit gelernt, dem Geheimnis nicht zu sehr auf den Grund zu gehen.[29]

27 H. D. 1976, S. 137.
28 Ebda S. 138.
29 Ebda S. 140.

Sie getraute sich nicht, sich über die Bedeutung von Bryhers Geschenk Klarheit zu verschaffen.
H. D. erzählt vom Heiligabendgottesdienst in ihrer Kindheit, den ihr Großvater abhielt, bei dem alle Kinder brennende Weihnachtskerzen trugen.

> Freud sagte: „Es gibt kein bedeutsameres Symbol als eine brennende Kerze. Sie sagen, Sie erinnern sich an die Heilig-Abend-Gottesdienste Ihres Großvaters? Hatten die Mädchen ihre Kerzen genauso wie die Jungen?" Es kam mir komisch vor, daß er ausgerechnet das fragte. Sigmund Freud erhob sich von seinem Stuhl hinter der Couch, trat heran und stand neben mir. Er sagte: „Wenn durch die Gnade Gottes jedes Kind eine brennende Kerze zum Geschenk erhielte, wie sie nach ihrer Erzählung beim Heilig-Abend-Gottesdienst Ihres Großvaters verteilt wurden, dann hätten wir keine Probleme mehr... Das ist der wahre Kern der Religion." – Später zu Hause, im Bett, war ich niedergeschlagen und voller Angst und dachte an all die Dinge, die ich ihm erzählen wollte oder vielmehr, wie ich fühlte, erzählen mußte.[30]

Sie stellt sich vor, Freud ungehemmt und in regressiver Weise zu erzählen, stellt dann fest, in Erinnerung an seine Gesten und Bemerkungen, die für sie etwas Endgültiges haben, daß dies nicht möglich ist. Dann schildert sie die Erinnerung an ein enttäuschendes Geschenk von ihrem Vater, darauf die Erinnerung an ein Geschenk von einem Gärtner, eine Kaktusspitze, die sich nach seinen Angaben zu einem großen Baum entwickeln sollte. Jedoch es kam anders:

> Es war wirklich nicht fair. Mein fingerlanges Kaktusfetzchen wurde nicht riesig, sondern rosig, es brach einfach auf und wurde eine große Blume. Sie glich einer roten Seerose. Ihre Blütenblätter waren glatt und kalt, obwohl sie hätten glühen müssen. Nun, vielleicht taten sie's. Ich dachte, der Gärtner würde sich sehr darüber freuen. Er sagte: „Jahrelang habe ich jetzt meine Pflanze schon, und noch nie die Spur einer Blüte!" Es war nicht fair.

Meine Interpretation: H. D. stellt die spirituelle Gleichheit der Geschlechter fest. Freud belehrt sie mit seiner Penisneid-These als dem wahren Kern der patriarchalen Religion und stellt so die Ungleichheit der Geschlechter her. Dies empfindet H. D. als ein deprimierendes Geschenk. Doch sie rettet sich mit der Erinnerung

30 Ebda S. 141.

an ein anderes, besseres Geschenk. Die Kaktusgeschichte bestätigt zwar den Penisneid – sie wollte auch einen großen Kaktus haben – stellt die Gleichheit der Geschlechter jedoch wieder her, da auch der Gärtner neidisch ist auf ihre Blüte. Sie kommt zum Schluß, Freud diese Geschichte nicht zu erzählen, da er sie ja doch nicht glauben würde.
Diese Auseinandersetzung ist typisch: H. D. reagiert niedergeschlagen auf Freuds Präsentation seines Weiblichkeitsverständnisses. Dann balanciert sie ihr Selbstwertgefühl wieder aus, indem sie ihre eigene Sichtweise dagegensetzt, jedoch nur für sich allein und nicht in einer Auseinandersetzung mit Freud.
Trotz des schwierigen und dramatischen Anfangs der Analyse und trotz der Unvereinbarkeit ihrer Weiblichkeitsentwürfe, wurde H. D. schnell warm bei Freud und, nachdem die Möglichkeit einer Enttäuschung an ihm zumindest bewußtseinsnäher geworden war, auch mutiger und aggressiver.

> Merkwürdig, in meiner Phantasie denke ich an einen Tiger. Ich als ein Tiger? Dieser Tiger könnte losschnellen. Was, wenn er den zarten und zierlichen Professor angriffe? Fürchte ich, daß die gegenwärtige Situation, die mich selbst so ängstigt, daß dieses lauernde „Untier“ ihn zerstören kann oder könnte?[31]

Nachdem Freud ihr versicherte, daß er geschützt sei, erzählt sie Träume, in denen es um bewundernde Hingabe und Erinnerungen an ihre ersten Lieben Ezra und Frances geht, sowie um die Lächerlichmachung ihrer Gefühle.

> Als ich dem Professor sagte, daß ich in Frances Josepha vernarrt gewesen sei und vielleicht mit ihr glücklich geworden wäre, sagte er: „Nein – aus biologischen Gründen, nein.“ Obwohl ich bei dem Professor so glücklich gewesen war (Freud – Freude), tat mir aus irgendeinem Grund der Kopf weh, und ich fühlte mich entnervt. Vielleicht kam es daher, daß ich ihm am Ende von einem bestimmten Luftangriff zu erzählen versuchte, bei dem die Fenster unseres Zimmers am Mecklenburgh Square in Brüche gingen.[32]

Im Traum war auch Bryher aufgetaucht und trat, „wie sie es in meinem wirklichen Leben tat, an die Stelle von Frances.“ Deutli-

31 Ebda S. 166.
32 Ebda S. 168.

cher kann H. D. die erlebte Abfuhr, die Liebe zwischen zwei Frauen zur Sprache zu bringen und ihre unbewußte Entnervung darüber, wohl kaum ausdrücken. Sie hatte sich glücklich und sicher gefühlt bei Freud. Der Angriff kam für sie aus der Luft. Ich muß gestehen, daß es mir schwerfällt, diese Stelle aus dem Text von H. D. zu zitieren, weil ich einfach nicht glauben will, daß Freud sich so platt geäußert haben soll.
Es gibt auch andere Schilderungen, wo Freud als patriarchaler Gesetzgeber die Liebe zwischen Frauen nicht so radikal als unmöglich erklärt, wo H. D. keine Zurückweisung, sondern „nur" Abwertung erfährt.

> Ich hatte eine Fotografie von Bryher mitgenommen, die ich dem Professor zeigen wollte. Er sagte, es hätte ein Page aus einem italienischen Fresko sein können. Der Professor sagte: „Sie ist nur ein Junge." Und dann: „Es ist ganz klar." Von einer anderen Fotografie sagte er: „Sie sieht wie ein Polarforscher aus." Ein anderer Schnappschuß gefiel ihm: meine Tochter mit Bryher auf der Terrasse des Hauses in La Tour. Ich erzählte dem Professor, daß sie vielleicht beide später nach Wien kommen würden. Er sagte: „Ich würde sie so gern sehen." Das machte mich sehr glücklich. Er sagte, Bryhers Briefe seien „sehr freundlich, sehr geschmeidig", obwohl sie selbst auf den Bildern „so entschlossen, so unnachgiebig" aussehe.[33]

H. D. stellt Freuds Aussagen tendenziös dar: Die männlichen Präsentationen gefallen ihm nicht oder werden abgewertet oder in einen unvereinbaren Gegensatz zu weiblichen Zügen gestellt. Wiederum reagiert H. D. dankbar auf seine freundliche Akzeptanz.
Im folgenden, vielleicht durch seine freundliche Zuwendung mutiger geworden, schildert H. D. Szenen, in denen sie Bryhers Zuverlässigkeit, Loyalität und Fürsorglichkeit beschreibt, die jedoch unterbrochen, von Freud nicht zur Kenntnis genommen werden. Ebenso führen zwei Träume, in denen sie zärtliche Hingabe an Bryher andeutet und Überlegenheitsgefühle von Frauen gegenüber Männern aufgrund ihrer Fähigkeit zu gebären, nicht weiter. Ein Kommentar deutet an, daß Freud noch 50 Jahre brauchen würde, um die Wechselspiele einer weiblichen Seele zu begreifen.

33 Ebda S. 185.

Nachdem Freud immerhin anerkannt hatte, daß H. D. bei einer Gelegenheit, als Bryher sehr bedrückt war, dramatische Tänze für sie inszeniert hatte, um sie aufzuheitern und zu trösten, wobei er gleichzeitig die erotischen Untertöne dieses Tanzes verleugnete, erkühnte sie sich, die Frage der Frauenfreundschaften direkter zu stellen und auf ihn zu beziehen, indem sie von einem Besuch bei Dorothy Burlingham, der „ergebene(n) Freundin von Frl. Anna Freud und Jüngerin oder Schülerin des Professors"[34], erzählte:

> Ich ging um 4 Uhr 20 zu Mrs. Burlinghams Apartement hinauf. Sie war ruhig, schlank und schön in ihrem kunstgewerblich-einfachen Sprechzimmer oder Wohnzimmer, das Freuds Architektensohn für sie ausgestattet hatte. Wie der Professor hatte sie ein paar griechische Schätze. Ihr kleiner, grauer Bedlingham huschte unter die Couch, kroch aber später wieder hervor, um sich mit mir anzufreunden. Ich lernte ihre Tochter kennen, so alt wie mein eigenes Kind, und einen siebzehnjährigen Jungen. Ein weiteres Kind hatte gerade eine Musikstunde im Nebenzimmer. Ich war ein wenig bestürzt über die reservierte, scheue Art von Mrs. Burlingham und darüber, wie sie mich an meinen Fünf-Uhr-Termin unten bei dem Professor erinnerte. Dann hinunter zu Freud... Ich erzählte ihm von dem Besuch. Dann fühlte ich mich ein wenig verloren.[35]

Die Vermutung liegt nahe, daß eine Verständigung über die Natur von Frauenfreundschaften angestanden hätte, schließlich hatte ja Freuds Tochter Anna auch eine Lebensgefährtin. Außerdem gab es Gerüchte über Anna Freuds Homosexualität, gegen die sie sich allerdings verwahrte.[36] Freud reagiert nicht. H. D. assoziiert nun einen Traum, in dem ihr von einem Mann und einem groben Jungen der Weg zu ihrer Wohnung versperrt wird. Sie fühlt sich schrecklich bedroht und wagt es nicht, die beiden zur Rede zu stellen. Sie ruft nach ihrer Mutter, findet diese und ist glücklich. – (Assoziationen zu Nazi-Greueln verheimlichte sie Freud.) Kein Eingehen Freuds, weder auf versteckte Neugier noch auf Bestrafungsängste. Dann sprechen sie über Kreta. Freud bemerkt, daß sie sich in ihrer Liebe zum Altertum treffen. Darauf möchte H. D.

34 Ebda S. 87.
35 Ebda S. 189.
36 Young-Bruehl, E.: Anna Freud. A Biography. New York–London–Toronto–Sydney–Tokyo 1990, S. 196.

ihm eine schwer aufzutreibende kretische Schlangengöttin besorgen. Freud zweifelt daran, ob sie das schaffen könnte. Nach dieser von Freud angebotenen Verschwisterung über eine gemeinsame Liebe und H. D.s überschwenglicher Dankbarkeitsbezeugung führt Freud wieder die Differenz zwischen ihnen ein, indem er ein Stück seiner Weiblichkeitstheorie referiert. Nicht alle Mädchen würden ihre frühe Zuneigung zur Mutter, die sie mit den Knaben gemeinsam hätten, später auf den Vater übertragen. Ihr Vater sei wohl ein wenig kalt, ein wenig steif gewesen? H. D. erklärte ihm wieder, ihr Vater sei der typische Neuengländer gewesen. Freud war überzeugt, daß die Tanzdramen für Bryher in Wirklichkeit als Vorführung für ihre Mutter gedacht gewesen seien. H. D. antwortete mit einer Erinnerung an den Tod ihrer Mutter.[37] In dieser Sequenz beschreibt H. D. ihre Widerständigkeit gegen Freuds Absicht, den nicht vollzogenen Objektwechsel an der besonderen Unnahbarkeit ihres Vaters festzumachen. Sie erklärt ihn kurzerhand für „typisch". Auf seine Beweisführung bezüglich ihrer Mutterfixierung antwortet sie symbolisch zurückweisend. Als nächstes ist Freud gerührt über eine Karte von Bryher und ihre Schenkung an die „Gesellschaft" (die psychoanalytische, V. B.). Diesmal antwortet H. D. nicht ausschließlich mit Dankbarkeit, sondern mit heftigen Gefühlen der Abneigung. Sie erinnert einen Traum, in dem ihr Gepäck von einem Beamten durchsucht wird, der verbotenen Cognac(?) findet.[38] Ihre Assoziation dazu war die Angst, entdeckt zu werden. Womit? Ihre nächsten Einfälle sind erotische: Sie kriegt Rosen geschenkt und probiert ein Abendkleid an.

> Ich stehe vor einem Spiegel und strecke meinen Fuß vor. Ich trage eine wunderbar geschnittene griechische Sandale, klassisch, und doch immer noch modern genug. Der Professor sagte: „Sie erzählen das so schön." Und zum Schluß: „Wir sind in tiefes Material eingedrungen.[39]

Wenn dies auch keine Bestätigung für das Auftauchen von erotischen Wünschen war, so doch wenigstens für die Bedeutung des Materials. Den Bericht über die nächste Analyse-Stunde fängt

37 H. D. 1976, S. 190f.
38 Ebda S. 191.
39 Ebda S. 192.

H. D. damit an, daß sie Freud die Bücher von Bryher gab. Dies nehme ich als Hinweis dafür, daß die darauf geschilderten Träume etwas mit der Bryher-Figur zu tun haben.

> Hotel, ein Fremder in der Halle, ein junger Mann, dunkel (oder im Dunkeln), er geht an der offenen Tür vorüber und sieht mich. Ich trage ein rosafarbenes Modellkleid. Es gefällt mir, daß er mich sieht, und ich werfe mich in Positur oder wiege mich, wie zu einem Tänzchen bereit. Im Handumdrehen hat er mich gefaßt, ich bin verloren (gefunden?), wir wiegen uns zusammen wie Schmetterlinge. Er sagt: „Sie können aber tanzen." – Jetzt gehen wir zusammen hinaus, doch ich bin in Abendkleidung, das heißt, ich bin gekleidet wie er. (Ich hatte in einer der Kaffeehaus-Illustrierten einige neue Bilder von Marlene Dietrich angesehen.) Ich fühle mich nicht ganz behaglich, nicht ganz wie ich selbst, der Hosenbund paßt mir nicht recht; ich merke, daß ich unter der Hose meine gewöhnliche Unterkleidung anhabe, oder vielmehr ich trug noch den langen Abend-Unterrock, der offensichtlich zu dem Ballkleid gehörte. Der Traum endet in einem Ton der Enttäuschung und Verwirrung.[40]

Ich verstehe diesen Traum als eine Darstellung ihrer konflikthaften lesbischen Identität. Sie fühlt sich gestört in ihrem Griff nach einem männlichen Habitus, sie wird ihren lästigen und unpassenden Unterrock nicht los, im Unterschied zu Marlene Dietrich und Bryher. Sie assoziiert zu diesem Traum ihre erste abwegige Liebe, Ezra, der von ihren Eltern nicht akzeptiert wurde. Freud meinte dazu, er habe einen Essay von Pound gelesen, wolle aber nicht behaupten, daß er ihm folgen könne. In H. D.s Schilderung wirkt dies stark abwertend, wie eine Allianz Freuds mit dem Hausverbot, das ihre Eltern über Ezra verhängt hatten. Auf die Traumdarstellung ihrer erotischen Konflikte ging Freud nicht ein. Es ist anzunehmen daß H. D. sich in ihrem Unterfangen, Freud etwas von ihrer eigenwilligen Erotik zu verstehen zu geben, abgelehnt fühlte. Sie fühlte sich alt. Trotzdem schildert sie noch zwei erotische Episoden, die eine von vor erst zwei Jahren, die andere von ihrer ersten Liebe mit 19, und erlebt, daß Freud sie beide Male für zu alt hält. In den folgenden Sitzungen zieht H. D. sich zurück. Ihre Versuche, über ihre Wünsche und Konflikte zu sprechen, werden indirekter, schwerer verständlich. Ihre Schilderungen erfährt Freud als dramatisiert, als bühnenreif. Er stellt einen Widerstand

40 Ebda S. 195.

fest. Darauf bringt H. D. in die nächste Sitzung ein Traumfragment, das offensichtlich affektiv sehr geladen ist: „...das Meer, Angst... und das verbunden mit meinem jüngsten Bruder, der ‚das Baby' gewesen war."[41]
An anderer Stelle hatte sie das Baby mit Bryher assoziiert und zur Darstellung von leidenschaftlichen Wünschen eingesetzt. Dann spricht sie über Bühnenaufführungen in ihrer Schulzeit, als Assoziation zu Freuds „bühnenreif". Die ersten waren enttäuschend für sie, weil sie keine gute Rolle bekam, während ihr ältester Bruder als König glänzen durfte, doch es folgten andere, die eine Mitschülerin inszenierte, in der Hilda ganz groß herauskam, in Hosenrollen à la Sarah Bernhardt. Freud geht nicht darauf ein, hat das Gefühl, daß sie sich auf die Sitzungen vorbereite, möchte, daß sie es läßt, sich Notizen zu machen. H. D. erzählt unentwegt weiter von den glücklichen transvestitischen Bühnenerinnerungen ihrer Jugendzeit und erwähnt auch, daß ihr Frances Josepha später Bilder zeigte, „wunderschöne Fotografien von sich selbst, auf denen sie ein griechisches Kostüm trug; sie hatte einen Knaben oder Jüngling in irgendeinem Stück gespielt."[42] Freud zeigt kein Verständnis für H. D.s transvestitische Gelüste und die dahinterliegenden Identitätsnöte. Auf die fehlende Anerkennung reagiert H. D. mit Verunsicherung. Sie erinnert sich an eine Schauspielerin, wie sie zusammen mit einer Freundin gesungen hatte, die sich geeignet hätte, Hosenrollen zu spielen. „Sie stürzte sich aus dem Fenster. Ich las das in meiner gewöhnlichen Kaffeehaus-Illustrierten."[43] Auch ein folgender Einfall verrät keine Enttäuschung über Freuds fehlende Identifikationsmöglichkeiten, sondern ein Gefühl des Verlustes, des Nie-gehabt-Habens eines Spiegels.

> Aus irgendeinem Grund kommt mir der Wolf von Siena in den Sinn. Remus war der sagenhafte Gründer von Siena. Vielleicht denke ich gerade an den Gefährten, den ich verloren habe, die Schwester am allerbesten, die Zwillingsschwester, die ich nie gehabt habe.[44]

41 Ebda S. 199.
42 Ebda S. 200.
43 Ebda.
44 Ebda.

Auch diesmal scheint es ihr zu gelingen, ihr Selbstwertgefühl wieder auszubalancieren, indem sie sich an weibliche Identifikationsfiguren erinnert, die sie bewunderte oder die ihr Angebote machten, die sie brauchen konnte, wie z. B. an eine Lehrerin.

> Die Griechen wurden für mich am lebendigsten, als ich sieben war; es war Miss Helen, die uns Freitag nachmittags in der Schule die „Tanglewood-Geschichten" vorlas. Jene Erzählungen sind meine Grundlage oder Vorbildung, Pandora, Midas, das Medusenhaupt – jene sonderbare Geschichte von Perseus und der Beschützerin Athene. – Das Wunder des Märchens ist unbestreitbar; Sigmund Freud würde es verwerten, rationalisieren.[45]

III

Es ging mir darum, ein Stück Geschichte darzustellen, exemplarisch zu zeigen, welches Schicksal typischerweise die Konfrontation von lesbischen Wünschen und Konflikten mit dem patriarchalen Gedankengut und der Vorgehensweise der Psychoanalyse haben kann. Ich habe zu zeigen versucht, wie Symbolisierungen von eigenwilligem, weiblichem Begehren ignoriert, abgewertet oder zurückgewiesen werden können, selbst wenn auf einer wohlwollend zwischenmenschlichen Ebene Toleranz gegenüber der Wahl einer Lebenspartnerin geübt wird. Dies begreife ich als einen Teil unseres Erbes. Auch wenn sich die feministische Psychoanalyse, um mit France Paramelle[46] zu reden, darin einig sein sollte, daß die Anerkennung und die psychische Integration von homosexuellen Wünschen bei jeder Frau als Voraussetzung für ihre sexuelle Identität und als Bedingung ihrer Autonomie unerläßlich ist, so stellt sich doch für Frauen, die sich mit ihrer eigensinnigen Wahl eines lesbischen Lebensstils gegen die Konventionen unserer patriarchalen Gesellschaft lieben, die Frage nach Bestrafungs- und Trennungsängsten verschärft. Bei H. D. haben wir gesehen, daß sie diese Ängste nie zur Sprache bringen konnte. Aus dem Erfahrungsaustausch mit lesbischen Kolleginnen, denen ich an dieser Stelle dafür danke, weiß ich, daß die Übertragung von lesbischen Klientinnen viel stärker von solchen, häufig durch Rationalisierung abgewehrten Ängsten bestimmt wird als

45 Ebda S. 201.
46 Paramelle, F./Lago, M.: La femme homosexuelle. Casterman, 1976.

bei heterosexuellen Frauen, auch dann, wenn sie wissen, daß sie es mit einer lesbischen Therapeutin zu tun haben.

Frauenberatung Wien

„FRAUEN BERATEN FRAUEN“

Aspekte zur Arbeit in einer psychosozialen Beratungsstelle für Frauen.

Im September 1991 besteht die Frauenberatung Wien zehn Jahre. Seit Beginn der Beratungsstelle ist es unser zentrales Anliegen, Frauen ganzheitlich in ihrem Lebenszusammenhang wahrzunehmen und zu beraten. Um dies zu verwirklichen, arbeiten wir in einem interdisziplinären Team: Psychologinnen, Sozialarbeiterinnen, eine Physiotherapeutin, eine Pädagogin, eine Soziologin, Juristinnen und Ärztinnen. Frauenspezifisch arbeiten heißt für uns, die gesellschaftliche, soziale und psychische Situation von Frauen in den Mittelpunkt zu stellen und zur Ausgangsbasis der Arbeit zu machen. Das Frau-Sein beider – der Beraterin und der Klientin – ist Thema. Durch die Reflexion weiblicher Normen und Werte und den Umgang damit, wird das Selbstverständliche – das Frau-Sein – zur Besonderheit. Das bedeutet weiter für uns, neue Erkenntnisse, neue Erfahrungen und Themen von Frauen und über Frauen ernstzunehmen, darauf einzugehen und sie anzunehmen.
Zwischen Erfahrung, Erforschung und Reflexion findet die alltägliche Beratungsarbeit statt.
Um die Komplexität frauenspezifischer Beratung zu verdeutlichen, heben wir drei verschiedene Themenbereiche aus unserer Arbeit heraus: die Struktur und den Strukturwandel in unserem Team, die Bedeutung des „Offenen Abends“ als Ort für Frauen und ein spezifisches Angebot für erwerbslose Frauen.
Damit beschreiben wir exemplarisch unser Selbstverständnis und bringen unsere Intention über Wichtigkeit und Wertschätzung auf verschiedenen Ebenen zum Ausdruck, ohne diese untereinander zu hierarchisieren oder zu bewerten.

Frauenberatung Wien/Margot Scherl

GRENZEN GRENZENLOSER GEMEINSAMKEIT

TEAMENTWICKLUNG IN EINEM FEMINISTISCHEN PROJEKT

Nach zehn Jahren Frauenberatung sind die Ziele unserer Arbeit dieselben: Wir bieten Frauen in Lebenskrisen und bei verschiedenen Problemsituationen Unterstützung, Beratung und Therapie an. Wir unterrichten, bieten Fortbildung an, organisieren Tagungen. Wir initiieren Selbsthilfegruppen, unterstützen neue Frauengruppen, die Orte für Frauen einrichten wollen, und arbeiten in den verschiedensten Frauenvernetzungskreisen mit.
Auch unsere Grundhaltung hat sich nicht verändert. Wir arbeiten feministisch, parteilich für Frauen, autonom. Wir haben mit großer Kreativität und Anstrengung unsere Ziele und Inhalte realisiert, und die Institution „Frauenberatung in Wien" geschaffen.
Mein Schwerpunkt in diesem Artikel ist der Weg und die Veränderungen, die wir als Gruppe genommen haben, von der Idee einer Frauenberatungsstelle ausgehend bis hin zu einer frauenspezifischen Einrichtung, die fester Bestandteil der psychosozialen Versorgung der Stadt ist und sein will. Rückblickend fühlt sich für mich unsere Teamentwicklung als notwendiger und schmerzhafter Prozeß einer Individuation an. Dieser Veränderungsprozeß ist Thema des Artikels.

Der Beginn

Die Konzeption und Entwicklung der Frauenberatung ist im Kontext historischer Entwicklung zu sehen. Ende der 70er Jahre waren kollektive Arbeitsformen mit neuen Lebens- und Denkstrukturen sowie Umverteilung und größtmögliche Unabhängigkeit vom Staat selbstverständlich. Bereits fünf Jahre später wurden diese Forderungen nicht mehr gestellt.
Das Vorhaben, die Beratungsstelle zu gründen und zu führen, war von sehr konkreten Vorstellungen über Arbeit mit Frauen und von unterschiedlichen, diffusen Hoffnungen, Wünschen, Befürchtungen, Ansprüchen und Bedürfnissen – jeder Frau an sich selbst

und an uns gegenseitig begleitet. Waghalsigkeit, Mut, Engagement und Enthusiasmus sind Voraussetzung, um so ein Unternehmen zu beginnen. Eine gehörige Portion Größenwahn gehört auch dazu.

Unsere Gemeinsamkeit und Motivation war ein Konglomerat von eben diesen Hoffnungen, Befürchtungen, Wünschen und Ansprüchen. Die Mischung war es, die Konflikte auslöste und Veränderungen notwendig machte.

Zu unseren Hoffnungen: Wir hofften, daß möglichst viele Frauen unser Angebot in Anspruch nehmen würden. – Nach drei Wochen waren wir überlaufen. Seither leben wir mit Wartelisten. Wir hofften, daß alle – vor allem die Stadt Wien, schnelles Einsehen in den Bedarf einer Frauenberatung hätten, und uns Finanzierungsmittel zur Verfügung stellen würden – die Verhandlungen dauern nun zehn Jahre. Wir hofften, vielen Frauen möglichst „schnell" helfen zu können. Der Andrang ist unverändert, Therapien brauchen Zeit.

Zu unseren Befürchtungen: Wir hatten Angst, nicht erfolgreich zu sein. Wir befürchteten immer wieder, die Beratungsstelle schließen zu müssen. Das hätte für uns persönliches und politisches Versagen bedeutet. Nach innen, wir sind ja doch nicht „gut" genug, nach außen, „Frauen sind eine unbedeutende Gruppe". – Inzwischen bieten wir Fortbildungen an, organisieren Tagungen.

Zu unseren Wünschen: Wir wünschten uns, erfolgreich zu sein, für unsere Arbeit Anerkennung zu bekommen, ideell und materiell. Wir wünschten uns, von unserer Arbeit leben zu können und damit zufrieden und glücklich zu werden. Während ich dieses niederschreibe, schäme ich mich für die Banalität, gleichzeitig berührt es mich tief.

Zu unseren Ansprüchen: Die Liste der Arbeitsansprüche ist lang. Sie wurde und wird von jeder einzelnen unterschiedlich bestückt und getragen.

Wir wollten:

- unseren Handlungsspielraum als Sozialarbeiterinnen, Psychologinnen erweitern, institutionelle Bedingungen nicht akzeptieren.
- Wir versuchten patriarchal-institutionelle Grenzen aufzuheben, und wir waren mit unserer Grenzenlosigkeit bald überfordert.

– Wir rückten die Bedürfnisse der Frauen in den Vordergrund. Konkret heißt das, sich für jede Frau etwas einfallen zu lassen, neue Rahmen, neue Arbeitsformen und -inhalte zu entwickeln und unterschiedliche Unterstützungsstrategien auszudenken. Diese Ansprüche entstanden aus unserem feministischen und politischen Verständnis, aus unseren beruflichen Vorerfahrungen in verschiedenen Institutionen und unserem emotionalen Bedürfnis nach ganzheitlichem Arbeiten. Das zusammen stellte sich als größte Überforderung heraus und mußte in dieser Komplexität scheitern. Die Liste der Ansprüche, die wir aneinander hatten, war nicht kürzer. Unsere Wünsche waren eingebettet in ein Gefühl der Gemeinschaft, sie waren verborgen und konnten daher kaum besprochen werden. Wir waren ein Zusammenschluß mit Diskussionen und Kämpfen nach außen, um die Beratungsstelle errichten zu können. Unser Team war und ist der Ort, an dem wir uns in unserer Verschiedenheit treffen. Wir konnten uns viel vornehmen, wir konnten nicht voraussehen, was auf uns zukommen, und wie wir uns damit verändern würden. Das mußten wir leben.

Individuelle Grenzen gemeinschaftlicher Arbeit

Unsere Veränderungswünsche, unsere Auseinandersetzungen und Konfliktpunkte konzentrierten sich vor allem auf drei Gruppenthemen: Werthaltungen und Normen, der Umgang mit dem Geldmangel und Autonomie – Abhängigkeit. Der Entwurf eines frauenbezogenen Ortes, die Gestaltung der Zusammenarbeit in der Frauenberatung beinhalten das Entwickeln von Normen. Die Sehnsucht nach Ganzheitlichkeit, die ein Ausdruck der Grundwerte in der Arbeit mit Frauen war, hatten wir auch für uns. Das bot Sicherheit, Orientierung und war die Grundlage, wie wir uns aufeinander beziehen wollten. Zu den deklarierten Normen gehörten:

– eine Neubewertung von Frauenarbeit und unserer Tätigkeit
– die Aufhebung der Arbeitsteilung
– das Vermeiden von Hierarchie.

Das hieß, jede Frau verdient gleich viel, ungeachtet, welche Arbeit sie für die Beratungsstelle leistet. Büroarbeit, Beratungsgespräche, Gruppenleitung, Buchhaltung, Aufräumarbeiten, Schriftverkehr etc. wurden gleich entlohnt. So etablierten wir „Gleich-

heit". Das stärkte unser gemeinsames Selbst und verhinderte vorerst Konflikte. Am Beispiel „putzen" möchte ich aufzeigen, wie konsequent wir mit der Neubewertung von Arbeit umgegangen sind. Zu Beginn hatten wir den Anspruch, neben der Beratungstätigkeit unsere Räume selbst zu reinigen.
Wir wollten diese Arbeit keiner anderen Frau „zumuten". Wir putzten. Die Änderung dieser Norm kam mit unserem Unwillen zu putzen und der Einsicht, daß wir die traditionell weiblichen Arbeitsbereiche nicht auch noch lieben müßten, sondern eine andere Frau damit Geld verdienen kann. Um unsere Neubewertung dennoch aufrechtzuerhalten und unser schlechtes Gewissen zu beruhigen, erhielt die Putzfrau den gleichen Stundenlohn wie wir. Der ersten Arbeitsteilung, der Putzfrau, folgten weitere arbeitsteilende Schritte. Eine Buchhalterin übernahm die für uns schwierigen und belastenden Finanzabrechnungen. Eine Sekretärin ermöglicht unsere regelmäßige telefonische Erreichbarkeit. Sie ist für Informationsgespräche, Koordination und alle schriftlichen Belange zuständig. Eine junge Kollegin bildet sich in Beratungs- und Therarpiearbeit mit Frauen aus und macht Öffentlichkeitsarbeit. Sie alle verdienen weniger als die „alten" Teamfrauen. Wir haben das Gleichheitsprinzip aufgegeben, unterschiedliche Bezahlung für unterschiedliche Arbeit und damit eine Hierarchie eingeführt. Das hieß, Veränderungen von uns wahrzunehmen, Ansprüche aufzugeben und das zu akzeptieren. Die Erfahrung ist: Mit jeder Neuerung wurden die vorher eingeführten Veränderungen institutionalisiert und innerlich angenommen.
Diese gravierenden Veränderungen rührten alle an unseren feministischen, politischen Werthaltungen. Die Diskussionen, die zu diesen Entscheidungen führten, waren bestimmt von dem Gefühl, versagt zu haben. Antihierarchisch und ganzheitlich zu arbeiten war und ist ein utopisches Prinzip der autonomen Frauenbewegung. Wir versuchten, utopische Ansprüche zu leben, und fanden uns in Verdrehungen wieder. Diese werden dort deutlich, wo wir das Schaffen neuer Arbeitsplätze für Frauen als Unvermögen verbuchen, statt als Erfolg und Ausdruck unserer Kreativität und Potenz. Mit den Änderungen haben wir die Qualität unseres Arbeitsplatzes verbessert. Auf persönlicher Ebene verlangen wir uns keine Arbeit mehr ab, für die wir entweder über- oder unter-

qualifiziert sind oder die uns keine Freude macht. Das Team ist von diesen Arbeiten entlastet und kann sich daher der inhaltlichen Arbeit zuwenden. Eine Entlastung ist auch, daß wir nicht mehr in unserem Team versuchen, die gesellschaftliche Abwertung von Frauenarbeit persönlich aufzuheben.

Der Umgang mit dem Geld*mangel*

Unsere erste Subvention betrug 50.000 Schilling. Wir haben uns übermäßig darüber gefreut. Unsere eigene Bedürfnislosigkeit beschämt uns noch heute. Natürlich hatten wir zuerst kein Geld, redeten aber ständig davon. Hier soll nicht von der Mühsal der Subventionsschöpfung die Rede sein, sondern davon, wie sich Mangelverwaltung auf eine Frauengruppe auswirkt. Die Existenz der Beratungsstelle und unsere Existenz sind direkt mit Geldzusagen, Subventionen, Spenden verknüpft und davon abhängig. Zu Beginn stand die Beratungsstelle, das Projekt als ganzes, im Vordergrund. Unser Ein- und Auskommen hatte für uns selbst innerhalb dieses Zusammenschlusses kaum Bedeutung. Geld für die eigene Existenz wurde von jeder an einer anderen Arbeitsstelle – außerhalb – verdient. Auf Projektebene verteilten wir unsere Armut gleich-mäßig. In finanziellen Ansprüchen durften und konnten wir uns nicht sehr unterscheiden. Eine Teamfrau brauchte schon am Anfang „mehr" Geld. Sie konnte sich die Mitarbeit bei uns nicht „leisten". Sie verließ das „arme" Projekt und hinterließ bei uns den Eindruck, daß sie gierig sei. Nur allmählich ließen wir den Wunsch zu, von der Arbeit in der Beratungsstelle finanziell leben zu können. Der Wunsch wurde zu einer Forderung für uns, an uns. Damit wurden Geldkürzungen, Streichungen bedrohlicher. Zur Sorge um das Projekt kam die eigene Existenzangst. Hatten wir wenig Geld, wurde die Stimmung im Team depressiv, aggressiv, ungemütlich. Zum Schutz vor den Ängsten der anderen, versuchte jede mit ihrer Angst allein zurechtzukommen. Um den bewußtwerdenden Abhängigkeiten von Institutionen und voneinander zu entkommen und den berechtigten Ohnmachtsgefühlen nicht ausgeliefert zu sein, wurden die Ängste individualisiert und Auseinandersetzungen über das persönliche Versagen geführt. Frauenspezifisch daran ist, daß wir so zumindest auf der Beziehungsebene handelnde Personen bleiben.

Frauen besitzen weniger Geld. Damit gehen wir oft so um, Geld weniger Bedeutung beizumessen. In unserer Geld-Not leugneten wir immer wieder, daß Geld neben der Existenzsicherung auch für Achtung und Anerkennung steht, um so der doppelten Abwertung zu entgehen. Wir haben gelernt, für unsere Arbeit Geld zu fordern. Wir bekommen inzwischen ausreichend Subventionen, daß wir aus „vorindustriellen" Arbeitsplätzen, Stellen schaffen konnten, die dem ökonomischen Vergleich im öffentlichen Bereich standhalten, aber wir müssen doch jedes Jahr erneut um finanzielle Zuwendung kämpfen.

Zu Autonomie, zu Abhängigkeiten

Von Anfang an war das Spannungsfeld Autonomie – Abhängigkeit ein wichtiges Thema. Wir waren und sind autonom. Wir können unsere Vorstellungen, Arbeitsmethoden, Arbeitsformen selbst bestimmen. Obwohl wir zu Beginn von finanziellen Förderungen so frei waren, daß mir dazu eine Zeile aus einem Lied von Janis Joplin einfällt: „Freedom is just another word for nothing left to loose…", stellten sich doch die Fragen nach unseren Abhängigkeiten lediglich nach außen gerichtet, materiell, dar. Wie können geldgebende Institutionen Einfluß auf unsere Arbeit nehmen? Von welchen Institutionen könnten wir abhängig werden, und wie könnten wir in unserer Arbeit behindert werden? Wir forderten eine Autonomie, die wir schon hatten, und forderten Subventionen. Ein Paradoxon? Die Widersprüchlichkeit dieses Verhaltens war uns immer bewußt. Dagegen waren uns die Abhängigkeiten untereinander, das Angewiesensein aufeinander zu Beginn nicht so deutlich. Nicht bewußt war uns der Zusammenhang: Je mehr Autonomie wir von außen haben, desto angewiesener sind wir aufeinander. Auf der Beziehungsebene wurde der Umgang mit den gegenseitigen Bewertungen der Arbeit als Abhängigkeit voneinander spürbar. Hatte eine von uns schlaue Ideen, ein gutes Interview gegeben, Verhandlungen erfolgreich durchgeführt, dann war es eine Bereicherung und diente sowohl der Absicherung der Beratungsstelle als auch dem kollektiven Selbstbewußtsein. Natürlich galt das gleiche auch umgekehrt, obwohl sich das schon viel schwerer schreiben läßt. Machte eine von uns „Fehler", handelte sie nicht im gedachten Konsens, fühlten sich alle Frauen betroffen und erlitten eine kollektive Kränkung. Dazu drängt sich die erste Hälfte des Mottos der Musketiere auf: „Eine für alle....!" Sehr schnell fühlt sich eine Frau für die ganze Beratungsstelle verantwortlich, oder sie wird für Fehler unverhältnismäßig verantwortlich gemacht. So berauben wir uns selbst um die zweite Hälfte des Mottos: „... alle für eine!"

Konflikte

Gratwanderung zwischen Gruppe und Individualität
Auswirkungen unserer Erfahrungen, die wir in und mit der Arbeit machten, von individuellen Veränderungsprozessen, unserem differenzierteren Umgang mit Gefühlen wie Angst, Unmut, Unzufriedenheit und Belastungen und neuen Teamfrauen waren: Konflikte! Konflikte stören das Harmoniebedürfnis, sie bedrohen jede einzelne, sie könnte sich nicht durchsetzen, untergehen, ausgeschlossen werden, oder aber sie könnte sich entfalten, selbstständiger werden, „einsamer" werden. Sie behindern das Gefühl von Gemeinsamkeit, Gleichsein. Auseinandersetzungen lassen uns uns als „getrennt" voneinander erleben, die gemeinsame gerade erst erworbene Identität steht auf dem Spiel. Eine besondere Schwierigkeit im Umgang mit Unterschiedlichsein und den daraus resultierenden Meinungsverschiedenheiten in einem feministischen Frauenteam beruht auf der eingangs beschriebenen Verknüpfung von politischem und sozialem Engagement mit der beruflichen und persönlichen und der kollektiven Identität. Das bedeutet, daß Meinungen, Vorstellungen, Entscheidungen nie nur auf einer Ebene erlebt und besprochen werden. Bringt eine Frau einen Vorschlag ein, der nicht der gesetzten Norm entspricht, muß sie sowohl mit ihren eigenen Ambivalenzen zurechtkommen als auch damit rechnen, daß im Team die gleichen Ambivalenzen vorhanden sind und auf verschiedenen Ebenen zum Tragen kommen. Äußert eine Frau einen Wunsch auf persönlicher Ebene, übernimmt eine andere die Interessen des Kollektivs, eine dritte versucht die politischen Ansprüche dagegenzuhalten...
Wir haben uns diese Verknüpfungen geschaffen. Sie sind Teil unserer Kraft, aus der wir schöpfen. Diese Verknüpfungen sind es aber auch, die Veränderungen schwierig, Auseinandersetzungen schmerzhaft und mühsam machen, vor allem, wenn es um Ände-

rungen von Gruppennormen und -werten geht. Dazu ein Zitat von Christine Stromberger aus ihrem Artikel „Frauen am Rande des Nervenzusammenbruchs“:

> Meiner Arbeit im Frauenprojekt verdanke ich viel Wissen – im emotionalen und im rationalen Sinn – über mich, über andere Frauen, über Männer, über Autonomie und ihre Grenzen, über Politik und Scheinheiligkeit, über Machtstrukturen und Abhängigkeiten. Die Erfahrung von Solidarität und Zuneigung gegenseitiger Unterstützung waren ebenso intensiv wie jene der Selbst- und Enttäuschung, wie die Wucht der Wut, wenn Harmonisierungsbestrebungen im Team scheiterten, Eifersucht und Konkurrenz die Tabuisierungsschwelle überschritten. Zu zweifeln und in Frage zu stellen erlaubte ich mir früher, als ich auszudrücken wagte und als es die anderen Frauen mir erlaubten. Die Krise war groß der (Frei-)Raum für verschiedene Positionen zu eng, der Abschied schmerzhaft, aber notwendig.[1]

Trotz unseres Wissens, daß Veränderungen nicht ohne Konflikte möglich sind, scheuen wir sie und führen Auseinandersetzungen erst dann, wenn es wirklich nicht anders geht. Betrifft ein Konflikt die Identität der Frauenberatung, d. h. werden Grundwerte oder eigene Ansprüche in Frage gestellt, dann braucht jede Frau und das gesamte Team viel Zeit, Kraft und Ausdauer. Unser Anspruch war es, alle Konflikte lösen zu können. Gelernt haben wir, daß wir nicht alle Konflikte lösen konnten, und daß es Konflikte gibt, die nicht zu lösen sind bzw. zu Trennungen führen. Beharrt eine Frau auf ihrem Standpunkt, ohne die Teamebene bzw. andere persönliche oder politische Motive irgendwann einzubeziehen, bleiben die verschiedenen Sichtweisen aufgeteilt. Diese Konfliktsituation kann von der Gruppe nicht auf Dauer gehalten werden. Sie führt zur Trennung.
Dies geschieht, wenn eine Frau innere Widersprüche zu früh anspricht, eine Frau zu lange an Gruppennormen, die nicht mehr stimmen, festhält oder eine Frau sich an keine Normen oder Werte der Gruppe hält.
Konfliktlösungen innerhalb des Teams fordern: Unterschiede zwischen den einzelnen Frauen und dem Team erkennen und wah-

1 Stromberger, Chr.: Frauen am Rande des Nervenzusammenbruchs. In: Angerer, M.-L. et al.: Auf glattem Parkett. Feministinnen in Institutionen. Wien 1991, S. 165f.

ren, andere Meinungen akzeptieren, Schwerpunkte setzen, Widersprüche aushalten, Entscheidungen treffen, mit Enttäuschungen leben, Kompromisse schließen können.
Während ich diesen Artikel schreibe, bemerke ich, daß sich andere Menschen mit ähnlichen Spannungsverhältnissen auseinandersetzen müssen und es ihnen ebenso schwerfällt.

> Es gibt zwischen unseren Hoffnungen, unseren Sehnsüchten, unseren Plänen und Zielen einerseits und andererseits der Realität einen Gegensatz, den wir nicht beheben können. Wir müssen bereit sein, den Gegensatz zu ertragen und mit dem Widerspruch zu leben.[2]

Als wiederkehrende Konfliktpotentiale treten folgende Fragen zwischen uns auf: Wie „gleich" müssen wir sein, wie unterschiedlich darf jede sein? Welchen Handlungsspielraum hat jede Frau? Wieviel an Differenz ist möglich und notwendig? Wie gehen wir mit unserer Konkurrenz um? Welche Bewertungen, Meinungen haben wir? Wie setzen sie sich in unserem Team durch? Diese Fragen sind Hinweise, daß Ungleichheit, Differenz und Konkurrenz bestehen. Sie sind nicht gelöst. Sie stören unser Selbstbild als wohlorganisiertes, professionelles Frauenteam, sind notwendig und tun weh.
Für unsere Arbeitsebene und für unser emotionales Angewiesensein im Spannungsfeld Autonomie – Abhängigkeit haben wir eine besondere Struktur geschaffen. Im Team werden offizielle Strategien und Veränderungen entworfen, Beschlüsse gefaßt, es wird gearbeitet. Diese Arbeitsebene ist für alle Frauen ein relativ sicherer Ort. Das emotionale Eingebundensein ist sowohl für die einzelne Teamfrau als auch für die Gruppe als Ganzes unsicherer und scheinbar gefährlicher. Prozesse, die das Einbezogensein regeln, sind mit mehr Angst besetzt. Für die Wünsche nach Geborgenheit, dem emotionalen Austausch, haben wir eine zweite Ebene entwickelt: die Küchengespräche. Damit sind private Gespräche, die bei uns oft in der Küche stattfinden, gemeint. Hier werden von einzelnen Frauen die Beziehungsaspekte von Abgrenzung, Kontrolle, neuen Ideen, abweichenden Meinungen und den persönlichen Entwicklungsschritten vorbesprochen und

2 Helmut Schmidt zum Tode von Max Frisch in der ZEIT Nr. 17, 1991.

emotional abgesichert. Auf den verschiedenen Ebenen geht es in einem Team immer wieder um das Dazugehören. Wir erleben, wie der normative Durchschnitt – unser Gleichsein-Wollen – unsere Interessen, das Engagement, die spontane Bewegung nach vorne hemmt und bremst. Wir wissen auch um die Bereicherung des Teams durch verschiedene und unterschiedliche Ideen, Positionen, Gefühle etc. Im Arbeitsalltag wird das Erleben von Verschiedenheit oft eine Überprüfung des eigenen Wertes. Auf der Beziehungsebene wird dann u. U. mit Auf- oder Abwertung reagiert. Frauenspezifisch daran ist, daß Verschiedenheit – „anders als ich" und daher von mir getrennt – erlebt wird, der Schluß dazu: „Ich bin allein".
Die gegenseitigen Bewertungen und unsere Konkurrenz sind die schwierigsten Themen. Sie werden selten besprochen. Zur Illustration der ängstlichen Gefühle in einem Frauenteam, ein Bild vom Fußballspiel: Schießt einer ein Tor, dann freut sich die gesamte Mannschaft. Alle werfen sich aufeinander, feiern den Helden, im Bewußtsein, daß die gesamte Mannschaft zu diesem Tor beigetragen hat. Das Bild ändert sich in der Phantasie komplett, wenn es um ein Tor in einem Frauenteam geht. Schießt dort eine ein Tor, steht sie vorne, alleine. Dreht sie sich um, sieht sie, wie ihre Frauschaft das Feld verläßt, mit der Begründung, „so gut wie die werden wir nie." Das Bewußtsein, daß die gesamte Frauschaft zu diesem Tor beigetragen hat, ist verlorengegangen.
Hier wirkt sich die Geschichte der Isolation von Frauen in einem Frauenteam aus. Wir können auf keine Traditionen der Frauenbündnisse zurückgreifen. Frauensolidarität, Unterstützung von Frauen durch Frauen, ist im Zusammenhang mit Frauenunterdrückung – Frauen als Opfer – entstanden. Unsere Bezugssysteme, die wir entwickeln, sind neu. Wir müssen noch lernen, uns nicht nur über Schwäche zu definieren und darüber in Kontakt zu treten, sondern uns üben, Stärke anzuerkennen und darin zu unterstützen.

Während des Schreibens habe ich die großen utopischen Ansprüche hervorgeholt und noch einmal belebt. Damit sind mir auch fast alle Konflikte wieder eingefallen, und ich mußte mich mit den Kränkungen des Versagens auseinandersetzen. Wieder-

holt habe ich, daß Fehler das größere Gewicht bekamen als das Erreichte und der Stolz darüber. Die durchgängige Frage heißt also: Was ist an Frauenteamarbeit so schwer?
Institutionen sind patriarchale Einrichtungen, die demzufolge patriarchale Herrschaftsinteressen beinhalten. Welchen Sinn haben Institutionen, die Frauen errichten? Können Frauen die Idee der Institution aufnehmen und durch eigene Ziele, Inhalte und Werte bestimmen? Motiv jeder einzelnen Mitarbeiterin ist der Wunsch, sich ihre eigene Identität zu schaffen: wie ich mich als Frau in diese Welt einbringen und verwirklichen will.
Feministische Projekte/Institutionen sind bislang ohne Vorbilder und Modelle. Das Entwerfen und Ausführen der Ideen/Projekte impliziert hohe Ansprüche. Das erklärt die überaus hohe Kränkbarkeit und Empfindlichkeit einzelner Frauen und einer ganzen Frauengruppe. Das Ausprobieren feministischer Entwürfe beinhaltet das fortwährende Lernen auf verschiedenen Ebenen. Es beinhaltet weiter das Über-Grenzen-Gehen, die Überschreitung der eigenen und der der anderen. Darin liegt die Möglichkeit und Hoffnung der Grenzerweiterung weiblicher Identität. Orte von Frauen für Frauen sind nach wie vor die einzige Möglichkeit für Frauen, sich mit ihrer weiblichen Identität auseinanderzusetzten. In einem weiblichen Bezugsrahmen konzentriert sich das Interesse auf Frauen, ihr Dasein, ihre Begrenzungen und ihre Entwicklungsmöglichkeit. Frauen sind der Mittelpunkt des Interesses.

Frauenberatung Wien/Martina Brandl/Agnes Büchele

DER „OFFENE ABEND"
EIN STETER ORT FÜR FRAUEN

„Frauen die zusammen sind, sind nicht allein."
(Janice G. Raymond)

Zur Entstehung

Jeden Mittwoch von 17–20 Uhr kann jede Frau in die Frauenberatung kommen, um andere Frauen zu treffen, und eine oder zwei Frauen aus dem Team der Frauenberatungsstelle sind mit dabei. Diese Einrichtung heißt „Offener Abend" oder „open house". Sie ist jetzt fast zehn Jahre alt, also beinahe gleich alt wie die Frauenberatungsstelle selbst. Der „Offene Abend" ist eine zentrale, eine würdige Einrichtung und gehörte zu unseren ersten Angeboten in der Frauenberatungsstelle.

Ursprünglich – mit Beginn der Arbeit in der Frauenberatung – wollten wir eine fortlaufende Gruppe für Hausfrauen anbieten. Wir gingen davon aus, daß dies ein zentrales Thema sein müßte. Jede Frau ist auch Hausfrau, diese Arbeit, vor allem aber deren Unsichtbarkeit und gesellschaftliche Minderbewertung, kann Quelle vieler Unzufriedenheiten und Leiden sein, zusammengefaßt unter der Diagnose „Hausfrauensyndrom". Unser wohlgemeintes Angebot wurde von den Frauen aber kaum oder nur sporadisch in Anspruch genommen. Im Nachdenken darüber wurde uns klar, daß wir versucht hatten, aus einer möglichen Last ein Angebot zu machen; was sollte aber eine Frau, die an ihrem Hausfrauendasein leidet, verlocken, auch noch in eine „Hausfrauen-Gruppe" zu gehen?

Nach dieser Erkenntnis änderten wir unseren Ansatz und folgten einfach konsequent einem Grundsatz frauenspezifischer Arbeit: nämlich, bei den Bedürfnissen von Frauen anzusetzen und nicht an den von uns vermuteten Mängeln. Wir veränderten das enge Konzept einer von „Fachfrauen" (im Gegensatz zu „Hausfrauen") geleiteten, also auch hierarchisch geführten Gruppe und kreierten den „Offenen Abend".

Wir begannen, den Frauen vom Rahmen her das anzubieten, was sie selbst gut kennen und können, aber in der Rolle als Hausfrauen wenig beanspruchen: essen und trinken anbieten und bereit sein, anderen zuzuhören. Gleichzeitig hatten wir damit auch einen Rahmen gefunden, in dem sich uns wichtige Intentionen verwirklichen ließen: die Möglichkeit zur Entwicklung von Selbsthilfe zu geben, Isolation verringern, Kontakt zwischen Frauen zum Thema machen, einen Ort für Zusammensein und Begegnung schaffen, Anregung und Unterstützung für Veränderungen in Frauenleben Raum zu geben und zu fördern.
Neben Beratung, Therapiegruppen, Einzeltherapie und Fortbildung gehört der „Offene Abend" zur Grundausstattung im Angebot der Frauenberatungsstelle. Es ist unser Anliegen, damit die Variabilität von Frauenarbeit sichtbar zu machen und zentrale Forderungen aus der Frauenbewegung – Parteilichkeit, Engagement und Betroffenheit – mit unserer Arbeit zu garantieren und zu zeigen, daß es unterschiedliche Wege zu mehr Bewußtsein und befreienden Erfahrungen gibt. Der „Offene Abend" symbolisiert dabei für uns einen Raum, in dem die Frauen nicht konfliktzentriert und an Defiziten orientiert miteinander umgehen, sondern in einem Alltagsrahmen Solidaritätserfahrungen möglich werden.

Über Frauen-Gespräche

Die emotionale Zuständigkeit von Frauen innerhalb der Familie erzeugt ein Muster von „Einbahnbeziehungen", in denen Frauen vor allem geben, sich in andere einfühlen, auf andere hinorientiert leben, selbst jedoch mit unerfüllten und unerfühlten Bedürfnissen, mit Defiziten, zurückbleiben. Das fördert Isolierung und trägt zu Unterordnung und Vereinzelung bei. Diese Isolierung funktioniert, außer über die strukturellen Gegebenheiten in Frauenleben, indem etwa Verbindungen zwischen Frauen als unwichtig, oft sogar als unmöglich bezeichnet werden. Das erschwert die Wertschätzung von Frauen für Frauen; sie betrachten ihre Beziehungen zueinander oft als unwichtig, nebengeordnet. Weibliche Lebensentwürfe werden aufgespalten, die „Karrierefrau" von der „Hausfrau", die „Mütter" von den „Nicht-Müttern" ausgegrenzt, bewertet und auch abgewertet. Der Mangel an Wertschätzung von Frauen untereinander setzt die gesellschaftliche Abwertung von

Frauen sowie Abwertungen, die jede Frau persönlich erfährt, fort und trägt sie mit. Dieser gesellschaftliche Kontext bildet den Rahmen für diverse Probleme, mit denen sich Frauen, Unterstützung suchend, an die Frauenberatung wenden. Viele Frauen kommen mit Problemen, die sich in Zusammenhang mit einer Scheidung ergeben. Die bisher identitätsstiftende Lebensform, die Orientierung am Mann, die Zuständigkeit für das familiäre Leben, ist nicht mehr fortsetzbar oder zumindest in Frage gestellt. Mit einer Scheidung verlieren Frauen auch häufig den bisherigen „gemeinsamen" Freundeskreis, finden sich isoliert, ohne einen Lebensplan, ohne eigene Interessen, konfrontiert mit der Notwendigkeit, Selbständigkeit zu entwickeln. Lebensveränderungen und Krisen lassen alte, bislang gültige Muster brüchig werden, erzeugen Orientierungslosigkeit und wecken häufig den Wunsch nach Kontakt und Austausch mit anderen Frauen. Diesen Frauen bieten wir bei einem Erstgespräch unter anderem immer auch die Teilnahme am „Offenen Abend" an.

Mit dem Angebot des „Offenen Abends" wollen wir an übliche, bestehende Redezusammenhänge von Frauen anschließen, sie fördern und ihnen Bedeutung beimessen. Frauenbezüge, Frauengespräche existieren, wenn auch geprägt von den gesellschaftlichen Umständen und patriarchaler Geringschätzung. Es heißt, Frauen „plaudern" und „tratschen", Frauen reden „nur" über ihren Alltag, über Kleider, Küche, Kinder... Über bestimmte Themen reden Frauen vor allem mit Frauen. Die Gespräche unter Frauen sind in den Alltags- und Arbeitsbereich eingebunden. Sie werden „nebenbei" geführt; beim Einkaufen, bei der Arbeit, in kurzen Arbeitspausen. Sie kommen „zufällig" zustande; am Kinderspielplatz, beim Arzt, mit Bekannten beim Kaffee, sie werden durch äußere Umstände leicht unterbrochen oder beendet. So erhalten Frauengespräche ihren unverbindlichen und nachgeordneten Charakter. Frauen nehmen sich kaum selbstbestimmte Zeit für Gespräche mit Frauen, es gibt dafür keinen eigenen Ort. Eine „Frauen-Kultur" existiert nur marginal und ist als Gegenkultur, als Widerstand, nicht allen Frauen zugänglich.

Wir schließen mit dem „Offenen Abend" an die „Unverbindlichkeit" und „Leichtigkeit" von Frauenkontakten insofern an, als wir mit der Freiheit, ohne Verpflichtung kommen und gehen zu können, die Hemmschwelle für Frauen möglichst gering halten wollen. Unser Angebot jedoch ist verbindlich. Die Frauen mit ihren Anliegen und Bedürfnissen stehen im Zentrum.

Heilsam wirken ohne Therapie

Frauen sind gewohnt, für andere verfügbar zu sein, beim „Offenen Abend" dagegen sind wir für die Besucherinnen da, und sie können kommen und gehen, wie sie es wollen. Sie sind Gastfrauen und nicht Klientinnen. Die Frauen haben durch ihr Frausein, durch das, was sie erzählen und mitbringen, für die anderen Frauen Bedeutung. Der „Offene Abend" ermöglicht eine Kommunikation, deren Fehlen gesellschaftlich kaum registriert wird. Aus diesem Grundmangel heraus zu leiden, ist Ausdruck weiblicher Sensibilität. Eigenheiten, die diese strukturelle Mangelsitutation, eng verknüpft mit dem weiblichen Lebenszusammenhang, bei Frauen auslösen, werden hier weder als unangepaßt noch als Empfindlichkeit gewertet. Sie werden als Ausdruck von legitimen Bedürfnissen verstanden und wertgeschätzt.
Dazu bedarf es der Gegenseitigkeit und Aufmerksamkeit von Frauen untereinander. Unsere Rolle als Therapeutinnen und Fachfrauen tritt dabei in den Hintergrund. Wenn Frauen in diesem Rahmen ihre Beziehungsfähigkeit füreinander einsetzen, sind sie selbst kompetent. Sie geben sich gegenseitig Rat; indem sie in der Runde ihre Gedanken und Gefühle aussprechen und zeigen, machen sie mit ihrem Beispiel der Problembewältigung anderen Frauen Mut. Das Einnehmen einer „kompetenten Position" ist wechselseitig und phasenweise vertauscht. So kann zum Beispiel eine Frau, die ihre Scheidung hinter sich hat und nach einer Zeit von Verzweiflung und Desorientierung begonnen hat, eigene Interessen zu entwickeln und neue Freundschaften schließt, eine andere Frau, die gerade schmerzhaft entdeckt, daß sie mit der Scheidung auch ihren Freundeskreis verloren hat, durch die Weitergabe ihrer neuen Erfahrungen ermutigen.
Frauen können sich beim „Offenen Abend" mehrfach kompetent erleben, in bezug auf die eigene Lebenssituation, im Durchsetzen von Interessen in der Runde, im Verstehen von anderen Frauen oder in der Mitgestaltung des Abends. Sie können Themen vorschlagen, zusammen Geschichten von anderen Frauen anhören

oder selbst ihre Geschichte erzählen. Diese Geschichten sind als erwünschtes oder als auszuschließendes Modell wichtig für die Teilnahme der Frauen an der Welt.
Die Heterogenität der Frauen beim „Offenen Abend“ bezüglich ihres Alters, beruflicher und familiärer Lebensform, Schichtzugehörigkeit, der Dauer und Häufigkeit ihres Kommens, der Phase ihres Lebenskonfliktes und ähnliches bildet eine Basis dafür, daß sich die Frauen mit anderen Standpunkten auseinandersetzen, sich mit anderen Lebensformen konfrontieren können, kritisieren und kritisiert werden und in Konkurrenz treten können. Das ist für sie eine Möglichkeit, die Abspaltung oder Abwertung anderer, fremder Lebensentwürfe zu thematisieren und sich, manchmal auch über Konflikte, dagegen abzugrenzen.
Frauen berichten immer wieder von Konflikten in ihrem Leben, von der Schwierigkeit, neben dem Einfühlungsvermögen in die Bedürfnisse anderer, auch bei den eigenen zu bleiben, eigene Erwartungen durchzusetzen, Aggressionen äußern zu können, trotz der Angst, andere zu verletzen, trotz der Angst vor Liebesverlust. Diese Schwierigkeiten spiegeln sich auch beim „Offenen Abend“ unter den Frauen wider und werden so direkt erfahrbar und besprechbar.
Die Voraussetzung, daß Frauen Sicherheit und Selbständigkeit gewinnen, neue Gedanken fassen können, Lebenssituationen verändern können, sich auf andere Frauen beziehen können, ist mit dem „Offenen Abend“ gegeben. Dafür brauchen Frauen Zeit und Orte, dafür gilt es, Orte zu schaffen. Rahmen und Möglichkeiten dafür anbieten, heißt nicht „Therapie machen“. Der „Offene Abend“ ist kein Therapieangebot. Das heißt, wir distanzieren uns von der Einstellung, daß diffuser Leidensdruck notwendigerweise mit Therapie zu heilen sei. Frausein ist nicht identisch mit „Klientin sein“. Für uns war und ist diese Differenzierung und Abgrenzung eine wichtige Grundhaltung, um das Gefälle zwischen Teilnehmerinnen beim „Offenen Abend“, allen anderen Frauen, die in die Beratungsstelle kommen, und den Teamfrauen zu vermindern.
Das Zusammensein von Frauen und was dabei entsteht, kann entlastend, stützend, verändernd oder auch heilend sein, weil es Frauen Bedeutung gibt, ihre Fähigkeiten zu Kontakt untereinander stärkt, Isolation verringert; weil es eine spezifische Art von So-

lidaritätserfahrung ermöglicht, die in der übrigen Kultur weder sichtbar ist noch wertgeschätzt wird. Über weibliche Existenz nachdenken, sich austauschen, Stärken und Schwächen klären, Unterstützung und Kritik geben, ist für viele Frauen eine neue Erfahrung und Bereicherung, bedeutet Auseinandersetzungen, Konflikte austragen, Positionen klären, Lösungen finden; in der Eigengesetzlichkeit der Dynamik des „Offenen Abends" sind Prinzipien wirksam, die zu frauenspezifischer Therapie dazugehören, aber nicht notwendig Therapie sein müssen. Dort, wo Frauen einen Ort haben und sich Zeit füreinander nehmen, können sie miteinander diese Prinzipien ausprobieren und für sich nützen.

Die Frauen kommen zwischen 17 und 18 Uhr, sie befassen sich mit den Angeboten am schwarzen Brett oder mit den Büchern aus der Bibliothek; manche reden miteinander, kann sein, daß sie einander schon kennen, manche warten schweigend, bis die Frauen vom Team mit dem üblichen Kaffee, Tee und Keks auf einem Tablett dazu kommen; viele kommen überhaupt erst dann oder noch später. Schließlich, um 18 Uhr, beginnt die offizielle Gesprächsrunde. Die Anwesenden stellen sich kurz vor, wir fragen nach, wer das erste Mal dabei ist und ob eine Frau etwas erzählen mag oder ein Anliegen hat. Eine Art „Gästebuch" macht die Runde, die Frauen können sich eintragen. Die Teamfrauen tragen ebenfalls ihre Namen und, zum Schluß, die Themen des Abends in Stichworten ein.

Einmal im Monat gibt es – von den Frauen oder von uns vorgeschlagen – ein festgelegtes Thema, neuerdings im Anschluß daran noch einen passenden Film. Manchmal laden wir andere Frauen zu bestimmten Fachthemen ein, oder Besucherinnen kündigen selbst die Gestaltung eines Abends an, und schlagen dazu eine Referentin vor. So erhält der „Offene Abend" zuweilen auch den Charkter einer Informations- und Diskussionsrunde. An den übrigen Abendterminen sind die Themen offen. Meistens ist eine Beraterin aus dem Team etwa ein Jahr für den „Offenen Abend" zuständig und abwechselnd ist eine zweite Kollegin am Abend mit dabei.

Seit es den „Offenen Abend" gibt, ist er nie unbesucht geblieben. Jedesmal erscheinen neue Frauen, und auch viele, die schon lange Teilnehmerinnen am „Offenen Abend" sind; es bleiben auch

immer wieder Frauen weg. Phasenweise bildet sich eine Art „Stammtischrunde“, für die der „Offene Abend“ eine Einleitung für den gemeinsamen Wirtshausbesuch danach darstellt. Einzelne Gruppierungen, die sich beim „Offenen Abend“ finden, lösen sich mit der Zeit von der Frauenberatungsstelle ab, treffen sich aber weiterhin außerhalb, und schauen zuweilen auch wieder vorbei, um sich zu versichern, daß es uns und den „Offenen Abend“ noch gibt. So halten sie losen Kontakt und berichten dann über ihren Werdegang. Manche Frauen kommen auch nur einmal; Frauenrunden wie diese mögen ihnen noch zu fremd sein oder zu viel Angst machen; manche dagegen sind über Jahre zu Gast.
„...und mit welchen Themen sind sie da?...“ Beziehungen zu Männern, zu Frauen, zu Kindern, Trennungen, Einsamkeit, Sexualität, Eifersucht, Ungerechtigkeiten, Wut, Rache, Meinungsverschiedenheiten, Streit untereinander, Lebensweisheiten, gemeinsam zur Scheidungsverhandlung oder in den Urlaub, beginnende Freundschaften, Cliquenbildung, Ungeduld mit immer wiederkehrenden „Weiberklagen“, akute Krisen, ein Job, die Arbeit oder Arbeitslosigkeit, die Frauen von der Beratungsstelle, Interesse an uns, Zufriedenheit oder Ärger mit uns, all das war und ist Thema beim „Offenen Abend“.
Die Stimmungen an den Abenden können hitzig, lustig, bedächtig, streitbar, traurig oder verhalten sein. Der „Offene Abend“ ist getragen von der Präsenz der Frauen, einer Atmosphäre aufmerksamen Interesses, gegenseitiger Begeisterung und resolutem In-Anspruch-Nehmen von Ort und Zeit, Essen und Trinken.
Wir Frauen von der Beratungsstelle nehmen in einer Doppelrolle am „Offenen Abend“ teil: Wir sind zwar die Fachfrauen, vor allem aber Gastgeberinnen, wir bieten den regelmäßigen, offenen, gemütlichen Rahmen, wir sind verfügbar. Unsere weitere Arbeit besteht „nur noch“ im Themen-Aufgreifen, Nachfragen und behutsamen Strukturieren.

Die Teamfrauen beim „Offenen Abend“

Die Arbeit beim „Offenen Abend“ ist für uns ein wichtiger Bereich; sie gilt als „leicht“ und „schwer“ zugleich. Das „Leichte“ drückt sich unter anderem darin aus, daß wir Kolleginnen, die neu zum Team kommen und den Frauen, die bei uns Praktikum machen, den

„Offenen-Abend"-Dienst zuteilen. Kaffee, Tee kochen, servieren, Gäste empfangen und mit ihnen „plaudern", „tratschen", „das kann ja jede Frau". Oft arbeiten wir zu zweit, was eine Entlastung bedeutet. Für diese Arbeit muß eine Frau auch nicht ausgebildete Therapeutin sein. Die Frauen vom „Offenen Abend" finden sich weitgehend selbst und gut zurecht, und dabei wird viel von der Unterschiedlichkeit der Frauen und der Art, wie sie aufeinander eingehen, sichtbar und miterlebbar. Der „Offene Abend" ist ein guter Einstieg in die Arbeit mit Frauen im Rahmen der Beratungsstelle. Es lassen sich vielfältige Erfahrungen sammeln und Grundhaltungen für eine frauenspezifische psychosoziale Arbeit einüben.

Die strukturellen Bedingungen machen die Arbeit aber auch „schwer": Diskontinuität, die Gruppe verändert sich ständig, Verzicht auf therapeutische Distanzierung, Verzicht auf methodische Haltung, Geschichten aufnehmen, ohne sie methodisch zu bearbeiten, dem Lauf der Gruppe vertrauen, Zuhörerin und Gastgeberin sein. Die vielen verschiedenen Frauen und die (sanfte) Koordination verlangen viel Aufmerksamkeit und Energie. Das, was sich wie „tratschen" anhört, transportiert wichtige Themen und benötigt eine wohlwollende Haltung, aus der heraus wir Präzisierungen, Verschiebungen mancher Betonung, Modellierungen beitragen.

Schwer und mühselig kann es zuweilen auch sein, immer wieder mitzuerleben, wie Frauen „neu beginnen", aus schwierigsten Lebenssituationen heraus; immer wieder mit geballten Defiziten von Frauenleben konfrontiert zu sein, die die Frauen in der Runde in Gefühlen von Ohnmacht, in Verzagtheit, Ausweglosigkeit, „eh nichts machen können" oder in sehr destruktiver Weise äußern.

Was den „Offenen Abend" aber im Grunde trägt, ist die Wichtigkeit, die wir ihm beimessen, und die Begeisterung, die die Frauen füreinander und für diese Einrichtung haben. Wir nehmen in unserer Doppelrolle, die der Gastgeberinnen und Fachfrauen, an der Runde teil. Wir dürfen zuhören und miterleben, was Frauen im Laufe eines Abends an Gesprächen Gedanken und Ideen entwickeln; wie sie einander tragische, abstruse, traurige und komische Lebenssituationen mitteilen. Das entschädigt für den Widerwillen, der beim Zuhören über jahrelanges weibliches Sich-Be-

scheiden, Gedulden, Zögern und Resignieren, über ihren Konservativismus, aufkommen kann. Andere Abende sind dafür wieder köstliche Unterhaltung, von Ironie und spitzer Bosheit und Lust zum Widerstand belebt.
Wir mischen uns wohl auch mit unserer Meinung ein. Aber was Frauen zueinander sagen – spontane, streitbare, unverblümte Äußerungen –, könnten wir uns schlecht erlauben, wir würden aus der Gastgeberinnen-Fachfrauenrolle fallen. Der Abend und der Ort gehört den Frauen.

Frauenberatung Wien/Traude Ebermann

FRAUENLOS – ARBEITSLOS ?

EIN SUBJEKTIVER BERICHT ÜBER ARBEIT MIT ERWERBSLOSEN FRAUEN

Als „arbeitslos" kann in der Tat eine Frau, die durchschnittliche Alltagsarbeit verrichtet, nicht bezeichnet werden. Vielmehr drückt sich in der weiblichen, alltäglichen Arbeit ein (unbezahltes) Arbeitslos als gewohntes Frauenschicksal aus.

Im Zuge der in den letzten Jahren generell steigenden Erwerbslosigkeit, insbesondere von Frauen, wurden auch wir in der Frauenberatungsstelle mit den Auswirkungen und der Komplexität dieser Thematik verstärkt konfrontiert.

Aus den Gesprächen mit Frauen lassen sich widersprüchliche Aussagen herausfiltern.

Ein wesentlicher Aspekt ist der „soziale Aufstieg", den Frauen durch den Status der „offiziellen Arbeitslosigkeit" erreichen; er spiegelt den Einzug in den von der Gesellschaft geschätzten Arbeitsbereich und bedeutet finanzielle Unabhängigkeit vom Partner. Aber auch der gegenteilige Effekt tritt ein, nämlich die Wahrnehmung von Erwerbslosigkeit als sozialer Abstieg. Immerhin konnte sich eine Frau durch ihre Berufstätigkeit aus der Abhängigkeit von ihrem Mann und daher aus der traditionellen Frauenrolle befreien. Ein Arbeitsplatzverlust bedeutet Verunsicherung darüber, wo denn nun der ihr entsprechende Platz sei, in der Öffentlichkeit und im Beruf oder doch zu Hause am Herd. Oft wird der Klientin erst im Laufe des Erstgesprächs bewußt, daß Erwerbslosigkeit mit ein Grund ist, der zu Krisen, Identitätsproblemen, psychosomatischen Beschwerden, Depressionen oder gar Selbstmordversuchen führen kann.

Um daher den Frauen Möglichkeiten zu bieten, eigene, ihnen entsprechende Perspektiven zu entwickeln, gehen wir von folgenden Voraussetzungen aus: In der frauenspezifischen Beratung treffen Klientin und Beraterin aufeinander und (v)ermitteln dabei die gesellschaftlichen Bedingungen des Frau-Seins. Ein gemeinsamer Erkenntnisprozeß beginnt, bei dem beide Gegenstand und Subjekt dieser Erkenntnis sind.

Beratend mit Frauen zu arbeiten, heißt, auch ihre Erfahrungen durch Begriffsfindungen und Erklärungsversuche aus der sprachlosen Subjektivität des Erlebens und der Angst zu befreien. Erst dadurch ist es möglich, individuelle Erfahrungen zu integrieren und sie als etwas Gemeinsames mit anderen Frauen zu erkennen.
Eines der Ziele dabei ist, gesellschaftlich bedingtes und persönliches Leid von Frauen zu lindern. Weibliche Handlungen sollen in ihrer Verflechtung mit den gesellschaftlichen Machtverhältnissen transparent gemacht werden, um die Energie für eine weniger leidvolle (lustvollere?) Lebensgestaltung freisetzen zu können.
Unser, auf diesen Voraussetzungen basierendes, frauenspezifisches Angebot umfaßt folgende Aktivitäten für erwerbslose Frauen: intensive individuelle Beratung in Form von Einzelgesprächen. Die Anzahl der Gespräche kann je nach Notwendigkeit pro Person zwischen 2–Sitzungen betragen.
Inhalt dieser Gespräche ist meist, bis zur Erarbeitung neuer Perspektiven, Hilfestellung bei der Bewältigung gesundheitlicher und psychischer Probleme zu geben, die mit dem Verlust eines Arbeitsplatzes oder länger dauernder Erwerbslosigkeit einhergehen und auch Auswirkungen auf zwischenmenschliche Beziehungen zeigen.

Offenen Gruppe: „FRAUENLOS – ARBEITSLOS"?
Ein wöchentlicher Treffpunkt für erwerbslose Frauen, wo gemeinsam mit zwei Therapeutinnen individuelle Arbeitserfahrungen aufgearbeitet und die Verflechtung mit gesellschaftlichen Lebensbedingungen von Frauen hergestellt, Informationen über Schulungs- und Förderungsmaßnahmen vermittelt, neue Lebens- und Arbeitsperspektiven unter dem Aspekt frauenspezifischer Arbeitsprobleme entwickelt werden. Diese Gruppe entwikkelt sich zu einer immer wichtiger werdenden Anlaufstelle für arbeitslose Frauen.
Einmal pro Monat wird ein spezielles Thema mittels Referat, Videofilm etc. intensiver behandelt.
So setzten wir uns unlängst mit dem Thema „Sexuelle Belästigung am Arbeitsplatz", mit dem wir immer wieder in der Beratung befaßt sind, auseinander: Nach der Vorführung des Films „Küß

mich, Kollegin“ von Ricki Reichl (Mitarbeit der Verfasserin) konfrontierten wir uns mit dem Inhalt des Films und den von einzelnen Frauen geschilderten Erfahrungen. Folgende Hauptgedanken kristallisierten sich heraus:
Sexuelle Übergriffe am Arbeitsplatz sind ein Tabuthema. Obwohl Frauen im Beruf täglich Erfahrungen damit machen, gehören sie zu einem der bestgehüteten Geheimnisse im Betrieb.
Frauen haben Scheu, über sexuelle Belästigung am Arbeitsplatz zu sprechen, weil sie sich schuldig fühlen. Entsprechend der gängigen Sexualmoral wird versucht, ihnen Schuldgefühle unterzujubeln für alles, was mit Sexualität zu tun hat. So wird aus dem Opfer die Täterin. Aber jeder sexuellen Belästigung liegt vor allem eine Machtdemonstration zugrunde, die es bewußt oder unbewußt darauf anlegt, ihr Opfer hilflos zu machen oder diese Hilflosigkeit auszunützen.
Dies äußert sich in jeder unerwünschten und wiederholten, verbalen oder physischen sexuellen Annäherung und reicht von der ungewollten Einladung, Sexwitzen, kollegialem Busserl, Umarmung, Busengrapschen, auf den Hintern klopfen bis zur Vergewaltigung. Aber auch jede diskriminierende Bemerkung am Arbeitsplatz, die eine Person beleidigt oder stört, bei ihr Unbehagen oder das Gefühl der Erniedrigung auslöst und/oder sie bei der Ausübung ihres Berufes hindert, ist als sexuelle Belästigung zu verstehen. Frauen trauen ihrer Wahrnehmung, ihrem eigenen Gefühl, wie es ihnen ergeht, zu wenig, wenn sie sexuell belästigt werden. Äußern sie ihr Unbehagen, so finden sie (noch) zu wenig Unterstützung durch Kolleginnen und weibliche Vorgesetzte. Der männliche Blick auf die Frau als Sexualobjekt, auch in ihr selbst verinnerlicht, verhindert, daß sie ihren eigenen, vom Mann unabhängigen, weiblichen Blick entwickelt. Die meisten, vor allem die technischen Bereiche der Berufswelt, sind noch immer eine Männerdomäne. Durch den Zutritt von Frauen fühlen sich Männer belästigt. Eine ihrer Reaktionen ist es, diesen dafür mit sexueller Belästigung zu begegnen.
Frauen „spielen mit“, wenn sie sexuelle Belästigungen im Beruf zulassen und fälschlicherweise als Anerkennung verstehen. Hier mitzutun, ist eine Falle. Denn wirkliche Anerkennung für die reale berufliche Leistung wird Frauen viel zu oft vorenthalten.

Durch Aufnehmen dieser Problematik in unsere Auseinandersetzung wollen wir unsere Klientinnen ermuntern, die Signale als solche zu entlarven und adäquat zu reagieren.
Neben der Aufzählung unserer Aktivitäten dieses Schwerpunktes möchte ich zum besseren Verständnis einen Beratungsverlauf darstellen:
Frau X wird direkt vom Arbeitsamt an uns verwiesen.
Sie ist 38 Jahre alt und seit 4 Jahren erwerbslos. Sie war vorher in verschiedenen Verlagen im Büro tätig, ist geschieden, lebt allein, hat wenig Selbstvertrauen und Zuversicht, wirkt im Erstkontakt scheu und ängstlich.
Vor zwei Monaten lernt sie einen ebenfalls erwerbslosen Mann aus Ägypten kennen, der kaum Deutsch spricht. Sie hat ihm auf sein Beharren hin versprochen, mit ihm in die BRD zu ziehen, da einer seiner Brüder in einer deutschen Kleinstadt ein Lokal eröffnet hätte und er hoffe, dort mitarbeiten zu können. Da er kein Geld hat, bezahlt sie für beide die Bahnkarten. Sobald sie in der BRD wären, würde er sie heiraten. Sie will „ihm den Gefallen auch gerne tun", weil er sich dadurch leichter in einem fremden Land heimisch fühlen würde.
Gleichzeitig plagen sie Zweifel, weil ihr alles viel zu schnell geht. Sie steht unter großem Druck.
Die Beraterin am Arbeitsamt erfuhr dies alles nebenbei, fühlte sich überfordert und vermittelte sie weiter an uns.
Vier Tage vor dem Abfahrtstermin kommt Frau X zu einem Erstgespräch. Ihr vorgebrachtes Anliegen ist es, von mir mehr über sämtliche Rechte als künftige Frau eines Ausländers in einem für beide fremden Land zu erfahren.
Ich nehme den für sie existentiellen Wert dieser juridischen Fragen sehr ernst, verweise sie diesbezüglich aber an die Sprechstunde unserer dafür auch kompetenten Juristin unserer Familienberatungsstelle am darauffolgenden Tag.
Mir wird bald klar, daß hinter der vorgebrachten Frage auch andere gravierende, psychosoziale Probleme stehen, die sie sich scheut, vor mir so schnell und direkt zu äußern. Sie erscheint mir sehr schüchtern, ängstlich und mißtrauisch. Ihre körperliche Erscheinung wirkt eher vernachlässigt. Es bedarf viel an Behutsamkeit, Abwarten und Vorsicht, bis sie mehr über ihre gegenwärtige Lebenssituation zu erzählen beginnt:

Seit langem lebt sie wieder in einer Liebesbeziehung mit einem Mann. Er beteuert ihr seine Liebe, gibt ihr das Gefühl, sie – auch sexuell – zu begehren. Für dieses „Zipferl von Nähe", wie sie es treffenderweise benannte, ist sie zu allem bereit.
Er verspricht ihr, daß sie, sollte er Arbeit gefunden haben, nicht mehr zu arbeiten bräuchte, er würde für sie sorgen. Sie beginnt sich auszumalen, wie sie ihn bekochen, umsorgen und bemuttern wird. Gemeinsam steigen sie auf einen Illusionsschlitten auf. Dabei vergißt sie all ihre früheren emanzipatorischen Ansprüche an eine Partnerschaft. In Hinsicht auf diese verheißungsvolle Zukunft blendet sie die harte Realität der Gegenwart, die Tatsache, daß sie ihn mit ihrer Arbeitslosenunterstützung teilweise aushält, aus.
Da er keine eigene Unterkunft hat, zieht er zu ihr. Er verfügt über nur geringe Grundschulbildung, ist ohne berufliche Ausbildung, hat kaum Deutschkenntnisse und ist bis dato auch hier in Österreich ohne Arbeitsgenehmigung. Wahrlich nicht die günstigsten Vorausetzungen für einen lukrativen Job in einem deutschsprachigen Land.
Im folgenden wird ihre Ambivalenz zwischen Wünschen und Ängsten immer deutlicher.
Eigentlich möchte sie überhaupt nicht und schon gar nicht übereilt wegziehen, um mit diesem Mann eine gemeinsame Zukunft aufzubauen. Nur ungern übergibt sie der jüngeren Schwester ihre Wohnung. Sie hat Angst, den vereinbarten Abfahrtstermin abzusagen, weil ihr Partner sie deswegen, wie schon des öfteren, schlagen könnte. Zusätzlich kommt eine noch viel größere Angst vor dem Alleinsein zum Vorschein; wohl ein Grund, weswegen sie dies alles überhaupt aushält.
Gemeinsam überlegen wir verschiedene Strategien und spielen in der Phantasie die Konsequenzen unterschiedlicher Entscheidungen durch. Hier wird deutlich, was ich als Beraterin durch meine Interventionen an Realitätsarbeit mit ihr leiste. Frau X. kommt mit ihrem diffusen Unbehagen und kann es nicht in Worte fassen. Ihre gesamte Energie und Aufmerksamkeit ist auf den Partner gerichtet, – auf das, was er braucht und will, sie ist mit ihrer ganzen Konzentration bereit, sich diesen seinen Wünschen zu widmen. Ihre eigene Persönlichkeit verliert sie aus dem Bewußtsein, sie

verschwindet mit ihren Wünschen, Gefühlen und Bedürfnissen.
Dieses Verschwinden, Nicht-mehr-Existieren, die fehlende Selbstwahrnehmung bei Auftauchen eines Mannes transparent zu machen, ist eine meiner Aufgaben als Beraterin.
Auch die Tatsache, daß sie mit ihrem Notstandshilfebezug die finanziell Potentere ist und ihren Partner teilweise aushält, kann sie nicht als Macht und Unabhängigkeit erleben. Sie wird ausgeblendet durch den großen (irrealen) Wunsch, von diesem Mann verwöhnt zu werden und durch den Umweg über ihn alles zu bekommen, was sie braucht.
Aber was will Frau X. eigentlich selbst?
Bisher weiß sie das noch nicht, und das macht ihr Angst. Ihre bisherige dauernde Fürsorglichkeit für andere aufzugeben, hinterließe eine große Leere, neue Verhaltensweisen sind noch nicht in Sicht.
Es galt also, ihr Vertrauen zu vermitteln, trotzdem standzuhalten und ihr Zeit zu geben, ihre Wünsche aufspüren zu lernen. Schon dieser geschützte Rahmen ließ eigene Bedürfnisse keimen.
Allgemein ist zu sagen: Bei der Arbeit mit Frauen erscheint es häufig so, als könnten sie den langen Weg zwischen Erkennen von Bedürfnissen und Wünschen bis zu deren Befriedigung und Erfüllung nicht durchhalten, als fehle die Ausdauer und Kraft dazu. Es hat den Anschein, als ob die Frauen in ihrem Selbstbild die Vorstellung von einer eigenständigen Handlungs- und Gestaltungsfähigkeit für ihr Leben verloren hätten. Ähnlich wie bei der Depression geht es hier darum, die unausgelebte und verdrängte Kraft der Aggression freizusetzen, um sie für die Ich-Stärkung verfügbar zu machen.
Hat Frau X während der Stunde wiederholt ihre Erleichterung geäußert, endlich über alles reden zu können, regt sich kurz vor Ende des Gesprächs ihre Abwehr. Sie stellt die Sinnhaftigkeit des Gesprächs in Frage und bezweifelt, ob sie weiterer überhaupt bedürfe. Offensichtlich erlebte sie die Gespräche auch als bedrohlich für ihr derzeitiges Lebensgebäude.
Und hier wird noch einmal deutlich, daß nicht die Situation, auf die sie im Begriffe ist, sich einzulassen, die Bedrohung ist. Vielmehr wirke ich als Gesprächspartnerin, die ihr mögliche Gefahren und reale Konsequenzen ihrer Entscheidungen aufzeigt, auf sie bedrohlich, indem ich die Realitätsarbeit leiste.

In dieser Phase des Gesprächs war es mir auch passiert, daß ich die notwendige professionelle Distanz verloren hatte: Mit Bangen erwarte ich nämlich als Beraterin das dritte Gespräch, einen Tag nach ihrer „Entscheidung“. Würde sie überhaupt kommen? Wie würde sie wohl gehandelt haben? Dadurch wurde mir deutlich, daß ich ihre Angst und Verantwortung mitübernommen hatte!
Wichtig ist, daß mir als Beraterin klar wird, wo die Grenze zwischen der Eigenverantwortlichkeit der Klientin und meiner beratenden Unterstützung liegt, denn eben gerade dadurch hat sie die Chance, die Art von Verantwortung zu übernehmen, wie sie es versteht und zu leben vermag. Ich fühle als Frau, wie es ihr ergeht. Selbst wenn sie nicht handeln würde, es würde nicht individuelles Versagen bedeuten, sondern eher als mißlungener Konfliktlösungsversuch zwischen Autonomie- und Abhängigkeitsstreben einzuordnen sein.
Sie kommt wieder!
Sie erzählt, daß sie zwar nicht den Mut hatte, den Abreisetermin überhaupt abzusagen, aber sie schaffte einen Kompromiß: In den letzten Minuten vor der Abfahrt des Zuges entfernt sie sich unter dem Vorwand, auf die Toilette zu gehen, und entflieht aus dem gerade abfahrenden Zug mit ihrem Gepäck. Ihre Befürchtung trifft ein. Sie wird vom „Verlobten“ später zu Hause überrascht und geschlagen, schafft es aber trotzdem, sich von ihm zu trennen und zieht in ein Frauenhaus.
Für die weiteren acht Gespräche ist es möglich, mit Frau X. ein Arbeitsbündnis zu schließen. Dabei gilt es zu begreifen, daß Schritte aus der Arbeitslosigkeit und dem Sog der Depression auch heißen, eigentlich an sich selbst zu arbeiten. Sie fühlt sich im Laufe der letzten vier Jahre Arbeitslosigkeit immer unsicherer, ihre Perspektivlosigkeit stürzt sie in Einsamkeit, ihr Gefühl der Wertlosigkeit macht sie als Arbeitssuchende wie als potentielle Partnerin sehr abhängig von der Anerkennung und Zuwendung durch andere. Sie selbst getraut sich allein nichts mehr zu, ihr Interessens- und Lebensradius wird immer enger.
Als Beraterin möchte ich ihr bei der Erkenntnis helfen, warum sie an ihrem individuellem Leid hängt und will sie ermutigen, ihr subjektives Leid loszulassen und sich Stärken zuzumuten. Es geht darum, ihrer (Selbst-)Unterdrückung zu begegnen und sie nicht in

Bewältigungsstrategien zu verwandeln, die persönliches Unglück bedeuten. Dies war der rote Faden unseres Arbeitsthemas.
Im Laufe der Gespräche werden an ihrer Geschichte klassische Benachteiligungen sichtbar, die ich auch aus anderen Lebensgeschichten von (erwerbslosen) Frauen kenne.
Dazu gehört unter anderem die fehlende, von anderen Frauen artikulierte Bestärkung in ihren Bedürfnissen und Lebenswünschen.
Zum besseren Verständnis in Kurzform ihre Lebensgeschichte:
Sie stammt aus einer ländlichen Kleinbauernfamilie, hatte einen um vier Jahre älteren Bruder und eine um zehn Jahre jüngere Schwester. In ihrer Generation erfährt sie noch deutlich, was es heißt, eine aufgrund ihres weiblichen Geschlechts diskriminierende berufliche Ausrichtung (eher Ausklammerung) zu erhalten.
Die Eltern setzen große Erwartungen in den älteren Bruder. Er sollte einmal studieren. An seinem sozialen Aufstieg zu partizipieren, war ihr langgehegter Wunsch. Demgemäß wird er ständig in seinen Lernerfolgen bestärkt. Ihre eigenen schulischen Leistungen sind kein Thema in der Familie, – auch nicht, was sie später beruflich machen will bzw. soll. Obwohl sie die bessere Schülerin von beiden ist und gerne weiter zur Schule gegangen wäre, heißt es, daß dafür kein Geld vorhanden sei. Sie tritt ohne viel Aufhebens mit 15 Jahren in einen Verlag, bei dem eine Tante tätig ist, ein und wird als Bürokraft angelernt. Sie bekommt im Büro viel Anerkennung für ihre Tüchtigkeit und wird die rechte Hand des Chefs. Sie genießt ihren Erfolg. Ohne irgendwelche Ermunterung von außen beginnt sie mit 19 Jahren, neben einer 45-Stundentätigkeit im Büro, den Abendkurs einer Maturaschule. Die ersten Monate hält sie ihren Schulbesuch sogar geheim, weil sie sich im Falle eines Versagens keine Blöße geben will. Während ihrer nebenberuflichen sechsjährigen Schulzeit bricht ihr Bruder nach jahrelanger Unlust sein nur aus Verpflichtungsgefühl den Eltern gegenüber aufrecht erhaltenes Studium ab. Die Eltern sind entsetzt, sie selbst registriert dies mit Schadenfreude.
Sie lernt im Betrieb einen Mann kennen, „es knisterte bereits", sie wagt aber nicht, näher darauf einzugehen, weil es eine zu große Ablenkung und Gefährdung für ihr Wunschziel, die Matura, ist. In dem Dilemma zwischen der Unvereinbarkeit zwischen Bezie-

hungswünschen und eigenen Berufsperspektiven entscheidet sie sich vorerst für die Matura.
Dahinter stehen Gedanken wie: Studieren kannst du nur, wenn du keinen Mann hast, denn wenn du einen hast, brauchst (kannst) du nicht mehr zu studieren.
Die Abschlußmatura besteht sie bis auf Latein in sämtlichen Gegenständen. Einen zweiten Anlauf schafft sie psychisch nicht, sie gibt auf und tritt nie mehr an.
Nach dem Motto; „Alles oder Nichts", wählte sie das Nichts, nachdem auf Anhieb „alles" nicht klappt.
Damit nimmt sie sich die Möglichkeit, die Früchte ihrer jahrelangen Anstrengung zu ernten bzw. das ersehnte neue Leben „mit Matura" zu beginnen. Ihr Wunschtraum, wie ihr Bruder zu studieren, darf sich nicht erfüllen.
In Gesprächen kommt zutage, daß ihre Mutter, zu der sie eine sehr starke Bindung hat, wiederholt äußert: „Wenn du einmal die Matura hast, wirst du mit mir nichts mehr zu tun haben wollen." Diese Bemerkung erfüllt sie mit Angst.
Es ist ihr nicht möglich, dies als Projektion der angsterfüllten Mutter vor einer eigenständigen und eine andere Lebensform als sie selbst praktizierenden Tochter zu erkennen. Offenbar tut die Drohung der Mutter ein übriges, den Sprung in die höhere soziale Schicht nicht zu wagen. Dieser ist, wenn überhaupt, nur für den männlichen Aufsteiger durch eigene berufliche Leistung, bestimmt.
Nach der teilweise bestandenen Matura geht Frau X. die Beziehung mit ihrem Bekannten im Betrieb, ihrem späteren Mann, ein. Bald nach der Heirat hört sie auf zu arbeiten und pflegt drei Jahre die bettlägrige Schwiegermutter, während der Ehemann oft wochenlang wegen häufiger Außendienste unterwegs ist.
Sie wird immer unzufriedener mit dieser Art von Eheleben, konfrontiert ihren Mann mit Forderungen, auf die er aber nicht eingeht. Nach dem Tod der Schwiegermutter sieht sie keinen Sinn mehr im Ausharren und reicht die Scheidung ein. Wieder alleinlebend, setzt sie ihre Berufstätigkeit fort, verliert eine Stelle wegen Betriebsauflösung nach vier Jahren. Nach zwei Jahren gibt sie eine weitere Anstellung wegen ständiger Zerwürfnisse mit der Chefin auf. Danach bewirbt sie sich zwar immer wieder bei Firmen,

bekommt auch Angebote, nimmt aber keine Stelle mehr an, ihre „Erwerbslosenphase" beginnt.

In der zehnstündigen Einzelberatung wird unter anderem auch die Familiengeschichte ein Thema, und es wird deutlich, daß das Unbewußte, Vorsprachliche, das sich in der Art und Intensität der Beziehungsmuster ausdrückt, sich auch im Verhalten, Wollen und Wünschen als Frau niederschlägt.

Frau X. erkennt die Doppelmoral der Werte. Das kulturelle, offizielle Wertesystem, von Männern geprägt, welches die persönlichen, sozialen, materiellen und politischen Beziehungen bestimmt, wird von den Eltern an den Bruder gerichtet, wie: Recht auf eigene Lebensgestaltung, Unabhängigkeit, Studium etc.

Sie erlebt, daß die „weiblichen" Werte wie Fürsorglichkeit, Bescheidenheit, Rechtlosigkeit über die eigene Lebensgestaltung – mit oder ohne Mann –, die für sie als Schwester und Tochter maßgebend werden, nicht im selben Maße bewertet werden, weniger kulturbestimmend sind und vor allem für den privaten und somit abgewerteten Lebensbereich gelten.

Nach Abschluß der Einzelberatung, in der auch wichtige Zusammenhänge zwischen ihrem früheren Berufsleben und ihrem Selbstwertgefühl hervortreten und neue Perspektiven erarbeitet werden, tritt sie dann über in die Gruppe „FRAUENLOS – ARBEITSLOS?"

Die Gruppenteilnahme einer Frau im Anschluß an eine intensive Einzelberatung ermöglicht noch klarer die Loslösung und Individuation von der Beraterin, indem die Klientin mit mehreren anderen Gruppenteilnehmerinnen in ein reziprokes Verhältnis eintritt. Wie in der Einzelberatung ist es uns auch in der Gruppe immer wieder wichtig, die Macht, die uns als Fachfrauen zugeschrieben wird, transparent zu machen oder zurückzuweisen. Die Beziehung zwischen Klientin und Beraterin ist davon geprägt, daß die Beraterin aus eigener Selbsterfahrung weiß, wie wichtig es ist, alle Angebote der Klientin, Verantwortung für sie zu übernehmen, abzulehnen. Die frauenspezifische Methodik arbeitet jedoch auch mit Übertragungsphänomenen als wichtige Möglichkeit, alte, belastete, konfliktträchtige Situationen wiedererleben und bearbeiten zu können.

In diesem Sinne kann die Beraterin für die Klientin unterschiedliche Bedeutungen haben, indem sie als soziales Modell, als Elternfigur, Lehrerin etc. fungiert.

Frau X. beginnt in der Frauengruppe ihre Biographie als eine typisch weibliche zu begreifen. Sie fängt an, charakteristische Fallen zu erkennen, wo und wie sie immer wieder aus Lebensbereichen ausgeschlossen wird oder sie sich selbst ausschließt, weil die verinnerlichten hemmenden, weiblichen Lebensmuster zu stark sind, um sie allein zu durchbrechen. Sie hatte früher nie Freundinnen oder andere Frauen, zu denen sie näheren Kontakt pflegte. Hier trifft sie auf andere erwerbslose Frauen. Ein Austausch von Ähnlichkeiten und Verschiedenheiten erfolgt. In einem solidarischen Klima kann sie zum ersten Mal offen vor anderen über ihre Ängste als arbeitslose Frau reden (vor ihrer Familie verschwieg sie bis heute ihre Arbeitslosigkeit). Sie erkennt gesellschaftliche Zusammenhänge und erlebt, daß sie damit nicht alleine dasteht, da es den anderen Frauen ähnlich ergeht. Sie knüpft Freundschaften zu anderen Frauen der Gruppe.
Uns Frauenberaterinnen fällt auf, daß sie kein Gruppentreffen ausläßt und sich von Mal zu Mal aufmerksamer pflegt und kleidet, weit mehr Selbstbewußtsein auch bei ihren Meinungsäußerungen an den Tag legt. Nach regelmäßigem Besuch der Gruppe verfolgt sie wieder ein neues berufliches Ziel, bewirbt sich eigeninitiativ um Jobs und besucht zur Verbesserung ihrer beruflichen Qualifikation einen Intensivfremdsprachenkurs, berichtet den anderen Frauen laufend über ihre Erfahrung und den Fortgang, was wiederum auch diese anspornt und... gerne hätte ich hier fortgesetzt mit: ...und fand eine neue Arbeit, lebte eigenständig, beziehungsfähig und lustvoll arbeitend bis an ihr Lebensende.
Aber Frau X. machte meinen ambitionierten, feministischen Wünschen an sie einen Strich durch die Rechnung. Seit einer spannungsgeladenen, konfliktreichen Gruppensitzung, bei der sie mit gegen sie gerichteten Aggressionen stark konfrontiert wird, selbst aber mit versteckten Aggressionen nicht zurücksteht, bleibt sie der Gruppe fern. Üblicherweise hören wir nach einer abgeschlossenen Beratung nichts mehr von einer Frau.
Sie verabschiedet sich von der Gruppe, indem sie mir eine Karte schickt, mit der sie sich für alles bedankt.
Mit Frau X. wurde mir wieder einmal bewußt, wie mühsam Emanzipation sein kann.
Veränderung ist nur über Konflikt möglich. Konfliktfähigkeit steht

daher im Zentrum der Aufmerksamkeit. Es geht darum, mit Aggressionen anders umzugehen, nämlich ohne Angst zu haben um unsere Existenz(berechtigung). Dies beinhaltet, Nein-Sagen zu lernen und im Hinblick auf andere Frauen Trennendes zu ertragen.

Das Beispiel von Frau X. zeigt auf, was Einzelberatung in einer Krisensituation für eine Erwerbslose bringen kann. Obwohl das Problem, mit dem sie zu uns in die Beratungsstelle kam, vordergründig nichts mit Arbeitslosigkeit zu tun zu haben schien, drückt es doch die existentiellen Auswirkungen der Langzeitarbeitslosigkeit auf das Selbstwertgefühl und auf die zwischenmenschlichen Beziehungen aus. Es zeigt auch die Wichtigkeit und Notwendigkeit auf, gerade in dieser Phase der öffentlichen Nicht-Existenz emanzipatorisch und ich-stärkend mit Frauen zu arbeiten.

Frauenmusiktherapie/Marianne Breiter

FEMINISTISCHE GRUNDELEMENTE VON FRAUENMUSIKTHERAPIE

Über Musiktherapie zu schreiben ähnlich schwierig wie der Versuch, psychoanalytische Theorie in Form von Klängen zu vermitteln – ein Anspruch, der allerdings an AnalytikerInnen nicht ernsthaft gestellt wird. Sicherlich liegt darin ein grundsätzliches Problem unserer Kultur – die Dominanz des geschriebenen Wortes über andere Mittel und Wege, Erfahrungen auszutauschen, Wissen weiterzugeben. Insofern enthält Musik ebenso wie Musiktherapie ein Stück Gegenwelt, den Versuch, in einer wortüberfluteten Welt innezuhalten und sich auf andere Ausdrucksmöglichkeiten zu be*sinnen.* Angesichts der Tatsache, daß unsere Sprache von patriarchalen Denkmustern und Wertungen durchsetzt ist, kann Musik in Form von selbst hervorgebrachten Klängen und Tönen für Frauen einen mit weniger Vorgaben belasteten Weg der Selbsterkenntnis bedeuten. Wie dieser Weg aussehen kann, soll dieser Beitrag skizzieren. Dabei beziehe ich mich v. a. auf meine Erfahrungen als Teilnehmerin einer vier Jahre umfassenden Fortbildung in Frauenmusiktherapie bei Inge Latz und Eva Bauer in München.[1] Und ich ziehe Vergleiche mit der personenzentrierten Gesprächstherapie nach C. Rogers, meiner therapeutischen Grundausbildung. Vor allem möchte ich zeigen, in welcher Weise Musiktherapie feministischen Ansprüchen entgegenkommt. Mein Beitrag ist jedoch keine Darstellung von Theorie und Praxis der Musiktherapie im allgemeinen.[2]

1 Vgl. Latz, I.: Die Stille würde mich töten. Warum die Musik weiblich ist. Bonn 1987; dies.: Musik im Leben älterer Menschen. Bonn 1988; Neumeyer, M.: Musiktherapeutische Selbsterfahrung für Frauen. Unveröffentlichte Diplomarbeit, Regensburg 1991.

2 Empfehlenswerte Literatur: Priestley, M.: Musiktherapeutische Erfahrungen. Stuttgart 1982; Haardt, A./Klemm, H.: Musiktherapie-Selbsterfahrung durch Musik. Wilhelmshaven 1982; Hegi, F.: Improvisation und Musiktherapie. Bern–Wien–München 1976; Loos, G.: Spiel-Räume. Musiktherapie mit einer Magersüchtigen und anderen frühgestörten Patienten. Stuttgart 1986.

Die Einstellung der Therapeutin

Wie bei allen anderen Therapieformen trägt die innere Haltung der Musik-Therapeutin, ihre Welt-Anschauung und ihre Sicht des Zusammenhangs von Gesellschaft, Gesundheit und Krankheit wesentlich zum Verlauf des therapeutischen Prozesses bei. Im Rahmen von Frauenmusiktherapie wird von der Einheit Körper-Geist-Seele und von einem zyklischen Verständnis für Gesundheit und Krankheit ausgegangen. Innere und äußere Geschehnisse werden in ihrer Wechselwirkung zueinander betrachtet. Diese Wechselwirkung kann, wenn sie uns bewußt ist, als kreative Fähigkeit angenommen und genützt werden. Denn Krankheit bedeutet eine Reaktion auf krankmachende Lebensbedingungen, auf Mißtöne verschiedenster Art. Sie ist eine Antwort auf Erfahrungen, die aber auch Fragen enthält: die Fragen nach unerfüllten Wünschen und Bedürfnissen, nach verschütteten Gefühlen und Konflikten. Diese Fragen stehen im Zentrum der Musiktherapie, und ihnen wird mit Hilfe der gesunden und starken Persönlichkeitsanteile nachgegangen. Die eigene Befindlichkeit über ein Musikinstrument, über Klänge und Töne auszudrücken, kann dabei viel eher als eigene Stärke erlebt werden als der verbale Ausdruck. Eine Frau, die ihren Schmerz „hinaustrommelt", spürt gleichzeitig sehr deutlich ihre Kraft, damit fertigzuwerden.
Das ist ein sehr wichtiger Aspekt. Denn bei anderen Therapiemethoden, die ich im Lauf meiner Berufsausbildung kennengelernt habe, besteht eher die Gefahr, zu sehr bei den Schwachstellen der Klientin zu verharren und diese in den Mittelpunkt zu stellen. Frauen trifft das ganz speziell, da sie ja in unserer Gesellschaft besonders leidvollen und schwächenden Lebensbedingungen ausgesetzt sind und dazu erzogen werden, sich als das „schwache Geschlecht" zu fühlen.
Im Vergleich zur personenzentrierten Gesprächstherpaie fällt mir in diesem Zusammenhang ein weiterer Unterschied auf: Das Postulat, auf die Selbstheilungskräfte der Klientin zu vertrauen und lediglich eine förderliche Umgebung für ihre Entfaltung herzustellen, ist zwar bei beiden Therapierichtungen gegeben, die Umsetzung fällt mir persönlich jedoch im musiktherapeutischen Setting wesentlich leichter. Indem eine Musiktherapeutin verschiedene Instrumente zur Verfügung stellt und erlebt, wie sich eine Frau

das für sie und ihre Stimmung richtige Instrument aussucht und wie sie damit ihre ganz persönliche innere Musik zum Ausdruck bringt, ist für sie die Rolle der Therapeutin besonders klar spürbar: Sie hat die Aufgabe, Begleiterin beim Selbstfindungsprozeß der Klientin zu sein, ohne deren Weg zu dominieren. Beide sind in dieser Situation schöpferisch tätig – ein Tatbestand, der das Hierarchiegefälle zwischen Therapeutin und Klientin zu reduzieren hilft.

Ein weiteres Prinzip von Frauenmusiktherapie ist – ähnlich wie bei der Gesprächstherapie – Akzeptanz und positive Wertschätzung. Die musikalischen Äußerungen der Klientin werden angenommen, ohne benotet oder kritisiert zu werden – es gibt in der Therapiesituation keine „gute" oder „schlechte" Musik. Ästhetisierende Normen oder Musikexpertentum sind hier nicht gefragt. Wenn über die Phase des Musizierens gesprochen wird, dann in Form eines nicht-wertenden Erfahrungsaustausches.

Über die Erlebnisse beim Musikmachen zu sprechen, ist jedoch nicht unbedingt notwendig. Oft ist es wichtiger, die Stille danach auf sich wirken zu lassen und den eigenen Klängen nachzulauschen. Das ebenfalls aus der Gesprächstherapie bekannte Prinzip der Empathie wird in der Musiktherapie auf musikalische Weise umgesetzt. Indem die Therapeutin z. B. Rhythmus oder Dynamik der Klientin im Spiel mitmacht, kann sie sich sehr intensiv in deren Gefühlslandschaft einfühlen und diese Eindrücke in der musikalischen Kommunikation zurückgeben und spiegeln. Ebenso wichtig ist die Form des musikalischen Dialogs, wo es um die Gefühle der Therapeutin geht und um das, was die Klientin in ihr auslöst. In Form von Klängen kann auf beiden Seiten sehr viel mehr ausgesprochen werden als Worte vermögen und vielleicht auch mehr, als wir verbal zulassen würden.

So viel zu den emotionalen Grundlagen von Frauenmusiktherapie. Bewußte und verantwortungsvolle Arbeit mit Frauen setzt darüber hinaus rationale Überlegungen und Wissen über Sozialisations- und Lebensbedingungen von Frauen in unserer Kultur voraus – Bedingungen, welche Therapeutin und Klientin grundsätzlich gemeinsam betreffen und benachteiligen. Das Bewußtsein dieser gemeinsamen Betroffenheit ist eines der wichtigsten Prinzipien von feministischer Therapie im allgemeinen. Für die

Musiktherapeutin ist es außerdem notwendig, über die zahlreichen, mehr oder weniger subtilen Behinderungen Bescheid zu wissen, die Frauen unserer Kultur bei ihrer musikalischen Entwicklung entgegengesetzt werden und die sie meist auch selbst erlebt hat. Das beginnt bei der Wahl des Instruments: So werden nur wenige Mädchen dazu ermutigt, mehrere Instrumente oder „laute" Instrumente zu spielen, wie etwa Trommeln, Trompete, Orgel etc. Außerdem werden gerade Mädchen dazu gedrillt, nach Noten zu spielen. Selten werden sie dazu ermuntert, frei zu improvisieren oder sich gar zu Mädchen-Bands zusammenzufinden. Buben gegenüber sind Eltern und Jugendorganisationen diesbezüglich viel großzügiger. Für sie wird weit eher Geld locker gemacht, um Band und Proberaum auszustatten, und man läßt sie dort auch unter sich sein. Die soziale Kontrolle von Mädchen und ihre Beschränkung auf häusliche Aktivitäten ist dagegen viel rigider. Dazu kommt die Tatsache, daß es wenig weibliche Vorbilder in der musikalischen Öffentlichkeit gibt. Denn sie ist – wie die meisten anderen Bereiche unserer Kultur – in Geschichtsschreibung, aktueller Praxis und Vermarktung – von Männern dominiert. Komponistinnen und Musikerinnen, der Anteil der Frauen an der Musikentwicklung, werden in Lehrbüchern und Lexika totgeschwiegen.[3]

Selbst in der Jazz- und Popbranche sind erfolgreiche Frauen in der Minderheit und werden – wenn überhaupt – fast ausschließlich als Sängerinnen berühmt.

Als Ergebnis all dieser Umstände sitzen viele Mädchen allein zu Hause am Klavier und bemühen sich, möglichst werkgetreu Kompositionen von toten Männern nachzuspielen. Irgendwann verlieren sie dann verständlicherweise die Lust daran, halten sich für musikalisch unterbegabt und betätigen nur noch Plattenspieler und Radio (dessen Programm wiederum hauptsächlich von Männern bestimmt wird).

Massive Einschränkung in einem derart vitalen Kraftfeld, wie es

3 Vgl. Drinker, S.: Die Frau in der Musik. Zürich 1955 (die englische Originalausgabe ist allerdings wesentlich ausführlicher: Music and women. New York 1948); Olivier, A./Weingartz-Perschel, K.: Komponistinnen von A–Z. Lexikon. Düsseldorf 1988; Weissweiler, E.: Komponistinnen aus 500 Jahren. Frankfurt/M. 1981; Placksin, S.: Frauen im Jazz. Wien 1989.

die Musik verkörpert, wirkt jedoch sicherlich auch auf andere Bereiche der Persönlichkeitsentwicklung hemmend. Hand in Hand mit zahlreichen Erziehungsmaßnahmen zur Unterdrückung von Aggressionen und zur Verleugnung eigener Bedürfnisse, leistet diese Art der Einflußnahme einen wichtigen Beitrag zur Produktion von patriarchaler „Weiblichkeit". Nicht zufällig erzählen beispielsweise archaische Mythen in Südamerika und Papua-Neuguinea davon, daß in früherer Zeit, als Frauen mächtiger waren als Männer, diese Macht der Frauen durch den Besitz und das Spielen von Musikinstrumenten symbolisiert war: denn „wer die Flöten hat, hat auch die Macht".[4] Die Forschungsberichte, welche die Ethnologin Ptak-Wiesauer zu diesem Thema zusammengetragen hat, lassen die Vermutung zu, daß patriarchale Machtübernahme zuerst auf musikalischem Gebiet stattgefunden hat. In zahlreichen Mythen wird davon berichtet, wie Männer den Frauen zunächst ihre Instrumente, ihre gemeinsame musikalische Tradition und den musikalischen Gruppenzusammenhang nahmen. Auf diesem Weg gelang es ihnen, die Frauen schließlich völlig zu entmachten. Der Umkehrschluß liegt nahe: Bewußte Befreiung von patriarchalen Normen und Werten im Bereich der Musikausübung, die Wieder-Aneignung von Musikinstrumenten und die Wieder-Herstellung weiblichen Zusammen-Spiels bilden einen wichtigen Schritt in Richtung Selbst-Ermächtigung, selbstbestimmter Weiblichkeit und Lebensweise. Denn der erfolgreiche Kampf gegen äußere Barrieren bedarf auch der Befreiung von inneren, symbolischen Fesseln. So betrachtet bedeutet Frauenmusiktherapie einen Weg der Selbstentfesselung.

Das therapeutische Handwerkszeug

Das Handwerkszeug der Musiktherapeutin besteht zum Teil aus sehr greifbaren Dingen – und darin liegt für mich auch das Reizvolle. Denn gerade im Bereich der Psychotherapie ist vieles so ungreifbar, so schwer definierbar. Die Instrumente dagegen sprechen eine deutliche Sprache, sie sind handfeste Realität und

4 Ptak-Wiesauer, E.: Wer die Flöten hat, hat die Macht. Matriarchatsmythen südamerikanischer Indianer. In: Kossek, B./Langer, D./Seiser, G. (Hrsg.): Verkehren der Geschlechter. Reflexionen und Analysen von Ethnologinnen. Reihe Frauenforschung Bd.10, Wien 1989, S. 127-158.

Brücke zwischen Therapeutin und Klientin. Und sie haben ihre ganz eigene Sprache, fast als ob sie lebendige Wesen wären. Sicher ist es kein Zufall, daß Musikinstrumente bis heute in religiösen Handlungen (z. B. die Glocken in der katholischen Tradition) und bei Heilungszeremonien von „Naturvölkern" eine wichtige Rolle spielen. Oft werden ihnen magische Kräfte zugeschrieben. Auch in österreichischen Volksbräuchen kommt dies zum Ausdruck, wenn etwa mit Hilfe von Rasseln und Ratschen der Winter ausgetrieben werden soll. In der Frauenmusiktherapie geht es demnach auch darum, daß Frauen beginnen, sich Musikinstrumente wieder zu eigen zu machen und mit den Flöten ein Stück Macht zurückzugewinnen.
Im musiktherapeutischen Setting sind die Instrumente für mich beinahe Co-Therapeutinnen. Sie sind dabei und reden mit, sind Provokation, Kraftquelle und Schutz gleichzeitig. Für Musiktherapie besonders gut geeignet sind von Hand gefertigte Musikinstrumente und solche, die nicht sofort die Assoziation mit Virtuosentum hervorrufen (wie etwa die Geige). Denn dies schreckt gerade Frauen leicht ab. Es verstärkt mitunter ihr Gefühl der Unzulänglichkeit und hält sie davon ab, sich an das Instrument heranzuwagen. Einladender wirken dagegen einfache, perkussive Instrumente (z. B. Rasseln, Trommeln, Glocken), Naturmaterialien (z. B. Hollunderstäbe, Kürbisse, Klanghölzer) und Melodieinstrumente, die frau gar nicht „spielen können" kann, weil sie hierzulande kaum bekannt sind (z. B. lateinamerikanische Ton-Flöten, afrikanische Kalimbas und Xylophone etc.) oder weil sie absichtlich nicht „richtig" gestimmt sind, folglich auch „falsch" klingen können (z. B. kleine Harfen). Das intensivste und ausdrucksstärkste Instrument ist jedoch die eigene Stimme. Die Bedeutung der Stimme wird klar, wenn wir an sprachliche Wendungen denken, in denen Stimme, Macht und Handlungsfähigkeit verknüpft sind: Stimmrecht, die Stimme erheben, die Stimme des Gesetzes, bestimmen, abstimmen, mitbestimmen... Die Stimme ist auch eines der besten *Stimm*ungsbarometer, denn sie steht in enger Verbindung zu unseren Gefühlen und Gedanken. Sie fungiert als Kommunikationsmittel innerhalb der eigenen Persönlichkeit genauso wie gegenüber der Umwelt. Diese Qualität der Stimme liegt zahlreichen Meditationstechniken, religiösen Ritualen und schamani-

schen Heilungsverfahren zugrunde.[5] Denn die Befreiung der Stimme zu vielfältigen Ausdrucksmöglichkeiten setzt auch unterdrückte Gefühle und Energien frei und bildet so einen wichtigen Schritt auf dem Weg zur Heilung und zur Selbstbe*stimm*ung.
Der ungreifbare Teil der therapeutischen Ausrüstung besteht – neben den oben beschriebenen Aspekten der inneren Einstellung und Reflexionsfähigkeit – in der Fähigkeit zur Selbstwahrnehmung, die durch Selbsterfahrung verstärkt wird, und im Vertrauen auf Intuition. Letztere hat im Rahmen von Frauenmusiktherapie einen hohen Stellenwert. Sie ist ein Körpergefühl und bedeutet, mit allen Sinnen im Moment da zu sein und für einen Dialog auf mehreren Ebenen (Klang, Sprache, Bewegung) bereit zu sein.

Ziele und Wirkungsweisen von Frauenmusiktherapie
Ein zentrales Anliegen von Frauenmusiktherapie besteht im bewußten Aktivieren schöpferischer Kräfte. Denn Phantasie und Kreativität können, wenn sie erst einmal als Teile der eigenen Person wahrgenommen worden sind, der Lösung von Lebensproblemen dienen und helfen, selbstzerstörerische Auswege in körperliche und seelische Krankheiten zu vermeiden. Sie sind wichtige Selbstheilungskräfte. Indem eine Frau dabei unterstützt wird, die eigene innere Musik wahrzunehmen und ihr Ausdruck zu verleihen, stärkt sie die Achtsamkeit sich selbst gegenüber. Sie beginnt, ihre eigene innere Stimme besser zu hören und sie den Stimmen anderer gegenüberzustellen, sei es im Einklang oder im Kontrapunkt. Wenn sie ihrer eigenen Stimme mehr vertraut, stärkt sie ihr Selbstbewußtsein und ihr Selbstvertrauen ebenso wie ihre Ausdruckskraft und die Fähigkeit, sich inneren und äußeren Konflikten zu stellen, sie nicht zu überhören.
Gleichzeitig werden im musikalischen Dialog Kommunikationsfähigkeiten und soziale Kompetenz gefördert. Da klangliche Äußerungen von unserem Bewußtsein weniger stark zensuriert werden als verbale, ist es auch viel eher möglich, alten Konflikten und verdrängten Gefühlen in dieser Weise Ausdruck zu verleihen. Musik ist schuldfrei und daher ein gutes Medium, um belastende

5 Vgl. Garfield, L. M.: Der heilende Klang. München 1988.

Erinnerungen oder verbotene Reaktionen herzuzeigen. Auf musiktherapeutischem Weg finden Frauen, die ja im allgemeinen zu Sanftheit und Freundlichkeit erzogen werden, rasch zu ihren agressiven Untertönen und empfinden es als befreiend, endlich einmal auf die Pauke hauen zu können oder sich vorzustellen, wie jemand nach ihrer Pfeife tanzt.
Die erweiterte Sensibilität kann aber auch dazu führen, sich selbst wirklich als Einheit von Körper-Geist-Seele zu spüren und die spirituelle Dimension von Musik zu erleben. Diese Qualität wird in unserer durchrationalisierten Welt, in der speziell Frauen dazu aufgerufen sind, sich in praktischer Alltagsorganisation zu erschöpfen, viel zu sehr an den Rand gedrängt und findet dann oft in zweifelhaften Sekten autoritärer Gurus ein Ventil.
Darüber hinaus ist das Ausleben schöpferischer Energien durch Singen und Musikmachen – bei allem Schmerz, der dabei vielleicht geäußert wird – ein sehr lustvoller Prozeß, der auch die persönliche Genußfähigkeit und Sinnlichkeit verstärkt. Gerade in Frauenleben ist dieser Aspekt, der gegenüber der vielzitierten weiblichen Leidensfähigkeit oft viel zu kurz kommt, es wert, in den Vordergrund gerückt zu werden. Selbstbestimmte weibliche Lust könnte patriarchale Strukturen sprengen und wird daher entsprechend tabuisiert. Weibliche Lust und Sexualität bilden im Patriarchat einen Gegenstand der Angst und werden – je nach lokalem Geschmack verschleiert, entblößt oder in ein Korsett gezwängt. Frauenmusiktherapie kann viel dazu beitragen, mit sich selbst, dem eigenen Körper und der eigenen Sexualität liebevoller umzugehen. In diesem Sinn schafft sie zu patriarchaler Körperpolitik ein wirksames Gegengewicht.

Frauenmusiktherapie/Inge Latz

FRAUENEIGENES MUSIKERLEBEN ALS WEG IN DIE HEILUNG

Musikalität als Lebensprinzip

Wenn Körperlichkeit sich zu Schwingungen verdichtet, als Klang-Körper oder Instrument Klingendes in das Umfeld schickt, finden Ereignisse statt, die der natürlichen und kreatürlichen Atmung nahe stehen, ihr entsprechen oder aus ihr heraus entstehen. In ihrer formalen Bündelung lassen sich diese Klangereignisse als Musik erfahren, empfinden, verstehen oder definieren. Ihre geheimnisvollen Kräfte oder ihre besonderen und unterschiedlichen Wirkungen und Eigenschaften aber sind von dem unsichtbaren, unerklärbaren, individuellen Code-System jeder einzelnen Person und ihrer Empfindungs- und Bewußtseinswelt abhängig. Übereinstimmungen oder Unstimmigkeiten mit der jeweiligen persönlichen inneren Stimmungslage, mit der Eigen-Pulsation oder mit dem Verschlüsselungssystem, das die Körperfrequenzen steuert, führen bei dem Klangtransport durch unsere Wahrnehmungen zum Wohlbefinden oder zum Unbehagen. Das bedeutet Heilung oder Schmerz. Die innere Vernetzung unserer elementaren Lebensvorgänge, der aufbauenden, nährenden und schützenden Immunsysteme, ist ohne klangliche Nahrungszufuhr und -steuerung undenkbar. Jedoch, wie bei Speise und Trank wird der Körper dabei Unverträgliches vom Verträglichen unterscheiden müssen.

Bei meiner musikalischen Arbeit mit Frauen geht es um diese klanglichen Unverträglichkeiten und Verträglichkeiten, die Frau im Laufe ihres Lebens hat schlucken müssen:

- als laut- oder sprachklangliche Order,
- als das rhythmische Verhaltensmuster ihrer Körperbewegungen und -einschnürungen,
- als das musikalische Reglement, musikalische Unmündigkeit und Fremdplanung.

Männliche Pulsationen haben die Körpernatur weiblicher Eigenfrequenzen überlastet, überlagert, „verstimmt“, verletzt und zer-

stört. Die Wucherungen klanglicher Unstimmigkeiten haben viele in der Vergangenheit und im Dunkeln ruhende weibliche Lebenskräfte und Fähigkeiten dem Vergessen ausgeliefert. Der Ausweg aus dem weiblichen Leidens- und Krankheitsghetto führt über die Suche nach den eigenen Körpertönen, nach der eigenen Körper-Musik. Gelingt es in ihre tiefverwurzelten Keimzellen einzutauchen, die jahrtausendealte Verankerung zu lösen, wenn Frau beginnt, sich selbst musikalisch nach außen mitzuteilen, entwickeln sich neue Kraftzentren, die imstande sind, die selbstzerstörerischen und schmerzhaften Quälgeister zu bannen. Gleichzeitig löst sich das Rätsel um die jahrhunderte/jahrtausende alte Frage nach der Urmusikalität und angenommenen Unmusikalität der Frauen. Aus vielen gesammelten Ton- und Bildaufzeichnungen läßt sich sehr differenziert erkennen, wie einfallsreich und klangschön Frauen bei ihrer Identitätssuche Musik entstehen lassen.
Die Nähe zwischen Instrument und Frauenkörperlichkeit, der selbstgefundene Klangausdruck für Erlebtes und Empfindungen, zeigt konsequent und unmißverständlich das Besondere und Eigenständige einer neuen selbstbewußten Frauenmusiktherapie. Eine Entwicklung, die ich kontinuierlich seit Anfang der 70er Jahre in meiner musikalischen Arbeit mit Frauen erlebe und inzwischen mit vielen Frauen gemeinsam aufbaue.
Für mich selbst ist diese Erfahrung des Musikmachens zu einer Art Lebensprinzip geworden, das an die Wurzeln meiner eigenen Musikalität und Körperkraft geführt hat und mich lehrt, an die Kunst der uralten schamanischen Musikheilerin zu glauben.

Klangkörper – Instrumente des Frauenalltags

Mein musikalisches Handwerkzeug, Instrumente aus vielerlei Herkunftsländern, die sich im Laufe der Jahre bei mir angesammelt haben, füllen inzwischen Regale, Körbe, Taschen, Kisten und Kästen, beleben meine dunklen Ecken und Nischen, überlagern Bücher und Noten, türmen sich auf zu bizarren Skulpturen, schmücken meine Wände. Mit ihrer mehr oder weniger fremdartigen, lebendig anmutenden Figürlichkeit warten sie darauf, daß ich sie auswähle, behutsam einpacke und mitnehme zu den Frauenorten, wo ich sie zum Klingen bringe.
Wenn Frauenhände diese Musikinstrumente berühren, anfassen,

abtasten, nah zu sich heranholen, ihnen spielerische Klänge entlocken, ist es wie ein vorsichtiges, sanftes Streicheln. In den Gesichtern zögerndes Erstaunen, aufleuchtende Selbstversunkenkenheit, freudiges Wiedererkennen wie bei einem vertrauten Dialog mit alltäglichen Gewohnheiten und Gegenständen. Ohne verbale Einschränkungen fließen Regungen und Bewegungen zu klingenden Gebilden ineinander. Sie verdichten sich zu Signalen der Körpersprache, des Ist-Zustandes, der jeweiligen Befindlichkeit und Stimmungslage. Ein Spiegelbild unverfälschter körpereigener Lebenskraft.
Die Selbstbezogenheit, die in diesen Vorgängen auffordernde und anregende, ermunternde und antreibende, lustvolle oder auch schmerzverarbeitende Akzente setzt, verbindet lange zurückliegende Begebenheiten und Erinnerungen mit Gegenwärtigem. In vielschichtigen Stimmungsbildern, Eindrücken und Umwandlungsprozessen formen die Frauen musikalische Kreationen, die ihnen helfen, Angst und Traurigkeit und Einsamkeit zu überwinden. Sie wenden ihre Aufmerksamkeit und ihre Anstrengungen dem eigenen Körperverhalten, der eigenen Befindlichkeit zu, dem eigenen Ausdruck von ungebrochenem Lebenswillen. Je mehr sie dabei in den selbstgewählten Klängen und Tönen ihre Identität als Frau erspüren, desto näher kommen sie an ihre persönlichen Probleme, Kränkungen und Schmerzen heran. Sie lernen beim Zusammenspiel innerer Kräfte, die ihre Finger am Instrument lenken, äußere Zwänge zu erkennen, lernen sie einzuordnen, üben sich in der Geschicklichkeit, mit ihnen umzugehen. Die kleinen oder größeren, die bekannten oder unbekannten Instrumente haben nichts Bedrohliches an sich, sie bauen keine Hemmnisse oder Schranken für gelernte oder ungelernte Musikerinnen auf, entziehen sich den zwanghaften Bewertungsmustern. Mit ihnen zu spielen, sie zu spielen, bedeutet, sich frei zu spielen, zu improvisieren aus dem Augenblick heraus. Dabei ergibt sich die Chance, ohne Fremdbeeinflussung, ohne Überlagerung durch andere Meinungen, ohne den angstauslösenden Druck von Beobachtungen, Einmischungen oder Kontrollmechanismen, Eigenes zu entdecken.
Diese Art Instrumente lassen sich unvermittelt bespielen und musikalisch ausschöpfen. Sie vermitteln Erfolgserlebnisse, erleich-

ternde und wegweisende Hilfestellungen. Die oft gerühmte weibliche Einfühlsamkeit, die intuitive Geschicklichkeit der Frauenhände, -finger, -fingerspitzen erfassen und lenken die tönenden Klangstellen wie aus einer tiefsitzenden Ahnung und Erfahrung heraus. Sie lauschen einer Musik wie aus fernen Zeiten, die in ihnen mitschwingt. Sie hören ihre geheimnisvolle Pulsierung, die sich durch Jahrtausende hindurch versteckt und bewahrt hat, die sich nun erneut mitteilt. Manches was ich dabei erlebe oder mithöre oder was sich in Tonaufnahmen dokumentiert, läßt an archaische Strukturen denken.

Wie könnte es auch anders sein, betrachtet man diese klingenden Teile:

Rasseln, Klappern, Klangstäbe, -hölzer,

Glocken in allen Farben, Formen und Größen,

Trommeln, Tambourine, Holzblöcke,

Xylophone aus Holz, Tonscherben, Metall oder Steinplatten, Flöten und Blaswerk aus Bambus, Holz, Ton, Glas oder Metall, Hörner aus Tiergebein,

Saiteninstrumente, geschnitzt, geformt wie Lebewesen oder bedeutsame Gegenstände.

Manche sehen unverändert aus, verwittert und abgenutzt wie aus grauer Vorzeit, manche zeigen sich schillernd und neu. Viele sind den Pflanzen-, Tier- oder Menschenkörpern nachgestaltet, andere erinnern unauffällig oder kunstvoll verziert an das Umfeld der Frauen, an Koch- und Küchengeräte, an Nahrungsbeschaffung, Nahrungszubereitung, an Garten- oder Feldarbeit. Als klingende Kleidungsgegenstände zieren oder schützen sie den Frauenkörper: kunstvoll genähte, geknüpfte, geflochtene, geschnitzte oder geschmiedete Hals-, Arm-, Bein- und Fußgelenkreifen, Kettengebinde mit seltsamen Glöckchen, seltenen Muscheln, Perlen, Metall- und Holzteilen, glitzernde Kopfbedeckungen, Hauben, bizarre Hüte, Masken, Gürtel und Schärpen mit klingenden Teilen bestickt.

Sie erzählen in unsere technisch gesteuerte Frauengegenwart hinein Geschichten und Geschichte einer weiblich geprägten und immer noch überlebenden Lebenskunst und Lebenskultur. Und die versöhnlichen, heilenden Elemente ihrer Klangsubstanzen bieten sich als Hilfe an zur Bewältigung der zunehmend belastenden und krankmachenden Umweltbedingungen.

Frauenmusiktherapie, wie ich sie verstehe und praktiziere, erforscht und nutzt die frauenspezifischen Vorgänge mit musikalischen Mitteln in kulturvergleichender Form. In ihrer Anwendung beim Spiel mit den Instrumenten läßt sie die Fähigkeiten zu eigenen Wahrnehmungen üben, stärkt die Beziehung der Frauen zum eigenen Körper, zeigt und benutzt neue alte Wege zur differenzierten Selbstheilung. Die aufbauende Entwicklung der seelisch-körperlichen Balance zwischen entspannenden und spannungsstarken Situationen und Aktionen hilft den Frauen in der Therapie, ihre alltägliche Realität zu verarbeiten. Sie entlastet bei Überforderungen; und mit der Lust, Neues auszuprobieren und auszuschöpfen, führt sie zu Veränderungen, nimmt Einfluß auf Lebensplanung, Handlungsmuster und Verhaltensweisen. Die vielfachen Möglichkeiten intuitiver, individueller Differenzierung durch Klangmischungen, die jede Frau für ihre Heilung wählt, enthalten den Kern oder den Ansatz ihrer Problemlösung.
Wie bei einer gelungenen Mahlzeit benützt sie dabei Zutaten, die ihrer Alltäglichkeit entsprechen. Was bei den musikalischen Arrangements zum Einsatz kommt, sind: Töpfe, Schalen, Schüsseln, bespannte Krüge, Kannen, Deckel, Beutel, ausgehöhlte Kürbisse und Kalebassen, Fruchtschalen, Holzgefäße, bespannte Siebe und Hausgeräte, Metallkugeln und Gongs, Fruchtkerne, Samen, Körner, Schoten, Erbsen, Linsen, Bohnen, Reis, Graupen, Gries, Nüsse, Schalen, Halme, Gräser, Binsen, Ruten u. a.
Haltbar gemacht ist es mit: groben Geweben, genähten Stoffen und Häuten, geknüpften Hüllen, geflochtenen Hüllen, gespannten Seilen und Kordeln, verzweigten Gräsern und Halmen, geflochtenem Korbwerk oder Lederriemen, verschlungenen Fäden u. a.

Die kleinen Wunder aus der therapeutischen Praxis

Martha, 1985.
Ich begegne ihr in einem Altenpflegeheim. Klein, fast winzig sitzt sie in sich zusammengesunken in ihrem Rollstuhl, festgebunden wie ein gut verschnürtes Bündel, gebrechlich, haltlos ihr Kopf nach vorne gekippt, gekrümmt und verspannt alles an ihr bis zu den Fingerspitzen. Erschüttert beobachte ich die vergeblichen Versuche, sie mit Kissen oder Händen zu stützen und aufzurichten. Ihr Mann hatte versucht, sie durch ein tödliches Pflanzengift

umzubringen, – sie hat es überlebt – alle wollen ihr helfen, reden beruhigend auf sie ein.
Ihren Anblick kann ich ertragen, doch ihr unaufhörliches Wimmern wie das Weinen eines Kindes greift mir ans Herz, gräbt sich in meinen Gedanken und Überlegungen fest.
Einige Zeit später besuche ich sie wieder. In meinem Instrumentenkorb habe ich ein Geschenk für sie, einen selbstgemachten, großen, buntbehäkelten Wattebauschball, in den ich sorgfältig unterschiedlich kleine Glöckchen eingenäht habe. Die von mir gewünschte Annäherung glückt, Martha gefällt das weiche, mollige, klingende Teil. Sie hält es fest an sich gepreßt, drückt es hin und her, läßt es an sich entlang rutschen, ihre Gesichtszüge werden weicher, fangen an, sich zu entspannen. Das ist der Anfang einer langen Freundschaft zwischen Martha und meinen Instrumenten, die nach und nach von ihr betastet und ausprobiert werden. Von jetzt an begleiten sie ihren langwierigen Heilungsweg. Alle können es sehen und hören. Beim Spiel mit dem Wattebauschball und seinen verführerischen Klängen verliert sich das Wimmern, Tastsinn und Körperimpulse regen sich, verfeinern sich beim Spiel mit den leichten Bast- und Strohrasseln, mit dem Tambourin, in dem Martha bald kräftig herumrührt wie in einem Kochtopf, mit dem kleinen Schellenkranz, dem zart und hellklingenden Glockenspiel. Eines Tages beginnt sie zu singen, erst leise summend, dann allmählich mit geöffneten Lippen, zögernd langsam, dann immer sicherer das erste Lied mit dem vollen Text. Bisher hat sie nur Laute von sich gegeben. Ihre Stimme klingt glockenrein und hell, sie klingt wunderschön, Martha hat ihre Kraft wiedergefunden, ihre Sprache.
Ich habe Martha nur noch einmal besucht, Jahre danach in der vorweihnachtlichen Zeit. Im Vorraum des Altenheims fand ich sie umringt von anderen Heimbewohnerinnen, sie sang mit ihnen vorweihnachtliche Lieder und erzählte und unterhielt alle mit ihren Geschichten. Und zwischendurch signalisierten mir ihre lustigen Augen, daß sie mich wiedererkannt hatte, und ihre Hände zeigten auf etwas Buntes, das sie aus ihrer Tasche zog, den weichen, bunten, klingenden Wattebauschball unserer gemeinsamen Musikstunden.

Gertrud, 1989.
In besonderen Situationen spiele ich die Instrumente ganz dicht am Körper der einzelnen Frau oder nahe bei ihren wehen und schmerzhaften Körperpartien und Körperstellen. Das ist eine anregende oder spannungslösende therapeutische Wirkungsform der Musik, abhängig von der Art des Instrumentes und der Spielweise, mit der ich Klangvibrationen dem einzelnen Körper zuspiele, in ihn hinein. Die Frauen, vor allem nach Aufregungen, Unruhen oder Erschöpfungszuständen, mögen diese Art der Musikbespielung, die für sie sehr individuell abgestimmt ist. D. h. sie wünschen sich ihr Instrument, und ich bespiele es für sie an den Körperstellen, die sie mir zeigen. Verspannungen, Stauungen und Schmerzen lassen sich auf diese Weise lösen und beeinflussen.
In den Nachsorgekuren, in denen ich vier Wochen lang Krebspatientinnen mitbetreue, arbeite ich häufig mit dieser Form der Therapie, da die Frauen oft so geschwächt sind, daß sie zu eigenen Initiativen nur langsam herangeführt werden können.
Gertrud war in so einer Frauengruppe. Mehrere Operationen, ein künstlicher Darmausgang, Hautverbrennungen durch Bestrahlungen, Chemotherapie, dazu noch Ärger mit Mann und Tochter. Sie war ein einziges Nervenbündel, Hände und Finger in ständiger Unruhe und Bewegung. Sie konnte es nur wenige Minuten an einem Platz aushalten, lief unruhig von Raum zu Raum, von drinnen nach draußen und umgekehrt... Die Gruppe hatte es nicht leicht mit ihr. Störungen in unseren gemeinsamen Gruppensitzungen blieben nicht aus.
Dann, am dritten Tag in einer Einzeltherapie, erzählte sie mir von ihren plagenden Schmerzen, für die es keine Erleichterung gab, im Kopf, am Nacken, an den Zähnen, in den Gliedern, an Schulter und Rückenstellen, Quälgeister am Tag und in der Nacht. Ich zeigte ihr alle Instrumente, die im Haus für meine Arbeit zur Verfügung standen, ließ sie auswählen, beobachtete sie still und abwartend. Ohne Zögern faßte sie nach zwei schweren, silbernen Klangkugeln in der Größe eines kleinen wilden Apfels, legte sie an ihr Gesicht, ließ sie mit den Händen hin- und herkullern und rollen. Was auch nach wenigen Minuten kullerte und rollte waren die ersten Tränen nach langer, langer Zeit, und mit ihnen lösten sich viele ihrer tief sitzenden Verspannungen. Für die weitere

Zeit, die uns verblieb, konnte sie unter meiner Anleitung ihr eigenes Programm entwickeln. Bei ihrer Selbstbehandlung konnte sie erspüren, wie die schlimmen, bohrenden Schmerzen nach und nach zurückgingen. Gertrud wurde ruhiger, heiterer, zugänglicher, konnte sich mehr und mehr den anderen Frauen zuwenden und austauschen.

Gegen Ende der Kur gestand sie mir, daß eigentlich das Singen und Musikmachen ihre alte große Leidenschaft sei, daß sie es aber bei allem anderen vergessen habe. Seit diesem Geständnis flossen ihr die Lieder nur so aus den Lippen, wie bei Martha, hoch, hell, kräftig und klar. Und ihre solistischen Darbietungen in unseren gemütlichen Stunden strahlten etwas aus von dem wiedergefundenen Zauber ihrer früheren glücklichen Jahre aus.

Vor kurzem fand sie sich wieder bei mir ein zu einer Gruppenarbeit. Sie hat sich sehr verändert; ausgeglichen, innere Sicherheit ausstrahlend, waren ihre ersten Worte an mich: „Ich singe jetzt in einem großen Chor, und das Akkordeon beherrsche ich auch schon."

Und wenn ich sie dann ansehe, so gelöst und zufrieden inmitten der Gesellschaft der anderen Frauen, muß ich an die Geschichte von Martha denken.

Wege und Arbeitsgrundlagen der Frauenmusiktherapie

Fraueneigenes Musikerleben, wie ich es beschrieben habe, setzt fraueneigene methodische Arbeitsansätze voraus, die von den feministischen Erfahrungs-, Forschungs- und Entwicklungsprozessen der letzten Jahrzehnte nicht zu trennen sind. In vielen Bereichen der Frauenbewegung, vor allem in der beratenden, therapeutischen und kreativen Arbeit mit Frauen aller Altersstufen, haben sich frauenspezifische Ausrichtungen, neue Anwendungsverfahren, neue Verhaltensformen durchgesetzt. Neuartige Modelle und Frauenprojekte haben sich realisiert, charakteristisch geprägt und stabilisiert.

Mit einem gestärkten, gesundenden Selbstbewußtsein, das auf vielerlei Selbsterfahrungsprozessen basiert, vertreten heute die Frauen ihre eigenständig entwickelten und weiterentwickelten Beobachtungen, Leistungen, Theorien und Arbeitsmethoden. Der Druck der ständig gegenwärtigen, realen, praktischen Erfordernisse macht die Blicke und die professionellen Perspektiven frei und offen für dringend notwendigen Beistand und Hilfe. Da bekennt Frau sich zu unkonventionellen und andersgearteten Unterstützungsmaßnahmen für Frauen in seelisch-körperlicher Bedrängnis. Das methodische Rüstzeug korrigiert und lehrt die Praxis, die Differenzierung der Anwendungsformen wird in oft langwierigen Prozessen und in mühsamer Kleinarbeit innerhalb der Frauenarbeit erfahren, erarbeitet, gesammelt und dokumentiert.

Wenn ich heute Gedanken über meine Wege zur Frauenmusiktherapie äußere und beschreibe, so sind darin etwa 20 Jahre intensiv gelebter Frauenbewegung enthalten. In der Nähe zu Frauen und ihren Schicksalen entstanden und entstehen die besonderen Akzente, die der Frauenmusiktherapie zugrunde liegen. Sie ließen und lassen mich begreifen und verstehen, wie eng die Verbindungen und Beziehungen zwischen Frau – Körper – Musik – Magie sind, und wie stark und ausdauernd sie den Frauenalltag bestimmen und prägen. Sie prägen und bestimmen auch die Geschehnisse und Abläufe, die inhaltlichen Strukturierungen und Wirkungsfolgen in meiner therapeutischen Arbeit. Dabei eröffnet sich eine bisher kaum beachtete frauenspezifische Problemlandschaft, die mit unzähligen Lebensfäden verknüpft ist und die mit ihren vielschichtigen Themen von den bisher allgemein praktizierten, musiktherapeutischen Verfahren nicht vollständig erfaßt oder auch übergangen wird.

Gelebte Frauenmusiktherapie berührt altes Frauenwissen und -können. In spontanen Stimm- und Instrumentalimprovisationen tauchen Klänge auf, die ans Herz greifen, die sich auch an streng gehütete Plätze im tiefsten Innern herantasten. Sie enthüllen unerwartete Fähigkeiten, Neigungen und Sehnsüchte, Ahnungen und kreative Phantasien. Sie erweitern sich zu heilenden Prozessen, zu einer Schutzhaut gegen eine heillose, bedrohliche und bedrohte Umwelt. Im Trend der Zeit, inmitten einer globalen Rückbesinnung zur Natur, suchen Frauen ihre natürlichen Kräfte zu mobilisieren, finden, wenn sie es wollen, Anschluß

an das Nat (ale)
an das Ur (alte)
in einem Wortspiel der NAT-UR.

Klänge, die Frauen für sich oder für andere Frauen entstehen las-

sen, werden immer wieder deutlich von dem Wunsch gelenkt, Vergangenes wieder aufleben zu lassen. Sie spüren instinktiv, daß sie auf dieser Reise ihre Störungen und Unsicherheiten, ihre Ohnmacht und Schwäche, ihre Verzweiflung oder Wut ohne Umschweife regulieren können, verarbeiten können. Sie erspüren die Hilfe für ihre Schmerzen, ihre verdeckte Angst, ihre Einsamkeit beim Spiel mit den Tönen, erspüren fast wie von selbst die unvergänglich archaischen Elemente ihrer Musik wie die Bestandteile eines elementaren Lebenswillens.
Wenn ich mit Frauen arbeite, gilt meine Konzentration und Sorgfalt, meine Aufmerksamkeit und Wachsamkeit jenen besonderen Akzenten, die ihre Zeit brauchen und einen geschützten Platz, damit sie auftauchen, sich sortieren und wirksam werden können. Es sind Melodien, Klangmuster, Rhythmen, Gesänge, unwiederholbar Eigentum und Kostbarkeit jeder einzelnen Frau, die sie herstellt. Ich erkenne darin das lebensbejahende, aufbauende weibliche Prinzip, das ich verstärken will und das den therapeutischen Weg kennzeichnet.
Ich achte auf die Klänge im Raum, sehe die Körperhaltungen und Bewegungen der Frauen. Ich weiß, wie wichtig es ist, auf jede Regung, jedes noch so unscheinbare Signal zu achten, denn jede Äußerung ist ein störbarer Alleingang, jeder Vorgang ist unwiederholbar, einmalig. Jede klangliche Mitteilung ist die einzigartige Anstrengung einer einzigartigen Frau. Rezepte, Regeln oder bewährte Verfahren verlieren ihre Wirkung, wenn sie unflexibel, unreflektiert bei der individuellen Gegebenheit eingesetzt werden. So bin ich in der therapeutischen Praxis ständig gefordert, in jeder Situation neu zu lernen, meine musikalischen Erfahrungen, meine Identität auszudehnen im fairen Zusammenspiel mit der anderen Frau. So wird sie ermutigt ihr Eigenes, ihre ersten zaghaften oder tastenden Klangversuche als ihr Besonderes, als ihr selbstgesteuertes Erlebnis zu akzeptieren und zu gebrauchen. In der produktiven Auseinandersetzung mit Instrumenten lösen sich innere Verspannungen, Befindlichkeiten werden ergründet und mitgeteilt. Finger und Fingerspitzen berühren und ertasten oder erfassen das klingende Teil, das Frau selbst ausgewählt hat. Es füllt sich mit ihrer persönlichen Botschaft, die klingend nach außen dringen soll.

Bei der therapeutischen Entspannung zur Musik nehme ich keine vorgefertigten Klänge. Zu den Anleitungen spiele ich für die Frauen, improvisiere Klänge an verschiedenen Instrumenten. Dabei versuche ich die Stimmungen im Raum und meine eigene Stimmung zu verbinden. Manchmal lasse ich Frau für Frau oder Frauen für Frauen spielen. Bei dieser direkten Form gegenseitiger Zuwendungen entsteht Vertrauen, Verstehen und Nähe. Das führt zu tieferen Entspannungszuständen. Erfahrungen aus dieser Arbeit werden unmittelbarer mitgeteilt und ausgetauscht. Die Frauen sind offener, sie hören besser. Ihre Wahrnehmungen der Klänge werden verfeinert, und musikalische Erlebnisse deutlicher ausgedrückt.

Aus meinen spontan entstehenden Arbeitsformen kann ich die persönlichen Erlebnisse und Geschichten der Frauen ablesen, ohne sie zu erfragen, ohne viele Worte. Sie zeigen sich in der Vielfalt weiblicher Ausdruckskunst, weil der Spielraum für kreative Lust und Sehnsucht das schmerzvoll Erlebte neu plaziert und das Bedrückende auflöst. Und bei dieser Veränderung spielen die vielen unterschiedlichen Instrumente aus aller Welt einen wichtigen Part. Jeder durch sie entstehende Ton hat Bedeutung, Legitimation und Gültigkeit. Es gibt kein „falsch“ oder „richtig“, das die Frauen zur Unfähigkeit und Unmusikalität verdonnert. Es gibt nur die Aufforderung, das Instrument auszuprobieren, zum Greifen und Begreifen nah, sei es nun kompliziert wie Harfe oder Geige, klein und schlicht wie eine zierliche Kugel.

Für Martha und Gertrud (siehe meine Praxisbeispiele) genügten solche klingenden Kugeln, die auf ähnliche und doch unterschiedliche Weise wirksam werden konnten. Martha brauchte und nutzte ihren weich-wolligen Watteball für ihre Berührungspunkte, für das Anfassen und das Klingenlassen, und damit auch für ihre Wiederbelebung und Kräftigung. Gertruds Schmerzen suchten die Festigkeit und Gewichtigkeit, die Klarheit und Leuchtkraft der metallenen Form, die ihr Linderung und neuen Lebensmut gaben. Ich nenne das dann „Die kleinen Wunder“, sehe sie verwurzelt im endlose Kreislauf Frau–Körper–Musik–Magie, so alltäglich gegenwärtig wie das Rinnen unseres Blutes, ein endloser Tanz der Elementarteilchen, die immer noch ihre tiefsten Geheimnisse bewahren.

Frauenmusiktherapie/Eva Bauer

SINGEN UND MUSIZIEREN ALS WEG ZUR NEU-GEBURT DES EIGENEN ICH

Frauen werden im gesellschaftlichen Erziehungsprozeß schon als kleine Mädchen darauf trainiert, die Äußerungen, die Bedürfnisse anderer wahrzunehmen und sich in der eigenen Selbstäußerung, im eigenen Ausdruck an den Erwartung anderer zu orientieren. Zu gefallen erscheint wichtiger – unter dem allgemeinen Druck – als mit sich selbst authentisch zu sein.
In der musikalischen Entwicklung eines Mädchens sieht es nicht anders aus: Einfühlsam spürt sie sich in die Werke der großen Meister hinein, oder sie swingt, auf dem Wege einer vermeintlichen Emanzipation, in einer von Männern geprägten Jazz-/Rock-Kultur; wenn es überhaupt dazu kommt. Denn oft wird ihr schon ganz früh klargemacht, daß sie sowieso unfähig sei, sich musikalisch auszudrücken.
Wenn ich Frauen helfe, eine eigene innere Musik wiederzuentdecken, rührt das an innerste Erfahrungsschichten, und Glückseligkeit liegt ganz nah neben tiefem Schmerz. Jahrzehntelange Selbstverleugnung wird bewußt, und gleichzeitig kommt ein Ich zum Klingen, das sein darf, wie es ist: zart, verletzlich, zornig, mächtig – wie auch immer es sich ausdrücken mag. Die Harfensaiten, die Trommelhäute, die Rasseln, gefüllt mit Kernen, Muscheln oder Steinchen, die Flöten aus Holz, Bambus oder Metall, die sphärischen Glöckchen oder dröhnenden Gongs – sie alle können zur Vermittlerin und Verbündeten werden bei einer schöpferischen Geburt.

Frauen-Stimmen
Ein sehr direkter und zugleich oft langwieriger Weg zur Wiedergeburt des eigenen Ausdrucks ist die Aneignung der eigenen Stimme. Mich singend wieder in meinem Frauenkörper einrichten, heißt, die verschiedenen Energiezentren der Stimmsäule wieder mit heiler Kraft zu füllen. Von entscheidender Bedeutung ist die selbstbewußte Anerkennung und Heilung der sexuellen Energie,

die uns so ureigen ist wie das Leben selbst, und doch so tödlich vielfältigsten Manipulationen, Mißbrauch und Entfremdung ausgesetzt wird. Lieder können uns helfen auf diesem Weg, alte, einfache Lieder, aus Kinderzeiten mit einer guten Erinnerung besetzt. Und manchmal singt eine Frau dem kleinen Mädchen, dem sie in sich selbst wieder begegnet, ein Lied, das sie ganz allein für dieses kleine Mädchen in diesem Moment erfunden hat.
Singen war früher ein selbstverständlicher Bestandteil im Frauenalltag. Wo heute das Radio läuft, wurde gesungen: beim Kochen, beim Putzen, beim Nähen. Singen als ein selbstverständlicher Ausdruck von Lebensfreude, aber auch, um sich Mut zu machen, Trost zu finden. Diese Lebenskraft steckt in uns, wir brauchen sie nur freizulassen. Für ihre Kinder haben Frauen immer gesungen, und sie tun es bis heute, in dem sicheren Wissen, daß Babys Töne und Lieder brauchen wie andere Nahrung auch. Sich selbst mit den Tönen der eigenen Stimme zu nähren, ist eine beglükkende Erfahrung, die Vertrauen gibt in die eigene Kraft.

Frauen-Räume und Frauen-Rhythmen
Einen eigenen Raum zu haben, genug Platz für sich, das ist für Frauen immer noch keine Selbstverständlichkeit. Auch ein eigener Rhythmus läßt sich schwer fühlen, wenn sich so viele, uns eigentlich fremde Rhythmen in unser Leben drängen: die Arbeitsrhythmen der anderen Familienmitglieder, die Rhythmen eines Berufsalltags, die die eigenen Körperrhythmen zerstören, die Rhythmen der Dauerbeschallung durch Radio und Fernsehen, von Autos und Tieffliegern.
Manche Frauen reagieren mit Angst oder Panik, wenn sie Trommeln sehen: Sie fürchten, ihnen entgegengestellten Rhythmen ausgesetzt zu werden. Und Frauerkörper sind sehr empfindlich gegenüber solchen subtilen Formen von Gewalt. Sie reagieren mit Herzrhythmusstörungen, Schwindel oder Übelkeit.
Wir arbeiten in der Frauenmusiktherapie nur sehr selten ausschließlich mit Trommeln, setzen sie nur einzeln und nicht in der Masse ein und kombinieren sie mit anderen rhythmisch zu spielen den Musikinstrumenten: mit Kalimbas, mit Saiteninstrumenten, mit Holzstäben und vielem anderen. Wenn wir mit Trommeln arbeiten, nehmen wir uns immer sehr viel Zeit, damit jede Frau

herausfinden kann, warum sie eine große Trommel oder eine kleine, eine hölzerne oder eine tönerne wählt, und was sie spürt, wenn ihre Hände das Holz und die Häute ertasten. Das Ertasten und Spüren ist eine sinnliche Erfahrung von Selbstbestimmung und Selbstbewußtsein.
Jede rhythmische Äußerung wird ernstgenommen, der Wunsch nach Gleichklang oder der Wunsch nach Pausen, der Ausdruck von Unrast, Schmerz, Freude oder Wut. Keine Äußerung darf mißachtet oder manipuliert werden, und gleichzeitig muß ich auf das Maß achten, sowohl für eine Frau, die gerade agiert wie für die Gruppe, die die Aktion ertragen können muß. Mit einer rhythmischen Äußerung auf einem Musikinstrument ernstgenommen zu werden, vermittelt eine für viele Frauen grundlegend wichtige Erfahrung: Hier kann ich meinen Rhythmus leben lassen, auch wenn er mit dem eines anderen Menschen nicht zusammengeht. Andererseits ist es möglich, in der Gruppe eine für viele Frauen ganz ungewohnte Art der Unterstützung zu erfahren: Die Gruppe nimmt den Rhythmus einer Frau auf und verstärkt ihn – sie wird getragen, gefördert, ermutigt, es entsteht ein Zusammenspiel, in dem ausnahmsweise sie einmal den Ton angibt.
Auch auf diesen Wegen der Befreiung treffen Frauen auf alte Schmerzen. Sie spüren, wie schwer es ihnen fällt, ihren eigenen Rhythmus überhaupt zu finden.
Eine Hilfe ist der Weg in den Raum. Sich Raum nehmen für die Bewegungen des Körpers, hinspüren, welchen Rhythmus mein Körper mir zeigt, wahrnehmen, wieviel Raum ich brauche für mich und meinen Tanz. Wir erleben in der Frauenmusiktherapie die heilende Wirkung der Klänge jeden Tag neu: als Begleitung schmerzvoller und lustvoller Geburten des eigenen Ich, als ausgleichende und aufbauende Kraft, als ein Sich-wieder-Anschließen an den Fluß des Lebens. Bei all diesen vielgestaltigen Vorgängen ist einer ganz wesentlich: die Wirkung von Musik auf Frauenkörper.

Berührung durch Klänge
Klänge berühren unsere Körper, sie berühren die Energiehülle, sie berühren die Haut, sie dringen ein in die Poren und in die innersten Körperschichten.

In meiner Arbeit bin ich in den letzten Jahren vielen Frauen begegnet, die in ihrer Kindheit körperliche Gewalt erlitten haben, durch Schläge und/oder sexuelle Übergriffe. Sie hatten einen oder mehrere Psychiatrie- Aufenthalte hinter sich oder waren jahrelang von Tabletten oder Alkohol abhängig gewesen.
Viele der Frauen konnten eine körperliche Berührung nicht mehr ertragen, obwohl sie sich gleichzeitig nach ihr sehnten. Oder sie ließen in ihren Beziehungen eine Berührung zwar zu, fühlten sich aber in der Berührung wie von sich selbst abgespalten. Wieder andere fühlten sich völlig abhängig von Berührung, sie konnten nicht allein sein, ohne das Spüren eines Körperkontakts. Mit ihnen allen konnte ich erleben, wie über die Berührung durch Klänge wieder erste freie und tiefe Kontakte möglich wurden – vermittelt über den Klangkörper eines Musikinstruments, behutsam ausgesucht nach den Wünschen der Frau und ebenso behutsam, entsprechend ihren eigenen Anweisungen und Wünschen, zum Klingen gebracht. Die Berührung durch Klänge setzte den Anfang für den Weg einer Heilung, zum Wiedererlangen der körperlichen Ganzheit und zum Annehmen des eigenen Selbst.

Barbara Gissrau

WEIBLICHKEITSKONSTRUKTIONEN IN DER PSYCHOANALYSE HEUTE

Nicht die Dinge beunruhigen uns, sondern die Meinungen, die wir von den Dingen haben.
(Epiktet nach Watzlawick, 1989)[1]

Die therapeutische Arbeit in der klassischen Psychoanalyse kreist hauptsächlich um die innere Beziehungswelt eines Menschen, um ungelöste Spannungen und Konflikte mit Personen aus der Vergangenheit, die gleichsam konserviert bzw. fixiert und ins Unbewußte abgedrängt wurden. Dort sind sie jedoch noch in ihrer ursprünglichen Dynamik vorhanden, drängen bei geeigneten äußeren und inneren Umständen wieder mehr oder weniger deutlich ins Bewußtsein, produzieren körperliche und seelische Symptome, beeinflussen Träume, Handlungen und Entscheidungen im Sinne der früheren Ängste und der infantilen Welterfahrung, wodurch sie die Gegenwart verzerren und oft in einem ständigen Wiederholungszwang zu schädigenden Fehlhandlungen führen. Wir AnalytikerInnen halten den unbewußten Drang, die infantile Konfliktwelt in der gegenwärtigen Erwachsenensituation immer wieder herzustellen für den Kern neurotischer Störungen. Gleichzeitig halten wir diese seelische Bewegtheit, diese unbewußte Absicht auch für die Chance zur Lösung aus dem Bannkreis der Welt der infantilen Verstrickungen. Wir schaffen einen physischen und psychischen Raum für unsere PatientInnen, damit sich darin allmählich das frühere unverarbeitete Drama entfalten bzw. wiederholen kann. Wir stellen unsere Möglichkeiten des „geschärften Blicks" für Übertragungs-, Gegenübertragungs- und Widerstandsprozesse zur Verfügung, die uns helfen sollen, wechselseitig oder relativ gleichzeitig „drinnen" und „draußen" zu sein. Wir lassen uns z. T. auf die uns angebotenen „Rollen" im Drama ein. Wir bleiben jedoch soweit draußen, daß wir erkennen

1 Watzlawick, P.: Ist Psychotherapie, was wir „Psychotherapie" nennen? In: Psychotherapie und medizinische Psychologie, Nr. 39, 1989, S. 326.

können, was gerade gespielt wird. So können wir bei passender Gelegenheit in unseren Deutungen die unangemessene, weil für eine frühere Zeit gestaltete „Choreographie" des Geschehens aufdecken. Wir meinen, daß dieses Erkennen des unbewußten Sinns im Drama ein entscheidender Schritt zur Heilung und Lösung der gegenwärtigen neurotischen Verstrickungen bedeutet.
Nun kann/sollte frau sich natürlich die Frage stellen, ob diese Darstellung des neurotischen Geschehens und dessen Heilung die „wahren" Ereignisse in unserer Psyche beschreibt oder ob sie nicht eher modellhaft die möglichen Vorgänge im Unbewußten skizziert. Da wir weder die Vergangenheit eines Menschen noch die Inhalte unseres Unbewußten wahrnehmen können, gehe ich davon aus, daß wir immer mit Fiktionen arbeiten, daß „die Wahrheit nur der gegenwärtig zweckmäßigste Irrtum" ist.[2]
Auch unsere PatientInnen können in den seltensten Fällen eine genaue Wiederholung des vergangenen Geschehens herstellen oder erinnern. Das, was sich im Rahmen des Übertragungs- und Gegenübertragungsgeschehens in einer Therapiestunde konstelliert, ist wohl eine Mischung aus dem in der Vergangenheit Erlebten, aus den Erfahrungen des gegenwärtigen Umfeldes der Patientin und aus dem in der Therapiestunde sich vollziehenden Erleben durch die Interaktion zwischen zwei Menschen. Was ich als Therapeutin wahrnehme und gegebenenfalls deuten kann, ist wohl kaum die „Wahrheit" über die Innenwelt der Patientin und auch nicht die „Wahrheit" über die infantile Beziehungsgeschichte, sondern eher eine Mischung aus dem Verhalten der Patientin, meinen aus meiner Erfahrungswelt stammenden, gefühlsmäßigen Reaktionen und meinen Erkenntnissen aus der gelernten Theorie und dem Alltagswissen. Ich antworte also nicht auf die Regungen der Patientin alleine, sondern immer schon auf eine Interaktion, auf ein Gemisch aus ihren und meinen Reaktionen. Und was ich dann sage, entstammt dem gelernten analytischen Wissen über vergleichbare Situationen. Dieses Wissen hält mir eine Fülle von möglichen Erklärungssystemen, Rekonstruktionen und Konfigurationen für die verschiedensten menschlichen Dramen in Kindheit und Erwachsenenleben bereit. Meine Kunst ist

2 Ebda.

es, das Erklärungsschema herauszufinden, welches mir für das gegenwärtige Interaktionsmuster am geeignetsten erscheint. Je mehr „Fakten" und Verhaltensweisen Analytikerin und Patientin gemeinsam mit diesem Schema verbinden können, desto einleuchtender ist es für die Patientin, desto mehr wird sie sich „erkannt" fühlen, desto mehr wird die Patientin von der Gültigkeit, der Deutung überzeugt sein. Ob es wirklich so war, werden wir beide vielleicht nie herausbekommen. Was aber offenbar heilend wirkt, ist die Tatsache, daß wir dem gegenwärtigen Erleben einen bedeutungsträchtigen Sinn geben konnten, und daß sich dadurch eventuell ganz neue Sichtweisen und Lebensmöglichkeiten für die Patientin eröffnen. Dabei wird es wohl immer geschehen, daß sich beide, Patientin und Therapeutin, auf die Akzeptanz einer bestimmten „Weltsicht" einigen, entweder durch behutsame Annäherung beider oder durch die Übernahme der Sicht der Therapeutin, der oft kraft ihrer Ausbildung ein besserer „Durchblick" zugestanden wird. Daher erleben Patientinnen bei JungianerInnen eher Archetypisches, bei FreudianerInnen eher die Lösung von der einengende Mutter, dem dominanten Vater und bei Rebirthing vielleicht Mutterleibs- und Sterbesensationen, was alles heilend wirken kann.

Was ich damit deutlich machen möchte, ist Folgendes: AnalytikerInnen beziehen ihr Hauptwerkzeug, ihre Deutungen, aus dem reichhaltigen Fundus von ge- bzw. erfundenen Rekonstruktionen von Kindheitsmustern, somit aus den Theorien der analytischen Entwicklungspsychologie und Neurosenlehre und aus den Theorien über die ge- bzw. erfundenen Methoden (Übertragung, Gegenübertragung, Widerstand). Diese Theorien sind Modelle, also Beschreibungen der Wirklichkeit, und nicht die Wirklichkeit selbst. Da die „Erfinder" dieser Theorien hauptsächlich Männer waren, gehe ich davon aus, daß in ihre Erkenntnisse immer auch männliches Selbst- und Welterleben mit einfließt.

Eine der wichtigsten Thesen feministischer Forschung ist, daß es wahrscheinlich kein geschlechtsneutrales Wissen gibt. D. h. feministische Forschung setzt als Anfangshypothese allen Wissens die Geschlechtsgebundenheit unserer Erkenntisse. Dies könnte eine Revolution im Denken auslösen, deren Ausmaß wir heute noch nicht abzuschätzen vermögen. Denn alles bis jetzt gefundene Wissen muß noch einmal auf männliche Sichtweisen hin überprüft werden. Daraus wird sich u. U. eine weibliche Wissenschaft entwickeln. Dann erst werden wir an den Fakten oder Erkenntnissen, die sich nicht zur weiblichen oder männlichen Weltsicht zuordnen lassen, herausfinden können, ob es eventuell geschlechtsneutrales Wissen gibt.

In der feministischen Psychoanalyse werden wir daher ebenso wie in den anderen Wissenschaften das Vorhandene überprüfen, wieweit es den männlichen Blick, das männliche Selbst- und Welterleben abbildet, und wieweit weibliches Erleben darin vorkommt. Wir versuchen, eine weibliche Sichtweise bezüglich weiblicher und männlicher Entwicklung, Neurosenlehre und Methodenlehre hervorzubringen.

Zunächst fangen wir bei uns selber an, d. h. wir überprüfen, mit sensibilisiertem weiblichem Blick, ob das vorhandene Wissen über weibliche Entwicklung und Identitätsbildung unser Erleben direkt und nicht auf dem Umweg über den männlichen Blick adäquat erfassen und beschreiben kann. Sollten die heute benutzten Weiblichkeitskonstruktionen dies nicht können, wären sie für die Analyse von Frauen unbrauchbar, ja sogar schädlich, weil sie damit Frauen in ein falsches, entfremdetes Weiblichkeitsbild pressen würden.

Als ich mich entschloß, über dieses Thema zu schreiben, nahm ich an, darüber nicht mehr viel lesen zu müssen, weil das Thema Weiblichkeit in der Psychoanalyse der Nachkriegszeit nicht allzu häufig vorkommt. Darüber hatte ich mich getäuscht. Es stimmt zwar, daß, gemessen an den Beiträgen zur analytischen Methode und zu sogenannten übergreifenden Themen wie Narzißmus, Objektbeziehungstheorie, Selbstpsychologie, das Thema Weiblichkeit sich noch in bescheidenem Rahmen hält, fast nur von Frauen aufgegriffen wird (im Gegensatz zur Vorkriegszeit), jedoch umfaßt es immer noch eine derartige Fülle, daß ich in dieser Arbeit nur eine Auswahl von gegenwärtigen Weiblichkeitstheorien darstellen kann, die ich, wohl hauptsächlich um mein eigenes Ordnungsbedürfnis zu befriedigen, in ein relativ grobes Raster von fünf Untergruppen eingeteilt habe. Für jede Untergruppe beschreibe ich beispielhaft einige AutorInnen und deren Modelle. Die Auswahl ist von meinem subjektiven Interesse geprägt. Ich erhebe keinen Anspruch auf einen vollständigen Überblick und werde daher viele AutorInnen unberücksichtigt lassen müssen.

Die klassische Freudsche Theorie der Weiblichkeit: Das kleine Mädchen ist ein unvollständiger kleiner Mann.

Da diese Theorie für viele AnalytIkerInnen immer noch Gültigkeit hat, in vielen Ausbildungsinstituten mehr oder weniger modifiziert gelehrt wird, beschreibe ich kurz ihre wesentlichsten Aussagen in acht Thesen in Anlehnung an Heigl-Evers/Weidenhammer und Chasseguet-Smirgel[3]:

1. Beide Geschlechter unterscheiden sich bis zur „Phallischen Phase", also bis zur Entdeckung des Geschlechtsunterschieds in ihrer psychosexuellen Entwicklung nicht. Freud geht hauptsächlich von einigen abgegrenzten Körpererfahrungen aus (z. B. Mund, After, Klitoris, Penis) und davon, daß Mädchen und Junge an diesen Körperzonen vergleichbare sexuell erregende Erfahrungen machen, die jeweils gleiche psychosexuelle Entwicklungen in Gang setzen.
2. Sexualität wird von beiden Geschlechtern als erregende Körperstimulation wahrgenommen, zunächst ununterscheidbar von bloßer Organlust und unabhängig von einer Objektbeziehung. Diese lustbetonten Körpererregungen können durch körperliche Kontaktnahme von belebten und unbelebten Objekten ausgelöst werden. Nach Heigel-Evers/Weidenhammer[4] ist das Ziel nicht, eine Beziehung zu einem Objekt aufzunehmen, sondern die lustvollen Körperstimulationen zu wiederholen. Die Objekte und Personen sind nur Erfüllungshilfen der Autoerotik.
3. Nach Entdeckung des Geschlechtsunterschieds entwickelt sich der „phallische Monismus"[5] bei beiden Geschlechtern.

3 Heigl-Evers, A./Weidenhammer, B.: Die Freudsche Theorie der Entwicklung der weiblichen Persönlichkeit aus heutiger psychoanalytischer Sicht. In: Forum der Psychoanalyse, Nr. 1, 1985, S. 201–222; vgl. auch Chasseguet-Smirgel, J.: Zwei Bäume im Garten. München 1988.
4 Vgl. Heigl-Evers/Weidenhammer 1985.
5 Meines Wissens hat Chasseguet-Smirgel diesen Begriff zur Kennzeichnung einer Theorie eingeführt, in der es keine primäre Weiblichkeit gibt, diese sich erst im Vergleich mit dem Männlichen konstituiert. Vgl. Chasseguet-Smirgel, J.: Psychoanalyse der weiblichen Sexualität. Frankfurt/M. 1964, S. 134–191.

Demnach wird jeder Mensch danach beurteilt, ob er einen Penis hat oder nicht. Das Mädchen meint, daß es kein adäquates eigenes Geschlechtsorgan besitzt, fühlt sich betrogen und entwickelt daraufhin einen Penisneid. Seine erste ausgebildete Geschlechtsidentität ist also die eines unvollständigen Mannes. Die Vagina sei beiden Geschlechtern bis zu Beginn der Pubertät nicht bekannt. Der Penis wird aus narzißtischen, nicht aus genitalen Gründen gewünscht.

4. Die Enttäuschung und Wut bezüglich der „minderen Ausstattung" wird der Mutter angelastet, wodurch die Tochter sich von ihr ablöst und sich an den Vater wendet, in der Hoffnung, von ihm das Ersehnte, einen Penis, zu bekommen. Damit vollzieht sie den Objektwechsel von der Mutter zum Vater, d. h. der Positive Ödipuskomplex ist eine Verschiebung der Mutterbindung auf den Vater. Die Tochter bleibt viel länger in der Vaterbeziehung als der Junge in der Beziehung zur Mutter, da sie keine Kastrationsdrohungen bewältigen muß. Sie entwickelt sich und allem Weiblichen gegenüber ein Gefühl der Minderwertigkeit. Weiter entsteht oft Eifersucht, Neid und Mißgunst wegen ihrer organischen Benachteiligung.
5. Der Wunsch nach dem Phallus verwandelt sich später in einen Wunsch nach einem Kind vom Vater, wodurch sich auch ein Wechsel der erogenen Zone vollziehen muß. Spätestens in der Pubertät müssen die Klitorissensationen und die Masturbation zugunsten der Besetzung der Vagina weitgehend aufgegeben werden. Die aktiven Strebungen verwandeln sich in passiv-reaktive. Durch diesen bei der Frau viel komplexeren Wandlungsprozeß neige die Frau häufiger zu Störungen ihrer Sexualität, z. B. zu Frigidität und Masochismus als der Mann.
6. Da die Tochter keine Kastrationsdrohungen und entsprechende Ängste zu befürchten hat, braucht sie die Gesetze der Eltern, z. B. das Inzestverbot weniger rigide zu internalisieren als der Junge. Da jedoch durch diese Internalisierungsprozesse das Überich errichtet wird, welches die Person relativ unabhängig von äußeren Ge- und Verboten macht, hat die Tochter ein weniger stabiles Überich und ist mehr von äußeren Begrenzungen abhängig als von inneren Normen.
7. Da dem Mädchen keine Entwicklung zur Autonomie abverlangt

wird, bleibt es zeitlebens in größeren Abhängigkeitsverhältnissen und entwickelt eine weitgehende Hemmung des aggressiv-expansiven Bereichs. Die Entwicklung reifer Weiblichkeit ist also mit der Ausbildung passiv-reaktiver Strebungen und größerer Abhängigkeit von Objekten (Mann, Kinder) verbunden.

8. Die Mutterschaft ist der Ersatz für eine unerreichbare Männlichkeit. Der Kinderwunsch dient hauptsächlich narzißtischer Befriedigung.

Kritische Bemerkungen

Nach dieser Theorie des „phallischen Monismus" wird Weiblichkeit als mangelnde Männlichkeit dargestellt, die sich im Vergleich mit der Männlichkeit auf dem Umweg über den Mann entwickelt. Eigene weibliche Symbolisierungen und eigene sexuelle Wünsche gibt es nicht. Weibliche und männliche Entwicklung wird hauptsächlich durch biologische Prozesse und deren psychische Verarbeitung gesteuert. Umwelteinflüsse, die Bedürfnisse von Vater und Mutter, Rollenvorstellungen der Gesellschaft, strukturelle Machtverhältnisse und Gewalt als Beeinflussung bleiben unberücksichtigt. Lample de Groot, Helene Deutsch, Ruth Mack Brunswick und Marie Bonaparte äußerten sich in weitgehender Übereinstimmung mit Freud, obwohl sie in manchen Details interessante neue Gedanken hinzugefügt haben.[6]

Die Londoner Opposition:
Das kleine Mädchen ist eine frustrierte Frau.

Schon relativ früh, 1923, meldet Karen Horney erste Zweifel an der Genese des Penisneids und an der Unkenntnis der Vagina in der frühen Kindheit an. Sie meint, daß nicht nur der Mangel des Organs, sondern auch verschiedene reale Benachteiligungen im Leben des Kindes zum Penisneid führen. Sie ist vielleicht die erste Feministin unter den Psychoanalytikerinnen, weil sie sich nicht nur um eine weibliche Sichtweise der weiblichen Entwicklung bemühte, sondern auch ein Bewußtsein vom übergewichti-

6 Einen genauere Darstellung der Theorien dieser Autorinnen ist nachzulesen bei Chasseguet-Smirgel, wie Fußnote 5.

gen männlichen Blick in unserer gesamten Kultur hatte, wenn sie 1926 schrieb:

> Wie alle Wissenschaften, wie alle Wertsetzungen war auch die Psychologie der Frau bisher nur vom Manne aus gesehen. Es liegt im Wesen dieser männlichen Vormachtstellung, daß die subjektiven Gefühlsbeziehungen des Mannes zur Frau objektive Gültigkeit erlangten. Tatsächlich war die Psychologie der Frau ein Niederschlag von Wünschen und Enttäuschungen des Mannes.[7]

Auch beschreibt sie in diesem Aufsatz schon eine wesentliche Ursache, weshalb die Psychoanalyse so lange Ausdruck eines männlichen Selbst- und Weltbildes bleiben konnte:

> Hierzu kommt ein weiteres, sehr verhängnisvolles Moment, daß die Frau sich den männlichen Wünschen anpaßte und ihre Anpassung als eigenes Wesen empfand d. h. sich selbst auch so sah oder sieht, wie der männliche Wille es von ihr verlangte; also sich unbewußt der Suggestion des männlichen Denkens fügte. Wenn man sich den Umfang klar macht, in dem unser ganzes Sein, Denken und Tun von diesen männlichen Normen durchsetzt ist, so wird klar, wie schwer es dem Einzelnen, auch der einzelnen Frau ist, sich von dieser Denkart wirklich frei zu machen.[8]

Es ist erstaunlich, wie „modern" Horney argumentiert bzw. ist es traurig, wie wenig wir seit 1926 in der Entwicklung dieser feministischen Denkrichtung bis heute weitergekommen sind. Auch heutigen Analytikerinnen, die sich einen weiblichen Blick aneignen, wird immer noch mit großer Skepsis begegnet[9], als ob es bezüglich Weiblichkeit immer noch eine Denkhemmung[10] gäbe, wie sie Odes Fliegel schon Freud bescheinigt hat[11].
Neben Karen Horney sind Melanie Klein und E. Jones die HauptvertreterInnen dieser oppositionellen Richtung, deren Ansichten ich, soweit sie wesentlich von der klassischen Theorie abwei-

7 Horney, K.: Die Psychologie der Frau. Frankfurt/M. 1984, S. 28.
8 Ebda S. 28.
9 Z. B. bei Heigl-Evers, A./Weidenhammer, B.: Der Körper als Bedeutungslandschaft. Stuttgart 1988; z. T. auch bei Chasseguet-Smirgel 1988, die sich in ihren neuesten Schriften wieder stark Freuds Theorie annähert.
10 Reinke, E.: Die Subjektivität der Forscherin und die Psychoanalyse der weiblichen Sexualität. In: Beiträge zur Sexualforschung, Nr. 63, 1987, S. 58–66.
11 Fliegel, Z. O.: Die Debatte über die weibliche Sexualität. In: Psyche, 29/9, 1975, S. 813–834.

chen, wie folgt zusammenfasse:

1. Es gibt ein ursprüngliches biologisches Prinzip der gegengeschlechtlichen Anziehung. Daraus folgt ein gewisses Bewußtsein von Primärer Weiblichkeit und Männlichkeit. Diese Weiblichkeit wird als rezeptiv und akquisitiv beschrieben. Es gibt primär libidinöse Wünsche nach dem Penis, also nicht danach, einen Penis zu besitzen, sondern ihn in sich aufzunehnen, je nach sexueller Organisationsstufe auf verschiedene Weise. Auf der oralen Stufe wolle das Mädchen den Penis verschlingen, auf der ödipalen wolle es ihn sich vaginal einverleiben.
2. Die Tochter besitzt zwei Geschlechtsorgane, die Klitoris und die Vagina, die sie beide als primär weiblich erlebt und die vom ersten Lebensjahr an bekannt sind. Sie kann die Erregung am einen oder anderen Organ unterdrücken oder verstärken, je nachdem, welche Ängste sie entwickelt. Auch der Penis ist dem Mädchen schon im ersten Lebensjahr bekannt.
3. Beide, Junge und Mädchen, erleben vor der phallischen Phase eine Weiblichkeitsphase, in der Junge und Mädchen Gewaltphantasien gegen den Körper der Mutter entwickeln, in welchem sie alle für sie lebenswichtigen Dinge wie Nahrung, Kinder, selbst den Penis vermuten. Aus dieser Phase gibt es für beide Geschlechter eine weibliche, relativ grausame Überichbildung, die aus dem Verbot besteht, den mütterlichen Körper zu zerstören.
4. Parallel zu dieser frühen Überichbildung, die sich aus Angst vor der Rache der Mutter vollzieht, verleugnen Junge wie Mädchen die Vagina, den Ort, den sie bei der Mutter zerstören wollten. Die Verleugnung befriedigt den Jungen, da er nun seinen Penis als konkurrenzloses Geschlechtsorgan feiern kann. Sie befriedigt auch die Tochter, da sie ihre Ängste vor inneren Verletzungen (wegen der Rache der Eltern) dämpfen kann.
5. Im zweiten Lebensjahr weiß das Mädchen, daß der Ort des Penis der Vater ist. Aus Unzufriedenheit mit der Mutterbrust wendet sich das Mädchen an den Vater, und die Mutter wird zur Rivalin, was den Haß auf sie verstärkt und den Beginn der ödipalen Phase bedeutet.
6. Die Angst der Tochter vor inneren Verletzungen begleitet sie durch die verschiedenen Phasen und löst jeweils verschiede-

ne Bewältigungsstrategien aus. In der phallischen Phase entwickelt sie Penisneid, wodurch sie die Wichtigkeit der Vagina verleugnet und die Aufmerksamkeit von einer möglichen inneren Verletzung auf eine leichter zu ertragende äußerlich sichtbare Kastration verschiebt. Der Peniswusch ist also z. T. libidinös, z. T. defensiv. In der ödipalen Phase fürchtet sie aufgrund ihrer Inzestwünsche Verletzungen durch den viel zu großen väterlichen Penis. Als Reaktion verleugnet sie wieder die Vagina und oft ihre ganze Weiblichkeit. Sie wird brav, lieb, angepaßt oder identifiziert sich mit dem Vater und verachtet das eigene Geschlecht.

7. Die phallische Phase, der Penisneid und die zeitweilige Flucht in die Männlichkeit ist Ergebnis der Bewältigung der Angst vor Rache der Eltern. Sie dienen dem Schutz des weiblichen Körpers und dem Schutz vor ursprünglichen Schuldgefühlen. Sie sind also eher neurotische Kompromißbildungen, die der weiteren analytischen Bearbeitung zugänglich sind. Die wesentliche Angst des Mädchens ist die, innerlich verletzt zu werden bzw. sterben zu müssen, die Angst des Jungen ist, sich mit seinen Inzestwünschen bei der Mutter wegen des viel zu kleinen Penis lächerlich zu machen.
8. Junge und Mädchen entwickeln ein weibliches und ein männliches Überich, das Identifizierungen aus allen Phasen (oral, anal, phallisch, ödipal) enthält. Da das Mädchen seine aufnehmende Tendenz aus der oralen Phase auch bis zur ödipalen Phase beibehält, wird das väterliche Introjekt nachhaltiger aufgenommen, weshalb das weibliche Überich strenger ist als das männliche.
9. Alle Phasen beginnen schon Ende des ersten Lebensjahres und gehen viel fießender ineinander über als von Freud angenommen und sind z. T. gleichzeitig vorhanden.
10. Eine Wechselwirkung zwischen psychischen und sozialen Faktoren wird von Karen Horney[12] berücksichtigt. Die tatsächlichen Benachteiligungen der Frau im sozialen Leben dürfen nicht nur als Rationalisierungen abgewertet werden. Sie nähren zeitlebens den Männlichkeitskomplex, da die Frau zeitle-

12 Vgl. Horney, 1926/1984.

bens einer gröberen oder feineren jedoch unausweichlichen Suggestion ihrer Inferiorität untersteht. Der Mann kann seine Minderwertigkeiten bezüglich Gebärneid besser verdrängen, da ihm mehr Sublimierungsmöglichkeiten offenstehen als der Frau. Deshalb gibt es ein geringeres Bewußtsein bezüglich des Gebärneids als bezüglich des Penisneids. Da dieser besser verdrängt ist als der Penisneid, ist er für den Mann bedrohlicher und stärker ausgeprägt als letzerer. Gebärneid wird zum Impuls männlicher kultureller Schaffenskraft.

Kritische Bemerkungen

Auch diese AutorInnen beschrieben weitgehend – mit einigen Ausnahmen bei Horney – eine vermutete Phantasiewelt des Kindes, ohne die Handlungen und Wünsche der Bezugspersonen und der Umgebung zu berücksichtigen. Sie waren also noch keine Objektbeziehungs-TheoretikerInnen. Gerade deshalb beeindruckte mich die so häufig beschriebene und nachhaltig betonte Angst des kleinen Mädchens vor inneren Verletzungen, die sie allerdings meist auf unbewußte Aggressions- oder Inzestwünsche des Kindes und nachfolgende Schuldgefühle zurückgeführt haben. Mit unserem heutigen Wissen um die Häufigkeit von frühkindlichem, sexuellem Mißbrauch geraten solche Beobachtungen in ein höchst aktuelles Licht. Es wäre durchaus denkbar, daß das kleine Mädchen aus konkretem traumatischem Anlaß eine Kenntnis seiner Vagina erhält und seine Weiblichkeit verleugnet, weil es sonst keine Möglichkeit sieht, diese grausige Realität zu verarbeiten. Möglicherweise bekamen die AutorInnen vermehrt ehemals sexuell mißbrauchte Patientinnen zu Gesicht, weil diese mit größerer Wahrscheinlichkeit neurotische Symptome entwickeln und daher im Erwachsenenalter wohl eher AnalytikerInnen aufsuchen als sexuell nicht mißbrauchte Frauen. Da die Autorinnen sich jedoch nicht soweit von Freuds männlichem Blick auf frühkindliche Entwicklung lösen konnten, daß sie den Mut besessen hätten, Freuds ursprüngliche und dann verworfene Verführungstheorie[13] wieder

13 Masson beschreibt, wie Freud von seiner ursprünglichen Überzeugung, daß der Hysterie sexuelle Mißbrauchserlebnisse zugrunde liegen, abkommt und statt dessen die Theorie vom Ödipuskomplex „erfindet". Vgl. Masson, J.: Was hat man dir du armes Kind getan. Hamburg 1984.

aufzunehmen, mußten sie sich andere Erklärungen für dieses offenbar häufig auftauchende Phänomen zusammenrationalisieren. Allerdings habe ich den Eindruck daß Karen Horney in manchen ihrer Äußerungen sehr in die Nähe der Verführungstheorie kam, wenn sie beschrieb, daß der väterliche Penis ja tatsächlich die kindliche Vagina zerstören könne. Weiter fällt auf, daß sie in guter Absicht, den phallischen Monismus und den Penisneid aufzulösen, der Frau ein Gefühl für eine „primäre Weiblichkeit" zugestanden. Dieses wird jedoch durch Postulierung einer biologischen-gegengeschlechtlichen Anziehung ausschließlich heterosexuell definiert, was entgegen Freuds Theorie eine erhebliche Einengung des Sexuellen und damit eine Pathologisierung aller anderen Formen der Sexualität bedeutet. Diese Abgrenzung gegenüber Freud ist ein Rückschritt im Bemühen, psychoanalytische Erklärungen für die verschiedenen Arrangements der Geschlechter zu finden. Sie kommt einer Kapitulation durch Rückgriff auf die Biologie gleich. Auch wird in dieser Schule die von Freud erkannte enorme Bedeutung der frühen Mutterbindung eher wieder verwischt. Sie ist nur noch sichtbar in einigen, zumeist grausamen, frühen Aspekten des Überichs. Ich verstehe nicht, weshalb ein Penis in der Phantasie oral befriedigender sein soll als die Mutterbrust, wenn, wie angenommen, das Kind ein frühes Verständnis von männlichen und weiblichen Körperteilen hat. Ich habe den Eindruck, daß spätere Erwachsenen-Phantasien auf die kindliche Entwicklung rückprojiziert und das patriarchale Rollenklischee von Weiblichkeit unreflektiert als angeborene Qualität (oral, rezeptiv, passiv) übernommen wurde.
Mit Beginn des Zweiten Weltkrieges ist diese vormals offenbar lebhaft geführte Debatte[14], die fast zum Bruch zwischen der Londoner und der Wiener Schule geführt hat, abgebrochen und offenbar weitgehend aus der analytischen Geschichtsschreibung verschwunden, ohne daß die strittigen Probleme gelöst wurden.

14 Vgl. Fliegel 1975.

Weiblichkeitskonstruktionen der Nachkriegszeit

Nach ca. 30 Jahren Schweigen tauchten in den 70er Jahren wieder Veröffentlichungen im deutschsprachigen Raum zum Thema der Weiblichkeit auf, die versuchten, an der erwähnten Weiblichkeitsdebatte anzuknüpfen[15] und sie mit neueren Erkenntnissen aus den Narzißmus- und Objektbeziehungstheorien anzureichern. Besonders Mitscherlich-Nielsen öffnete sich, allerdings eher zögerlich, der wachsenden, aus der feministischen Forschung stammenden Kritik an den herkömmlichen Weiblichkeitstheorien, allerdings ohne sich mit bestimmten Frauenforscherinnen genauer zu befassen.

In dieser neueren Weiblichkeitsdebatte kommen die vielfältigsten Vorstellungen zum Ausdruck. Es scheint, daß Weiblichkeit nun kein dunkler Kontinent mehr, sondern ein bunter geworden ist, auf dem nahezu alles möglich ist. Das Gefühl für die primäre Weiblichkeit wird einmal als biologisch determiniert mit heterosexueller Anziehungskraft geladen, (Schule um Melanie Klein) ein anderes Mal ist es biologisch determiniert, ohne eingebaute heterosexuelle Anziehung (Stoller, Chehrazi)[16], manche meinen, daß es dieses Gefühl nicht gibt. (Schule um Freud, z. B. Heigl-Evers/Weidenhammer)[17]. Ebenso vielfältig gestalten sich die meisten anderen Gebiete, wie z. B. die Ansichten über die Genese des Penisneids (Torok, Lerner, Fast, Gissrau)[18], die Vorstellun-

15 Vgl. Chasseguet-Smirgel 1964; Chasseguet-Smirgel, J.: Freud und die Weiblichkeit. In: wie Fußnote 3; Gillespie, W.: Freuds Ansichten über die weibliche Sexualität. In: Psyche 9, 29, 1975, S. 789–804; Mitscherlich-Nielsen, M.: Psychoanalyse und weibliche Sexualität. In: Psyche 9, 29, 1975, S. 769–788; dies.: Zur Psychoanalyse der Weiblichkeit. In: Psyche 8, 32, 1978, S. 669–694; Reinke-Köberer, E.: Zur heutigen Diskussion der weiblichen Sexualität in der psychoanalytischen Bewegung. In: Psyche, 8, 32, 1978, S. 695–731.

16 Stoller, R. J.: Primary Femininity. In: Blum, H. P.: Female Psychology, New York 1977; Chehrazi, S.: Zur Psychologie der Weiblichkeit. In: Psyche 4, 42, 1988, S. 307–327.

17 Vgl. Heigl-Evers/Weidenhammer 1988.

18 Torok, M.: Die Bedeutung des Penisneids bei der Frau. In: Chasseguet-Smirgel, J.: Psychoanalyse der weiblichen Sexualität. Frankfurt/M. 1974; Lerner, H.: Penis Envy: Alternatives in Conceptualication. In: Bull. Menn. Clin. 44, 1980, S. 39–48; Fast, J.: Development in Gender Identity: The Original Matrix. In: Int. Rev. Psychoanal. 5, 1978, S. 265–273; ders: Development in Gender Identity: Gender Differentiation in Girls. In: Int. J. Psy-

gen über das Vorhandensein oder Nicht-Vorhandensein einer phallischen und einer ödipalen Phase, bunteste Meinungen über den weiblichen Narzißmus (Grunberger)[19] und Masochismus (Mitscherlich-Nielsen)[20], die weibliche Überichbildung, die von kaum vorhanden bis zu übermäßig streng oder besonders flexibel (Kestenberg)[21] reichen.
Um mich in diesem chaotischen Gemisch von Weiblichkeitstheorien wenigstens grob zu orientieren, versuchte ich den analytischen Ideenreichtum in drei Hauptströmungen einzuteilen, die bei näherer Betrachtung doch einige Gemeinsamkeiten und charakteristische Unterschiede aufweisen. Ich nenne sie in Anlehnung an ihre Herkunft neukonservative klassische und neukonservative oppositionelle und feministische Theorien, was zugegebenermaßen ein recht oberflächliches Raster ist. Ich versuche nun, die wesentlichsten Gedanken jeder Richtung anhand der Theorie einiger weniger AutorInnen zu beleuchten, indem ich besonders die Aspekte aufgreife, in denen sie sich jeweils voneinander unterscheiden.

Neukonservative klassische Theorien

Daß ich genügend „Beweismaterial" finden würde, um die von mir vorgenommene Aufteilung vorzunehmen, erstaunte mich. Denn zunächst dachte ich, daß wir nun genügend Erkenntnisse gesammelt hätten, um die Ideen des phallischen Monismus endgültig als zeitbedingte Theorie beiseite legen zu können. Dem stimmten Heigl-Evers/Weidenhammer 1985 noch zu. Um so mehr überraschte mich, mit welcher Vehemenz sie sich in ihrem neuesten Buch[22] offenbar einer konservativen Kehrtwendung unterzogen, indem sie wieder den Wert des Phallischen für die Frau und die

choanal. 60, 1979, S. 443–453; Gissrau, B.: Wurzelsuche – Psychoanalytische Überlegungen zur lesbischen und heterosexuellen Identitätsbildung. In: beiträge zur feministischen theorie und praxis, 25/26, 1989, S. 133–146.

19 Grunberger, B.: Beiträge zur Untersuchung des Narzißmus in der weiblichen Sexualität. In: Chasseguet-Smirgel 1974.

20 Vgl. Mitscherlich-Nielsen 1978.

21 Kestenberg, J.: Der komplexe Charakter der weiblichen Identität. Betrachtungen zum Entwicklungsverlauf. In: Psyche 4, 42, 1988, S. 349–364.

22 Vgl. Heigl-Evers/Weidenhammer 1988.

Wichtigkeit von biologischen Prozessen hervorhoben, unabhängig von aller interaktioneller Erfahrung und entgegen allen Wissens um intersubjektive Prozesse, wie sie Säuglingsbeobachter (z. B. Stern)[23] beschrieben haben. Dieses „Phänomen" ist häufiger zu beobachten, z. B. beim Vergleich der früheren und späteren Arbeiten von Chasseguet-Smirgel (1975, 1988) und von Reinke-Köberer (1978, 1987), und es müßte danach gefragt werden, was diese Autorinnen hinderte, auf dem eingeschlagenen Weg fortzuschreiten, welche Konflikte und Ängste bewirkten, daß sie offenbar der von Chasseguet-Smirgel angeprangerten Denkhemmung bezüglich weiblicher Sexualität[24] selbst erlagen. In der Arbeit von 1985 verglichen Heigl-Evers und Weidenhammer Freuds Weiblichkeitstheorie mit unserem heutigen Wissen über Kinderbeobachtungen und den Erkenntissen der Objektbeziehungstheorie. Einer ihrer Hauptkritikpunkte war damals die Vorstellung von der Abhängigkeit der Frau, die das gesamte Freudsche Denken durchziehe. Deshalb würde auch in der analytischen Interaktion mit einer Patientin eher Abhängigkeit als Autonomie vorausgesetzt. In diesen Gedanken war ein Anflug von Methodenkritik zu erkennen, wie ihn feministische Forschung anstrebt. Weiter kritisierten sie die angenommene primäre Parallelität der geschlechtlichen Entwicklung bei Junge und Mädchen bis zur phallischen Phase als unvereinbar mit dem heutigen Wissen um frühkindliche Entwicklung. Den phallischen Monismus beschrieben sie in Übereinstimmung mit Horney und Schlesier[25] als psychosoziales Verleugnungsprodukt der Rolle und Bedeutung der weiblichen Genitalien. Die Bemühungen gingen heute dahin, der Frau eigene Entwicklungsdimensionen aufzuzeigen. Phallischer Monismus sei durchaus noch beobachtbar, allerdings als Symptom von besonders schweren neurotischen Störungen, z. B. bei der Magersucht. In welche Richtung solche „eigenen Entwicklungstendenzen" gehen könnten, wird recht vage und halbherzig beschrieben. Es wird z. B. der Wert des negativen Ödipuskomplexes herausgestrichen, der die Frau befähige, sich

23 Stern, D.: The Interpersonal World of the Infant. New York 1985.
24 Vgl. Chasseguet-Smirgel 1975.
25 Schlesier, R.: Konstruktionen der Weiblichkeit bei Sigmund Freud. Frankfurt/M. 1981.

später besser mit dem Begehren des Mannes zu identifizieren, und ihr ein Gefühl gebe, dem Manne etwas „verheißen" zu können, worüber er selbst nicht verfüge. Hat die „Identifizierung mit dem Mann" etwas mit „eigenen Entwicklungsdimensionen" zu tun? Merkwürdig empfand ich schon im damaligen Artikel, daß sie das Verharren von Frauen in jahrelangen Abhängigkeitsverhältnissen damit begründeten, daß diese Frauen frühzeitig von „phallischer Aktivität" ausgeschlossen werden, was eine enorme Entwicklungshemmung zur Autonomie darstelle. Was unter „phallischer Aktivität" zu verstehen ist, wird nicht erläutert. Dies vermittelte mir den Eindruck, daß die Autorinnen doch wieder der Theorie unterlagen, die sie eigentlich kritisieren wollten. Denn nach der Freudschen Theroie ist alle Aktivität männlich-phallisch definiert. Die Aktivität von Frauen hat keine eigene Symbolisierung.

Daß Weiblichkeit in unserer Gesellschaft ein Hemmungskonzept ist, mit dessen Normalität sie sich keineswegs abfinden wollten, wie Freud es seinerzeit vorschlug, vermochten sie aufzuzeigen, allerdings konnten sie die tieferliegenden Ursachen, die in kollektiven unbewußten Strebungen zur Aufrechterhaltung gegebener Machtverhältnisse liegen, nicht erkennen. Als „Ausweg" fiel ihnen leider nicht viel Neueres ein als der Wunsch nach mehr „Männlichkeit", nach der Errichtung eines „inneren Penis"[26], was mit der Suche nach „eigenen Entwicklungsdimensionen" nichts zu tun hat, sondern schon ihre Kehrtwendung hin zum altbewährten Phalluskonzept ankündigt.

So fiel mir als erstes in ihrem neuen Buch auf, daß sie zwei Drittel davon der „klassischen psychoanalytischen Darstellung des Weiblichen" und der „theoretischen Rückschau" gewidmet haben, als ob solches nicht schon genügend geleistet worden wäre (Chasseguet-Smirgel, Mitscherlich-Nielsen, Reinke-Köberer).

Am Beginn ihres Buches stehen Angriffe auf die feministischen Theorien von Chodorow, Dinnerstein, Gilligan, Olivier, Schlesier,[27] die allesamt – in unterschiedlichem Ausmaß – vom rationa-

26 Jacobson, E.: Wege der weiblichen Überichbildung. In: Int. Zeitschr. f. Psychoanalyse, 23, 1937, S. 402–412.

27 Chodorow, N.: Das Erbe der Mütter. München 1978; Dinnerstein, D.: Das Arrangement der Geschlechter. Stuttgart 1976; Gilligan, C.: Die andere

len Denken ausgingen und die Vielschichtigkeit unbewußter Prozesse unterschätzten. Also, was nicht ins alte Konzept paßt, wird als Rationalisierung (ab)gewertet, ein seit Freuds Zeiten sattsam bekanntes „Widerstandsverhalten" im Umgang mit neuen Ideen in der Psychoanalyse. Wenig ist darin zu finden über Gedanken, wie eine eigene weibliche Sexualität zu beschreiben wäre oder wie sich die kommunikationsbezogene Sexualität zwischen Mutter und Kind gestaltet. Im Gegenteil, nun wird wieder das altbekannte psychohydraulische und das phasenspezifische Triebbefriedigungsmodell aus der Mottenkiste geholt, das, mit ein paar neuen Aspekten angereichert, alle Formen von sexueller Triebbefriedigung erklären soll. Es ist erstaunlich bzw. eher peinlich, wie verdrängend sie mit aller bisherigen Kritik an diesen Modellen einschließlich ihrer eigenen umgehen.
In diesem neuen Buch kehren sie nun ganz bewußt wieder zum phallischen Monismus zurück, ohne auf ihre eigene Kritik von 1985 einzugehen bzw. zu begründen, warum sie diese nun revidieren. Schlesier z. B., die sie damals als Untermauerung ihrer Kritik heranzogen, gehört nun für sie zu den „Rationalistinnen". Offenbar scheint das frühkindliche Wissen oder Nichtwissen um die Vagina ein Drehpunkt in der Theoriebildung zu sein. In der klassischen konservativen Richtung ist sie bis zur Pubertät unbekannt. Konsequenterweise halten die Autorinnen sich nun wieder an diese Version, die sie mit merkwürdiger Vehemenz verteidigen. Selbst in einem hermetisch abgezirkelten Frauenkreis müßte der Anblick der Vulva dem Mädchen in der „phallischen Phase" Schrecken auslösen, behaupten sie nun.[28] Warum, wird nicht beschrieben, jedoch scheinen sie zu meinen, daß ein solches Mädchen beim Anblick des weiblichen Geschlechtsorgans nichts sehe, wenn sie behaupten, daß das phallische Mädchen kein „unmittelbares exhibitionistisches Artikulationsorgan" besitze. In welchem Organ sich die phallische weibliche Lust verorte, könne ein solcher Frauenkreis nicht beantworten. Ich meine, nur ein patriarchal organisierter Frauenkreis mit „hysterischer Blindheit" gegenüber dem weiblichen Geschlechtsorgan kann das nicht. Jeden-

Stimme. München 1985; Olivier, C.: Iokastes Kinder. Düsseldorf 1987; Vgl. Schlesier 1981.

28 Heigl-Evers/Weidenhammer 1988, S. 78.

falls scheinen sie diese Erklärung zu brauchen, um hernach feststellen zu können, daß im kindlichen Unbewußten jedes Menschen alleine der Phallus Symbol der sexuellen Lust sei. Sie lassen sich sogar zu der Behauptung hinreißen, daß der phallische Monismus eine Befreiung für das Mädchen sei, wenn sie erkenne, daß die Mutter keinen Penis habe. Dadurch könnten Mädchen eine Machtbegrenzung bei der Mutter erleben und zu dem neuen Machthaber, dem Vater, hinstreben. Eine Verleugnung des phallischen Monismus habe zur Folge, daß sich das Mädchen von der Mutter nicht trennen könne, wie es in der feministischen Literatur immer wieder propagiert würde.

Auflehnung, aggressive Auseinandersetzung, die etwas mit Trennung zu tun habe, sei hier nicht möglich, was jedoch eine Voraussetzung gleichberechtigter Beziehungsverhältnisse sei.

Es wird vom Status quo ausgegangen, in dem es offenbar in der Imagination zwar eine omnipotente, in der Realität jedoch eine passive, beziehungssüchtige Mutter gibt, unfähig zur Abgrenzung und zur Förderung von Autonomie bei der Tochter. Nicht hinterfragt wird, warum es der Mutter offenbar nicht möglich ist, eine gleichberechtigtere Mutter-Tochter-Beziehung zu gestalten, wie es kommt, daß im Unbewußten offenbar die „archaische Mutterimago“ konserviert wird, sich also nicht weiterentwickelt, und von der die Tochter erst durch Kontakt mit dem Vater „befreit“ werden kann. Damit gehen sie von einer unbewußten psychischen Organisation aus, wie sie sich in unserer patriarchalischen Gesellschaft herausgebildet hat, und stilisieren sie zum „gewachsenen Fels“, der nicht mehr hinterfragt werden kann. Indem sie patriarchale kulturelle Verhältnisse biologisieren, zementieren sie diese dadurch als schicksalbestimmend.

Unnötig zu erwähnen, daß nun auch der Penisneid wieder als direkter Wunsch, einen Penis zu besitzen, hervorgehoben wird, wobei die Theorien, die sie 1985 zu dessen Erklärung heranzogen, für sie nun Verleugnungen darstellen, mit der unheilvollen Konsequenz, daß daraus mystifizierte unauflösbare Mutter-Tochter-Beziehungen resultieren, in denen aggressives Konfliktmaterial verdrängt werden muß, was zu Skrupeln, Verlustangst und geringem Selbstvertrauen führe. Die Frau, die in ihrer Art, sich zu geben, das Phallische nicht zum Ausdruck bringe, bedrohe die

Phallizität des Mannes. Es darf also die Frau kein eigenes Begehren entwickeln, weil sich damit der Mann bedroht fühlen würde. Immer wieder ist spürbar, wie der Mann im Mittelunkt steht und die Frau ihre Entwicklung auf ihn hin ausrichten „muß", wodurch der von Feministinnen kritisierte Subjekt-Objekt-Status der Geschlechter in merkwürdigem „Wiederholungszwang" immer wieder neu erschaffen, anstatt analysiert wird. Fragen, wie es sich auf das Mädchen auswirkt, wenn offenbar niemand neidisch auf ihr Organ ist, wenn niemand sich danach sehnt, ihre weibliche Lebendigkeit zum Ausdruck zu bringen, kommen ihnen nicht in den Sinn.

Relativ unzusammenhängend listen sie viele Ergebnisse der heutigen direkten Kinderbeobachtung auf, wodurch sie sich immerhin dazu durchringen zuzugeben, daß es „naheliegend" sei, daß die Mutter von Geburt an durch ihre Erwartungen und ihr Fühlen und Denken eine besondere Form von „Weiblichkeit" vermittelt, das Mädchen also doch von Geburt an einen Hauch von Weiblichkeit spüren könnte. Sie gehen dann aber nicht auf die differenzierten Ausführungen von Chodorow, Dinnerstein, J. Benjamin[29] ein, sondern betonen als wesentliches auslösendes Moment im kindlichen Seelenleben den Doppelrollen-Konflikt der Mutter in Haushalt und Beruf. Dadurch sei die Tochter in ihrer Identifikation mit der Mutter einer unlösbaren Ambivalenz ausgesetzt, die sie durch Selbstentwertung und wütende Verachtung der Mutter überwinden wolle.

Zu weiterer Modifizierung ihrer Theorie durch die vermittelten Forschungsergebnisse sehen sie sich nicht veranlaßt. Sie meinen, daß es reiche, diese mit ihrer Theorie zusammen zu „vermitteln". Wenn diese Vermittlung so aussieht, wie in ihrem Buch beschrieben, nämlich daß die Forschungsergebnisse relativ zusammenhangslos nebeneinander aufgelistet werden, dann kann frau sich diese Arbeit sparen.

Die interessantesten, für mich neuen Gedanken liegen in ihrer Erörterung des Übergangs vom weiblichen zum männlichen Liebesobjekt. Zwischen dem Objektwechsel von der Mutter zum Vater hin liege eine Phase des Alleinseins, die mir erwähnenswert

29 Benjamin, J.: Die Fesseln der Liebe. Basel 1990.

erscheint. Nach den Autorinnen vollziehe sich der Übergang zum Vater langsam und mit Trauer um das verlorene Objekt und der Ungewißheit, ob ein neues Objekt jemals zu gewinnen ist und Befriedigung gewähren kann. Die Phase des Alleinseins könne regressiv oder progressiv bewältigt werden. Regressiv verstärke sie den Penisneid und führe zu einem Männlichkeitskomplex. Progressiv, also im Aushalten der Einsamkeit, gewinne die Tochter Selbständigkeit und Unabhängigkeit. Sie erfahre, wie sie sich in der Abgeschiedenheit doch mit belebten und unbelebten Objekten verbunden fühlen könne. Dies komme durch sublimierte orale Wünsche zustande. Aber heißt das nicht, daß die Tochter ihre Unabhängigkeit dadurch erlangt, daß sie die Erfahrungen aus der sehr frühen (oralen) Mutterbindung wiederbeleben und verallgemeinern kann, daß es gerade nicht darum geht, sich aus der Mutterbindung zu lösen, sondern diese Erfahrung zu transformieren? Denn woher sollte sie sonst ein Gefühl des Verbundenseins kennen? Hier eine kurze Zusammenfassung der wesentlichsten Aspekte dieser theoretischen Richtung:

1. Die Vagina ist als bedeutungsvolles Organ bis zur Pubertät nicht bekannt.
2. Die psychosexuelle Entwicklung ist weitgehend abhängig von biologisch-anatomischen Bedingungen, die deterministische Wirkung haben sollen. Einfluß der Erziehung und Umwelt wird vernachlässigt.
3. Vor der ödipalen liegt die phallische Phase, und nicht umgekehrt wie bei der Londoner Schule.
4. Die Bedeutung der Mutterbindung wird abgewertet. In der ödipalen Phase muß das Mädchen diese vollständig auflösen, um autonom zu werden.
5. Zwischen dem Objektwechsel von der Mutter zum Vater gibt es eine Phase des Alleinseins für das Mädchen; für den Jungen nicht, da dieser keinen Objektwechsel vollzieht.
6. Die Entwicklungsphasen sind relativ klar voneinander getrennt.

Kritische Schlußbemerkungen zu dieser Theorie

Insgesamt ist festzustellen, daß das Buch außer diesen zuletzt genannten Gedanken und einer Fülle von fleißig zusammengetragenen Forschungsergebnissen wenig Neues bringt. Allerdings ist das Phänomen selbst interessant und sollte Gegenstand der Analyse sein, also die Frage, warum es die Autorinnen für nötig hielten, ein solches Buch zu schreiben. Hier möchte ich nur ein paar Fragen dazu aufwerfen. Wie kommt es, daß diejenigen, die für eine klare Ablösung von der Mutter plädieren, sich so wenig von den Gedanken der einmal anerkannten Autorität lösen können? Ist es zu ängstigend, sich vom Vater allzuweit zu entfernen, und warum? Ist es vielleicht eine Folge der allzu rigiden Ablösung von der Mutter, zur Autorität des Vaters zu flüchten, um wenigstens ein Liebesobiekt zu haben, eine Situation, die die Autorinnen in unserer Gesellschaft weit verbreitet sehen. Jedenfalls macht eine allzu rigide Identifikation mit dem Vater vielleicht durchsetzungsfähig und äußerlich autonom. Was sie nicht zustande bringt, ist, sich vom Vater und der Welt der Männer zu unterscheiden, weibliches Erleben direkt zu beschreiben d. h. einen weiblichen Blick zu entwickeln, geistig autonom und kreativ zu sein.

Neukonservative oppositionelle Theorien

Repräsentative VertreterInnen dieser Richtung sind nach meiner Meinung Janine Chasseguet-Smirgel, Ellen Reinke und Bela Grunberger.[30] Bei den ersten beiden, deren Theorien ich hier etwas beleuchten möchte, konnte ich ähnliche Tendenzen der konservativen Rückentwicklung wie schon bei Heigl-Evers/Weidenhammer beschrieben, feststellen. Aspekte der weiblichen Entwicklung verwischen sich wieder mit der männlichen, differenziertere soziokulturelle und psychische Wechselwirkungen werden vernachlässigt zugunsten des bekannten Blicks auf die Ein-bis-drei-Personen-Beziehungen. Dies zeigt sich z. B. auch in der Sprache. In ihrer Arbeit 1964 unterscheidet Chasseguet-Smirgel immer zwischen Mädchen und Knaben. In ihrer neueren Arbeit: Die archaische Matrix des Ödipuskomplexes[31], beschreibt sie meist nur noch die Vorgänge beim „Kind“. Bei genauerem Hinsehen ist es dann das Kind, das seinen kleinen Penis dem des Va-

30 Vgl. Chasseguet-Smirgel 1964 u. 1988; Reinke 1987; Grunberger 1974.
31 Chasseguet-Smirgel: Die archaische Matrix des Ödipuskomplexes. In: wie Fußnote 3.

ters gleichstellen möchte.[32] Das Kind ist also ein Knabe. Dieselbe Ent-Differenzierung in der Sprache fällt auch in der neueren Arbeit von Ellen Reinke[33] auf, in der es im Wesentlichen um die Beschreibung einer Analyse mit einer ihrer Patientinnen geht. Auf der Metaebene kann sie offenbar die Geschehnisse zwischen den beiden Frauen nur mit männlichen Substantiven (Patient-Analytiker-Forscher) beschreiben. Ich frage mich, welche vermännlichenden Sozialisationsprozesse in der Autorin in den letzten fünf bis acht Jahren abgelaufen sein müssen. In dieser Zeit ließ sie sich zur analytischen Therapeutin ausbilden. Vorher hatte sie äußerst spannende, differenzierte und weiterbringende Ideen zur Psychoanalyse (1978, 1982). So beendete sie ihren neueren Artikel (1987) mit der Vorstellung, daß Frauen sich nur durch die „Phantastische Vernichtung" z. B. der Mutter individuieren könnten. Als Beispiel einer für sie offenbar emanzipierten Frau fällt ihr nur die Vatertochter Athene ein. Aber bekanntlich hat nicht Athene ihre Mutter vernichtet, sondern Zeus. Und Athene konnte nie eine Beziehung, weder zu einem Mann noch zu einer Frau, eingehen. Nun skizziere ich die wesentlichen Gedanken Chasseguet-Smirgels, die die Theorie Melanie Kleins von den Frühstadien des Ödipuskomplexes erweitert hat. Nach ihrer Meinung möchte das Kleinkind die Inhalte des Mutterleibs entleeren, nicht nur, um sich die Kinder, Nahrung, Penis usw. selbst anzueignen, sondern dahinter steckt noch ein tieferer Wunsch. Es ist der Wunsch nach einem völlig glatten, leeren Innenraum, zu dem „man"[34] freien Zugang hat. Dieser Raum ist der Mutterleib, in den man zurückkehren möchte, in dem es keine Hindernisse gibt, der einem für den freien Fluß der eigenen Energie zur Verfügung steht. Der leere Raum repräsentiert die ungehemmte Lust. Die Realität der Unterscheidung, des Denkens, der Gesetze der Geschlechts- und Generationsunterschiede repräsentieren die Hindernisse oder den Vater, den man zerstören will, um zu dieser ursprünglichen Lustquelle zu kommen. Dieser ursprüngliche Ort, der Mutterleib, bedeutet jedoch auch Auflösung, Tod, was angst macht und verhin-

32 Vgl. Chasseguet-Smirgel 1988, S. 108.
33 Vgl. Reinke 1987.
34 Sie differenziert nicht mehr – wie in ihren früheren Arbeiten – zwischen der Entwicklung des Mädchens und des Jungen.

dert werden muß, weshalb das Individuum in der lebenslangen Spannung zwischen Sehnsucht nach dem (tödlichen) Mutterleib bzw. dem Lustprinzip und der Akzeptanz der schützenden und hemmenden, jedoch damit Leben garantierenden väterlichen Einflüsse des Realitätsprinzips, das den Inzest verhindert, verharrt.

Die wesentlichen Schranken, die der Sehnsucht nach dem Mutterleib entgegenstehen, sind der Geschlechts- und der Generationsunterschied. Dies sind psycho-biologische, nicht veränderbare Schranken. Wer über sie hinweggeht, z. B. Perverse, zu denen sie Homosexuelle zählt, ermordet die Realität und zerstört das Überich. Sie hatten den Penis des Vaters, also die lebenspendende Hemmung nicht genügend internalisiert. Dadurch können gefährliche, unkontrollierbare aggressive Triebregungen freiwerden.

Junge und Mädchen haben eine primäre Kenntnis der weiblichen Geschlechtsorgane; ob sie auch eine gegengeschlechtliche Anziehung kennen, ist in dieser Theorie nicht erkennbar.

Beide erleben eine Phase primärer weiblicher Identifikation. Die extreme Hilflosigkeit, mit der jeder Mensch geboren wird, verursacht die Herausbildung eines übermächtigen Mutterbildes im Unbewußten aller Menschen. Da die archaische, omnipotent erscheinende Mutter nicht nur gewährend, sondern auch versagend oder verschlingend ist, versuchen Junge und Mädchen, nach der Phase der primären Weiblichkeit, dieser Mutter zu entkommen. Sie erleben sich ihr gegenüber zunächst beide als unvollständig. Wenn der Junge erkennt, daß er einen Penis, also ein Organ hat, das der Mutter fehlt, erkennt er, daß die Mutter nicht allmächtig ist, wodurch der Penis überbewertet und die Mutter und alle penislosen Wesen abgewertet werden. Das Mädchen hat es schwerer, da es keine sichtbare Unterscheidung zur Mutter erkennen kann. Es erkennt jedoch, daß Männer etwas haben, was die Mutter nicht hat, daß diese also die Macht der Mutter eingrenzen können, weshalb es beginnt, den Vater und seinen Penis zu idealisieren. Damit vollziehen beide Geschlechter einen Objektwechsel, die Idealisierung des Männlichen und eine Spaltung ihrer Gefühle, wobei die Mutter die negativen und der Vater die positiven Gefühle bekommt. Die Tochter projiziert alles Gute,

Nährende, Fördernde, das sie ursprünglich bei der Mutter erlebt hat, auf den Penis, den sie sich aneignen möchte. Der Penis wird also hauptsächlich angestrebt, um sich von der narzißtischen Wunde des hilflosen Säuglings zu befreien, um eine unabhängige Frau zu werden, wodurch er zum Symbol für Unabhängigkeit, Kreativität, Denken, Selbstverwirklichung, narzißtischer Vollkommenheit wird.
Durch die Wünsche, sich den väterlichen Penis einzuverleiben, entstehen spezifische weibliche Schuldgefühle, die zu Hindernissen für die Strebungen nach Autonomie und Selbstverwirklichung der Frau werden. Da für sie der Phallus das Symbol für Autonomie und Ganzheit schlechthin ist, geraten ihr alle weiblichen Wünsche nach Selbständigkeit, Ausbildung, Geld, Macht, Besitz, Wachstum, Entwicklung, ja sogar nach Kindern (als Beweis seiner, nicht ihrer Fruchtbarkeit) zu schuldhaften Einverleibungswünschen am Penis bzw. zu Zerstörungswünschen dem Mann gegenüber, aus Rache, da sie ja den Penis nicht bekommt. Sie muß diese aggressiven Tendenzen verdrängen, da sie das zweite Objekt „retten" muß, um sich wenigstens vom Mann geliebt zu fühlen, weshalb dieser übermäßig idealisiert wird.
Folgen der unbewußten Schuldgefühle könne z. B. eine Inversion zwischen Form und Inhalt sein, wobei die Frau, die ja den Mutterleib, oder den leeren Raum symbolisiert, sich als Opfer einer gefährlichen Umwelt (Meer, Sumpf) fühlt. Auch vorgeschobene aktive homosexuelle Triebregungen, übermäßige Besetzung der Klitoris und eine Unfähigkeit der Vagina, sich beim Orgasmus zusammenzuziehen, könnten Folgen sein. Wegen eines unbewußten Strafbedürfnisses dem Manne gegenüber akzeptieren Frauen patriarchale Hemmnisse und Abhängigkeiten. Daher würden Frauen kaum herausragende Originalwerke produzieren, sondern eher Mitläuferinnen eines Meisters werden. Aus Schuldgefühl würde die Frau sich selbst, ihre gesamte Person dem Mann masochistisch darbieten, als Ersatz für die Phantasie, den Penis rauben zu wollen, damit dieser ihrem Ich, ihrer Person das antun könne, was sie in ihrer Phantasie dem Penis bzw. ihm selbst angetan habe.
Das Überich der Frau beschreibt sie als eine Sammlung sich ständig wandelnder Regeln, die sie nach den Gesetzen ihres je-

weiligen Sexualpartners ausrichtet. Dahinter steht offenbar ein unumstößliches Gesetz, das lautet: Du sollst kein eigenes Gesetz haben, sondern nur das Gesetz des anderen. Aus den oben genannten Konflikten mit dem Mann ist sie mit der Rolle des Partialobjekts zufrieden.
Die soziokulturelle Umwelt gestaltet sich für die Autorin aus Projektionen der frühkindlichen Konflikte bzw. dessen Verarbeitung. Die Realität kann keinen korrigierenden Einfluß auf das unbewußte Modell nehmen, daher bleibt die Spaltung: guter Vater – böse Mutter im Unbewußten erhalten. Die Konstruktion des „phallischen Monismus", durch die Frauen in ihrer Entfaltung gehemmt bzw. zum Objektstatus gebracht werden, wird von beiden Geschlechtern akzeptiert, da sie die Abwehr der Angst vor der omnipotenten, archaischen, gefährlichen, verschlingenden Mutterimago darstellt.
Hier eine kurze Zusammenfassung der neukonservativen oppositionellen Theorie:

1. Tiefste Ursache frühkindlicher Konflikte ist die extreme Hilflosigkeit, mit der ein Kind zur Welt kommt.
2. Die extreme Abhängigkeit des Kindes vom ersten Bezugsobjekt, meist die Mutter, ist eine narzißtische Kränkung, die abgewehrt werden muß.
3. Beide Geschlechter wehren diese Kränkung durch Errichtung des phallischen Monismus und durch Objektwechsel und Idealisierung des Penis und des Mannes ab.
4. Der Frau ist von Anfang an ihr Geschlecht bekannt. Allerdings meinen beide Geschlechter, alle Menschen hätten das eigene Geschlecht. In der phallischen Phase wird der Geschlechtsunterschied entdeckt und die Vagina bei beiden Geschlechtern verleugnet.
5. In der ödipalen Phase müssen die Grenzen des Geschlechts- und Generationsunterschiedes erkannt und internalisiert werden. Daraus entstehen dann die Überich-Strukturen.
6. Gesellschaftliche Strukturen sind die Projektion oder die Verarbeitung infantiler Konflikte.

Kritische Bemerkungen

Das Konservative an dieser analytischen Denkrichtung ist, daß die Bewegung immer nur von innen nach außen geht. Umwelteinflüsse, die Handlungen der Eltern, gesellschaftliche Strukturen, in die unsere Kleinfamilien eingebettet sind, die daher einen unübersehbaren Einfluß auf die Erziehung, Lebens- und Weltsicht eines Individuums ausüben, bleiben merkwürdig blaß. Es sieht so aus, als ob Eltern, Geschwister, Lehrer keine eigenen Konflikte und Bedürfnisse hätten, das Kind nur mit unveränderbaren „Naturgesetzen", wie Geschlechts und Generationenkonflikt konfrontiert würde. Auch die bedrohliche Mutterimago ist nicht zu verändern, daher ist auch die nötige Spaltung und Abwertung des Weiblichen, die zur Bewältigung der „phallischen" Mutter und zum nötigen Objektwechsel führt, quasi naturgegeben. Der Status quo, der patriarchale Strukturen erzeugt, wird zwar beschrieben, jedoch als unveränderbar suggeriert, wodurch sie ihn zementiert. Ihr fällt nicht auf, daß sie die „mächtige" Mutter, das erste Objekt im Nachhinein durch das Adjektiv „phallisch" vermännlicht, wodurch sie wohl die Potenz der Mutter herausstreichen möchte. Aber im kindlichen Erleben war die Mutter die erste Mächtige, und phallisches Erleben ist das Sekundäre. So steckt in der Bezeichnung „phallische Mutter" eine merwürdige Verdrehung der Tatsachen. Insgesamt fielen mir im Werk von Chasseguet-Smirgel immer wieder solche Verdrehungen der Realität auf; wenn der lebenspendende Mutterleib zum Ort des Todes wird, Männlichkeit, von der für Frauen häufig aggressive Bedrohung und für Mädchen häufig sexueller Mißbrauch ausgeht[35], als Ort der Befreiung und des Lebens gefeiert wird, der Mann sogar zum Garant des Inzestverbots wird. Die Autorin meint offenbar allen Ernstes, daß nur das Kind Inzestwünsche an Vater und Mutter habe. Mir scheint, daß sie damit den Ängsten mancher Männer vor Frauen und dem Gebärneid aufgesessen ist, deren Phantasien sie zu Urbildern des Unbewußten aller Menschen machen will. So stellt sie

35 Wildwasser Wiesbaden: Sexueller Mißbrauch an Mädchen ist Gewalt. Wiesbaden 1989; Nach den Untersuchungen von Wildwasser Wiesbaden wurden 35% aller Mädchen in ihrer frühen Kindheit sexuell mißbraucht. Da die wenigsten Fälle bekannt werden, dürfte die Dunkelziffer um einiges höher liegen. Die Mißbraucher sind in 98% der Fälle Männer. Barbara Kavemann (S. 29–32) beschreibt die „alltägliche Gewalt" gegen Frauen als zur weiblichen Normalität gehörend.

– rührend naiv – ihrem neuen Buch: „Zwei Bäume im Garten“[36], eine Geschichte von Thomas Mann voran, die für mich ein klassisches Beispiel für männliches Wunschdenken ist. In ihr steht der weibliche Feigenbaum für Unbewußtheit, Schoßwärme, Mond und Tod, und der männliche Ölbaum für Leben, Sonne, Bewußtheit.

Auch in dieser Theorie wird nicht hinterfragt, wie es kommt, daß diese kindliche Spaltung, falls es sie in der dargestellten Vehemenz überhaupt gibt, im Erwachsenenalter offenbar aufrechterhalten wird, warum erwachsenen Frauen daher immer noch aus der Säuglingsperspektive begegnet wird, das Mutterbild sich offenbar nicht weiterentwickeln kann, als ob wir nie andere Erfahrungen mit der Mutter gemacht hätten. Weiter wird nicht danach gefragt, warum sich das Mädchen nicht auch mit einer starken Mutter identifizieren kann, die Stärke immer vom Vater erwartet wird, obwohl es doch die ursprüngliche Potenz bei der Mutter erlebt hat. Dazu schreibt sie nur, daß bei Fortsetzung der homoerotischen Beziehung kein Objektwechsel stattfinden könne. Dies könne zu Homosexualität führen, was für sie eine Perversion ist, deren unbewußte Struktur sie mit merkwürdigem Phatos als „Mord an der Realität“ beschreibt. Realitätsgerechter findet sie offenbar, sich masochistisch zum Werkzeug eines Mannes zu machen, was mit sich bringt, daß die Frau sich in dieser Gesellschaft nicht verselbständigen kann, ewiges „Partialobjekt“ des anderen Geschlechts bleibt. Damit erhebt sie die patriarchale Rollenverteilung in den Status des unveränderbaren, „gewachsenen Felses“ unserer unbewußten Strukturen, womit sie auch deren Verleugnungen, z. B. die Unsichtbarmachung von hervorragenden Werken von Frauen in Kunst und Wissenschaft nicht erkennen kann.

Erst eine Erweiterung des analytischen Blicks, der nicht bei unbewußten, infantilen Phantasien stehenbleibt, sondern danach fragt, aufgrund welcher gesellschaftlicher und individueller Bedingungen diese im Erwachsenenleben aufrechterhalten werden, wem eventuell deren Konservierung nützt, kann zu einer Bewußtmachung der Mechanismen patriarchaler Rollenverteilungen und

36 Vgl. Chasseguet-Smirgel 1988.

dann eventuell zu deren Änderung führen. Den Trieb-, Selbst- und Objektbeziehungstheorien mit ihrem nahezu ausschließlichen Blick auf das Kleinkind und seinen blassen Elternfiguren, die eher als leere Hüllen denn als handelnde Personen wirken, ist es bis jetzt nicht gelungen, zur Erhellung des Einflusses gesellschaftlicher Strukturen beizutragen. Diesen Mangel hat die feministische Psychoanalyse erkannt. Sie möchte mit den Mitteln der Psychoanalyse die soziokulturellen Bedingungen, die das für die Frauen unbefriedigende Geschlechterverhältnis in unserer Gesellschaft aufrechterhalten, mit in die Analyse einbeziehen.

Aspekte der feministischen Psychoanalyse

Feministische Psychoanalyse ist ein neues Gebiet innerhalb der Frauenforschung, die sich selbst als ein noch recht junger Zweig der Wissenschaft darstellt. Als ein Kind der Frauenbewegung beginnt sich feministische Wissenschaft oder Frauenforschung in Deutschland seit ca. zehn, in den USA seit ca. zwanzig Jahren in verschiedenen Disziplinen, oft unter heftigem Widerstand männlicher und weiblicher Kollegen, zu etablieren. Der Widerstand ist verständlich, denn die zentrale Hypothese feministischer Forschung tendiert dazu, der Menschheit gleichzeitig einen revolutionären Bewußtseinssprung als auch eine weitere narzißtische Kränkung abzuverlangen. Mario Erdheim betont, daß Wissenschaft im Dienst des menschlichen Narzißmus und der Allmacht stehe und verweist auf die drei schon von Freud beschriebenen schweren Kränkungen, die der menschlichen Eigenliebe bis jetzt von der Wissenschaft zugefügt wurden.[37] Kopernikus erschütterte den Glauben, daß die Erde im Zentrum des Weltalls stehe, Darwin belegte die Verwandtschaft des Menschen mit dem Tierreich, Freud zeigte, daß das Ich nicht Herr im eigenen Hause sei. Der weibliche Blick in der Wissenschaft könnte zeigen, daß unser Denken nicht nur vom individuellen, sondern auch vom gesellschaftlichen, geschlechtsbezogenen Unbewußten abhängig ist, daß es also kein geschlechtsneutrales Denken und Erkennen gibt. Der traditionelle Wissenschaftsbetrieb hat bisher nur zöger-

37 Erdheim, M.: Die Psychoanalyse und das Unbewußte in der Kultur. Frankfurt/M. 1988.

lich die Gedanken der Frauenforschung zur Kenntnis genommen. Die für das männliche Selbstbewußtsein wohl schmerzhafte Erkenntnis, daß bis jetzt vorhandenes menschliches Wissen eventuell nur männliches Wissen ist, daß Forscher über ihr Geschlecht hinaus eventuell nichts Allgemeingültiges finden können, kann jedoch, falls die Menschheit diese Erkenntisse annimmt, auch eine ungeheure Erweiterung unseres Blickfelds, eine Verdoppelung unseres bisherigen, eindimensionalen Wissens bringen. Der männlichen Sichtweise könnte die weibliche zur Seite gestellt werden. Und ich meine, die Möglichkeit, einen solchen Wissenszuwachs zu gewinnen, ist das Abenteuer der feministischen Wissenschaft wert. Die Ergebnisse feministischer Forschung, die bereits in manchen Wissensgebieten gefunden wurden[38], scheinen die feministische Hypothese der Bedeutung des Geschlechts als zentraler Organisator menschlichen Erkennens zu bestätigen. In Zukunft könnte es dann die weibliche Sicht und die männliche Sicht in der Wissenschaft geben, was an sich schon ein spannender Prozeß wäre. Dazu käme noch die Erforschung der möglichen Kontakte und Interaktionen, die diese beiden Sichtweisen miteinander eingehen, wodurch vielleicht noch eine dritte Dimension unseres Wissens entstehen wird.
In der feministischen Psychoanalyse versuchen wir, den Einfluß des Geschlechts, der Geschlechtsrolle, des Geschlechterarrangements und der strukturellen Gewaltverhältnisse auf unbewußte Prozesse herauszufinden. Feministische Psychoanalyse ist also keine neue, andere Form der Psychoanalyse, sondern eine Erweiterung der bisherigen analytischen Theorien. Die Wirkung dieser Fragestellungen auf die Erkenntnisgewinnung können wir heute erst erahnen. Reinke-Köberer formulierte in ihrem früheren Artikel 1978, daß damit für die Psychoanalyse eine Veränderung

38 Als Beispiele seien Arbeiten genannt: in den Naturwissenschaften von: Fox-Keller, E.: Liebe, Macht und Erkenntnis. München 1986; in der Psychologie von: Gilligan 1982, Chodorow 1978, Rommelspacher, B.: Weibliche Beziehungsmuster. Frankfurt/M. 1987; in der Soziologie von: Bekker-Schmidt, R./Knapp, G.: Geschlechtertrennung-Geschlechterdifferenz. Bonn 1987. Laufner, O.: Unsere Räume-Spiegel unseres Selbst. Stuttgart 1982; in der Architketur; Harding, S.: Feministische Wissenschaftstheorie. Hamburg 1990.

bevorstehe, wie sie für die Physik infolge der Formulierung der Quantentheorie bewältigt werden müsse.
Feministische Psychoanalyse ist in Deutschland gerade erst im Entstehen. In der amerikanischen Literatur entdeckte ich 1984 den ersten Artikel, in dem dieser Begriff genannt wurde.[39] In Deutschland hielt 1989 Rhode-Dachser auf dem Jahreskongreß der Dachorganisation der AnalytikerInnen ihren Vortrag mit dem Titel: „Brauchen wir eine feministische Psychoanalyse". Jedoch auch die Beiträge von Chodorow, Dinnerstein, Olivier, Jessica Benjamin, M. Mitscherlich und Gambaroff[40] können im weiteren Sinn zur feministischen Psychoanalyse gezählt werden. Es geht also beim weiblichen Blick in der Psychoanalyse nicht nur darum, eine weibliche Entwicklungstheorie direkt, aus der weiblichen Sicht zu beschreiben, womit zwangsläufig auch die männliche Entwicklung aus weiblicher Sicht einer Korrektur unterzogen werden wird, sondern es geht auch um die Prüfung der analytischen Methode selbst, wieweit sie männliche Wünsche und männliche Erkenntnisvorstellungen spiegelt und was eventuell aus weiblicher Sicht korrigiert, weggelassen oder hinzugefügt werden muß. Auch die Neurosenlehre wird aus weiblicher Sicht neu zu bearbeiten sein.
Feministische Psychoanalyse muß auch interdisziplinär gestaltet sein, um manche Abwehrstrukturen oder Symptome in ihrer ganzen Tragweite erkennen zu können. Denn viele weibliche Konflikte sind Kompromißbildungen in einer patriarchalen Gesellschaft. Wer die Ursachen solcher Konflikte alleine in die Kindheit verbannt und die erhaltenden gegenwärtigen soziokulturellen Einflüsse nicht mit berücksichtigt, suggeriert vielleicht ein Versagen am falschen Ort.
Bezüglich der Methode gibt es schon einige Untersuchungen, die sich mit Fragen des Einflusses des Geschlechts auf Übertragungs-, Gegenübertragungs- und Widerstandsprozesse beziehen. Klöß-Rotmann fordert in ihrer Dissertation, daß der Einfluß des Geschlechts sowohl auf der Ebene der Übertragungen als auch auf der Ebene des Arbeitsbündnisses und der realen Beziehung untersucht werden müsse.[41] Sie fand, daß männliche und

39 Schwartz, A. E.: Psychoanalysis and Women. A Rapprochement. In: Women & Therapy, Vol. 3 (1) 3–12, 1984.
40 Vgl. Chodorow 1978; Dinnerstein 1976; Olivier 1980; Benjamin 1990; Mitscherlich 1975, 1978.

weibliche Therapeuten unterschiedliche Sprachstile haben, woraus zu schließen ist, daß die Wirkungen von Deutungsprozessen geschlechtstypisch unterschiedlich verlaufen. Um nur ein Beispiel herauszugreifen: Auf der Gegenübertragungsebene, im emotionalen Bereich fand sie, daß Analytiker mehr die konflikthaften, Analytikerinnen mehr die harmonischen Emotionen hervorheben. Männer benützen z. B. mehr die Worte: Haß, Wut, schrecklich, schlimm, böse, während Frauen mehr die Worte: Zuneigung, Sehnsucht, Geborgenheit, lieb, gut, zuversichtlich, symphatisch benutzt haben.
Rohde-Dachser[42] und Helga Gürtler[43] machten sich Gedanken über die spezifischen Schwierigkeiten der Frauen mit der Berufsrolle der Analytikerin. Sie meinen, daß darin Männer ihre Geschlechtsrolle um sogenannte weibliche Merkmale erweitern können, Frauen müßten dagegen bestimmte weibliche Seiten reduzieren. Die Berufsrolle würde ihnen also keine Erweiterung, sondern eher eine amputierte Weiblichkeit abverlangen. Helga Gürtler verglich Therapeutinnenverhalten von unterschiedlichen Therapierichtungen und fand, daß analytische Therapeutinnen sich am zwanghaftesten und am wenigsten spontan und natürlich verhielten. Es scheint also , daß die Prinzipien der analytischen Berufsrolle, wie sie sich heute entwickelt haben, und in jedem Lehrbuch verlangt werden, nicht geschlechtsneutral sind, sondern eher dem männlichen Sozialcharakter entsprechen. Ich denke da an die extreme Körperfeindlichkeit der Psychonalyse. In meiner Arbeit über die Dynamik in einer Frauengruppe[44] habe ich zu zeigen versucht, daß manche von Foulkes aufgestellten Regeln für

41 Klöß-Rotmann, L.: Geschlechtstypische Sprachmerkmale von Psychoanalytikern. Ulm 1987.
42 Rhode-Dachser C.: Frauen als Psychotherapeuten – Das Janusgesicht der Emanzipation im Helfer-Milieu. In: Frühmann, R.: Frauen und Therapie. Paderborn 1985.
43 Gürtler, H.: Arbeiten Therapeutinnen anders? Der Einfluß des Geschlechts auf das therapeutische Verhalten. In: Rommelspacher, B.: Weibliche Beziehungsmuster. Frankfurt/M. 1987.
44 Gissrau, B.: Weibliche Spiegelungen. Zur besonderen Dynamik von therapeutischen Frauengruppen. In: Gruppendynamik, 20, 4, S. 389–405 Foulkes, S. H.: Praxis der gruppenanalytischen Psychotherapie. Frankfurt/M. 1986.

eine analytische Gruppe bei Frauen eher kontraindiziert sind, z. B. die Forderung, außerhalb der Gruppe keinerlei Kontakte zu haben, Flaake[45] fordert daher die Entwicklung und Akzeptanz eines weiblichen Stils in der Psychoanalyse, der den Bedürfnissen des weiblichen Sozialcharakters nach mehr emotionaler Beteiligung, mehr Spontaneität gerecht wird. Bezüglich der Neurosenlehre gibt es spannende Ansätze, z. B. über neue Erklärungsmuster der Hysterie.[46] Die Psychologinnengruppe München[47] definierte viele spezifisch weiblichen Symtpome auf neue Weise, indem sie sie als Bewältigungsstrategien konflikthafter Widersprüche zwischen eigenen Wünschen und Geschlechtsrollenforderungen sehen. Die am weitesten verbreitete weibliche Strategie nennen sie die „abgeleitete Identität", die Unselbständigkeit, Verzicht auf eigenes Handeln, auf eigene Ziele, Ausrichtung auf den Mann und Akzeptanz einer männlichen Werthierarchie bedeutet und schon dadurch zu neurotischen Störungen führen kann. Auch die „Wiederentdeckung" des frühkindlichen sexuellen Mißbrauchs in seinem ganzen Ausmaß wird die Genese mancher Krankheiten erheblich verändern.

Am intensivsten hat sich die feministische Psychoanalyse bis jetzt mit Themen der weiblichen und männlichen psychosexuellen Entwicklung befaßt. Auf diesem Gebiet gibt es schon differenzierte Analysen, z. B. von Chodorow, Dinnerstein, Olivier, und Jessica Benjamin, deren Erkenntisse schon in manchen Lehrbüchern der Psychoanalyse als fester Bestand eingegangen sind. [48]

Am interessantesten fand ich die Analyse von Jessica Benjamin, in der die Erkenntnisse früherer Analysen schon mitverarbeitet sind. Aus ihren neuesten Buch[49] stelle ich nun die mir am wichtigsten erscheinenden Gedanken zusammen:

Nach Jessica Benjamin kann der geschärfte feministische Blick

45 Flaake, K.: Geschlechtsneutralität als Mythos. In: Gruppenpsychotherapie und Gruppendynamik, Bd. 25, 2, S. 99–109.

46 Braun, Chr. v.: Nicht ich. Ich nicht. Frankfurt/M. 1985; Hoppe, B.: Der Gang durch die Selbstlosigkeit. Berlin 1982.

47 Psychologinnengruppe München: Spezifische Probleme von Frauen und ein Selbsthilfe-Ansatz. In: Keupp/Zaumseil: Die gesellschaftliche Organisierung psychischen Leidens. Frankfurt/M. 1978.

48 Vgl. z. B. Kutter: Moderne Psychoanalyse, 1989.

49 Vgl. Benjamin 1990.

die Fundamente analytischen Denkens freilegen. Diese haben mit einer bestimmten Form des Geschlechterverhältnisses zu tun, das von Herrschafts- und Unterwerfungsstrukturen geprägt ist. Nach diesem Grundmuster, das sie sehr komplex in ihrem Buch darstellt, sind sowohl individuelle Beziehungen als auch gesellschaftliche Prozesse und eben auch das klassische analytische Theoriegebäude geprägt.
Sie geht von der Urhorden-Phantasie Freuds aus, die den Anfang unserer Kultur gebildet haben sollen, in der es hauptsächlich um Machtkämpfe zwischen Vater und Söhnen ging, zwischen Männern, die sich gegenseitig als Subjekte anerkannten. Die Frau spielt darin keine Rolle, außer als begehrte Ware, Siegespreis, als Beute der Männer, willenlos, stumm, passiv. Wir wissen heute, daß diese Phantasie auf keinerlei historischen Grundlagen beruht, daß sie etwas mit dem Patriarchat zu tun hat, einer in der Geschichte relativ späten Einrichtung, die wahrscheinlich eher Folge einer ganz anderen, früheren Auseinandersetzung war, nämlich jener zwischen Frau und Mann. Trotzdem, und das ist das Erstaunliche, durchzieht die ganze Geschichte des Abendlandes bis heute dieses Polaritätsdenken, in dem der Mann sich als Subjekt, die Frau als sein von ihm definierter Gegensatz und seine Ergänzung setzt, wobei sie in unserer Tradition Natur gegenüber seiner Vernunft, Immanenz gegenüber seiner Transzendenz, ursprüngliches Einssein gegenüber seiner individuierten Abgelöstheit, darstellen soll. Die Inhalte wechseln von Kultur zu Kultur und in der Geschichte, aber überall scheint es ein ähnliches Muster zu geben, nämlich daß der Mann die Welt und die Frau nach seinen Bedürfnissen definiert, die er dann für allgemein menschlich hält, und nicht umgekehrt.
Die meisten Eigenschaften, die in den meisten gegenwärtigen Kulturen jeweils auf Mann und Frau verteilt auftreten, lassen sich unter die Oberbegriffe Abhängigkeit und Autonomie einreihen, wonach Autonomie eher vom Mann und Abhängigkeit eher von der Frau vertreten wird. Und auch die traditionelle Psychoanalyse habe diese Geschlechterstruktur bis jetzt nicht hinterfragt. Die Frau ist die, die bestenfalls geliebt werden will, auf die sich also die Aktivität des Mannes richtet. Die wesentlichen Auseinandersetzungen verlaufen auch heute noch nicht zwischen Frau und

Mann, sondern zwischen Mann und Mann. Jessica Benjamin möchte herausfinden, aufgrund welcher Dynamik und Struktur diese Subjekt-Objekt-Spaltung sich so zählebig in unserer Gesellschaft behauptet, obwohl wir uns doch formal zur Gleichheit bekennen. Es geht ihr dabei nicht darum, Partei zu ergreifen, Weiblichkeit aufzuwerten, sondern die dualistische Struktur selbst in den Blick zu bekommen.

Grundlage ihrer Erkenntnisse sind die neueren Ergebnisse der Säuglingsforschung[50], die gezeigt haben, daß beim Kleinkind von Anfang an Phasen der Zurückgezogenheit (Autonomie) mit Phasen der aktiven Zuwendung zur Umwelt (Bindung) abwechseln. Man weiß heute, daß schon das Neugeborene die Stimme, den Geruch, den Anblick der Mutter von anderen unterscheiden kann, daß es von Geburt an den äußeren Reizfluß in gewissem Maße steuert, z. B. durch Kopfabwenden, Lächeln, Augenschlienen. Dies stellt die These von der anfänglichen autistischen und symbiotischen Phase des Kindes[51] in Frage. Jessica Benjamin entwirft nun aufgrund dieser Erkenntnisse eine Theorie der Intersubjektivität. Sie behauptet, daß es von Geburt an trotz der großen Unterschiedlichkeit zwischen Mutter und Kind eine gegenseitige Anerkennung geben kann. Sie beschreibt das aktive Neugeborene, das nicht nur als Anhängsel der Mutter gilt. Z. B. saugt das Kind nicht nur an der Mutterbrust, sondern schaut die Mutter dabei sehr aufmerksam an, und auch die Mutter sieht ihr Baby wohl mit den verschiedensten Impulsen, Wünschen und Gefühlen an. Es ist, als ob die Mutter sagen würde, ja, ich anerkenne dich als eine gleichzeitig mir vertraute und fremde unabhängige Existenz. Mit gegenseitiger Anerkennung meint Benjamin, daß sich zwei Subjekte begegnen, die sich in ihrer Ähnlichkeit und ihrer Unterschiedlichkeit wahrnehmen und lassen können. Dabei wird eine gewisse lebendige Spannung, ein labiles Gleichgewicht geschaffen, in dem nicht alles berechenbar, in dem Platz für das Unvorhergesehene vorhanden ist. Und sie meint, daß wir von Geburt an in dieser Spannung leben zwischen Anderssein und Zusammensein, zwischen unseren Wünschen, unabhängig zu sein und

50 Vgl. Stern 1985.
51 Mahler, M.: Die psychische Geburt des Menschen. Frankfurt/M. 1985.

es nicht zu sein. Sie beschreibt dies als Paradox, das es auszuhalten gilt. Ein Kind steht auf, probiert wegzugehen und schaut zurück, wie die Mutter darauf reagiert. Um Selbstbehauptung zu empfinden, braucht es die Anerkennung einer anderen, wodurch das Subjekt jedoch auch seine Abhängigkeit von dieser anderen anerkennt und damit die eigenen Allmachtwünsche begrenzt. Damit wird die Anerkennung zu einer gegenseitigen, mit der wir unsere Allmacht- und Abhängigkeitswünsche regulieren. Damit dieses Hin- und Herfließen der Anerkennung klappt, müssen beide sich als z. T. unabhängige, jedoch auch vertraute und abhängige Subjekte erkennen können. D. h., auch die Mutter muß sich als selbständige Person erweisen, mit eigenen Interessen und einem Mittelpunkt, der außerhalb der Mutter-Kind-Beziehung liegt. Benjamin bestreitet nicht die Objektbeziehungstheorie, sie will sie ergänzen, indem sie darauf hinweist, daß die Entwicklung der gegenseitigen Anerkennung mindestens genauso wichtig ist wie die Entwicklung der Ablösung. Es gehe nicht alleine darum, sich aus einer symbiotischen Einheit wie in einer linearen Bewegung herauszulösen, sondern um die Frage: Wie entwickelt sich das Individuum in und durch Beziehungen zu anderen Subjekten?
Gegenseitige Anerkennung beschreibt sie als Mittel zur Differenzierung. Sie sei wie die Sonne, die im Hintergrund strahlt und alle Handlungen begleitet. Die Gegenseitigkeit bedeutet, daß Hintergrund und vordergründig handelndes Subjekt von Minute zu Minute wechseln könne, ähnlich dem Bild der Vögel von Escher, die gleichzeitig in zwei Richtungen fliegen. Die Theorie der Intersubjektivität fordere eine neue Logik, die Logik der ausgehaltenen Spannung zwischen scheinbar antagonistischen Kräften. Und sie meint, daß wir so lange diese Reziprozität in guten Beziehungen nicht wahrnehmen konnten, weil es uns schwer fällt, simultan, d. h. gleichzeitig in zwei Richtungen zu schauen, wir in unserem Denken eher linear ausgerichtet sind. Jedoch hält sie diese Spannung der gegenseitigen Anerkennung, in der das Überraschende, Unkontrollierbare einen Platz hat, für die Vorbedingung von Freiheit. Anders herum meint sie, wenn diese Spannung zusammenfällt, entstehe Herrschaft und Kontrolle.
Dieses Gleichgewicht ist vielen Gefahren ausgesetzt. In die Wiederannäherungsphase[52] fallen die frühesten und die meisten Zu-

sammenbrüche dieser Spannung. Wenn z. B. das Kind sich abwendet, weil die Reize im Moment überfordern und die Mutter mit ihren Aktivitäten nicht nachläßt, weil es diese Abwendung vielleicht als zu kränkend erlebt, dann muß sich das Kind noch deutlicher wehren, die Mutter reagiert vielleicht noch aggressiver, und was dann entstehen kann, ist ein Machtkampf, der mit einer Siegerin und einem Besiegten ausgehen kann, womit das Gleichgewicht auseinandergebrochen ist. Wiederholen sich ähnliche Erfahrungen, entsteht ein Kreislauf negativer Anerkennung, in dem beide sich gegenseitig kontrollieren, nie wirklich lassen, auch nie vertrauensvoll zusammensein können, also aneinander kleben, ohne wirklich zusammen oder getrennt zu sein.
Das Gleichgewicht kann auseinanderbrechen, so daß die eine Person sich fortan als mächtig, aber ohne annehmbares Gegenüber alleine erlebt, die andere sich als ohnmächtig empfindet und ständig auf der Suche ist nach einer mächtigen Person, die sie anerkennt, und beide jeweils die gegenteiligen Bedürfnisse unterdrücken und auf die andere projizieren. So entsteht aus einer spannenden, lebendigen Intersubjektivität eine komplementäre, stabile, unlebendige Subjekt-Objekt-Beziehung.
Jessica Benjamin meint, daß die Erfahrung des Zusammenbruchs dieses intersubjektiven Gleichgewichts Quelle aller Herrschaftsstrukturen und auch unseres Geschlechterarragements ist, wobei auf Frauen die Abhängigkeitswünsche und auf Männer die Autonomiewünsche jeweils beider Geschlechter verteilt wurden. Für sie ist also unsere Geschlechterpolarität mit den entsprechenden Geschlechtsrollen bzw. der geschlechtlichen Identität nicht der „gewachsene Fels“, sondern Ergebnis eines Auseinanderfallens von intersubjektiven Beziehungen in starre, offenbar leichter zu bewerkstelligende Subjekt-Objekt-Beziehungen mit einer Aufspaltung der scheinbar antagonistischen Kräfte von Abhängigkeit und Unabhängigkeit. Dadurch werden letztlich beide Geschlechter zu Teilobjekten, die Angst voreinander haben, sich kontrollieren müssen, damit das jeweils auf die andere Person Projizierte nicht aus der eigenen Verdrängung wieder hervorbricht. Jessica Benjamin verfolgt dann die verschiedenen Einflüs-

52 Ebda.

se, die dazu führten, daß es zu einem solch kollektiven Auseinanderbrechen des Gleichgewichts kommen konnte. Es ist ja ein Auseinanderbrechen einer Spannung gleichzeitig auf der intrapsychischen und der Beziehungsebene. Weiter erörtert sie, warum die antagonistischen Kräfte nach dem Zusammenbruch sich gerade entlang der Geschlechter und gerade auf die genannte Weise verteilt haben. Auch beschreibt sie die Prozesse, die dafür verantwortlich sind, daß diese Spaltung sich in unserer Gesellschaft immer weiter fortsetzt.
Ich kann diese komplexen Gedankengänge nicht im einzelnen darlegen. Ich möchte nur kurz die Hauptgründe für die Fortsetzung dieser Spaltung in unserer Gesellschaft erwähnen. Einen wesentlichen Grund sieht sie in unserer gegenwärtigen Arbeitsteilung zwischen den Geschlechtern, wo die erste Bezugsperson in der Regel eine Frau, meist die Mutter ist, die Kinder also anfangs wenig alternative Bezugspersonen haben. Einen weiteren Grund sieht sie beim Entdecken des Geschlechtsunterschieds des Jungen. Anfangs sind Mädchen und Jungen mit der Mutter identifiziert. Dann erkennt der Junge, daß er nie wie die Mutter sein wird. Dies führt zu einem Bruch an Identifikation, der dem Mädchen erspart bleibt. Auch die Umwelt bestärkt eher den Bruch, denn bei weiteren weiblichen Identifizierungswünschen erntet er eher Lächerlichkeit. Mit diesem Desidentifizierungsprozeß muß er den Menschen, an den er sich am meisten gebunden fühlt, also die Mutter, aus seinem Selbst hinaustransportieren. Er darf sie nie mehr identifikatorisch, sondern nur als äußeres Objekt lieben. Dieser Prozeß ist so schmerzhaft, daß er meist nur durch Zusammenbruch des intersubjektiven Gleichgewichts, mit Abwertung von allem, was ihn an Weiblichkeit erinnert, bewältigt wird. Der Zusammenbruch und die nachfolgende Subjekt-Objekt-Spaltung mit der genannten Bedürfnisverteilung ist eine Abwehrformation, hauptsächlich des Jungen, die durch den Vater und die gesamte Gesellschaft aufrechterhalten wird. Wenn die Abwehr massiv erhalten werden muß, kann sich auch das frühe Mutterbild in ihm nicht weiterentwickeln, d. h. im Unbewußten bleibt die „archaische Mutterimago“ erhalten, mit der Tendenz, sie auf alle Frauen zu projizieren mit den bekannten Konsequenzen.
Die Mutter kann ihren Kindern aufgrund der eigenen weiblichen

Sozialisation, die ein Mutterbild suggeriert, das auf jegliche eigenen Wünsche verzichtet, nicht mit der nötigen Unabhängigkeit entgegentreten, was den Subjekt-Objekt-Status begünstigt.
Sie beschreibt dann weiter die Schwierigkeiten der Tochter, sich mit einer Mutter mit mangelnder Subjektivität zu identifizieren. Dazu kommt oft noch Angst vor dem aktiven Begehren der Tochter ihr gegenüber, denn dies provoziert in der Mutter tief verdrängte homosexuelle Tendenzen. Um Subjekt zu bleiben, d. h. die Mutter identifikatorisch und auch erotisch lieben zu dürfen, muß die Tochter etwas leben, wofür sie in der Mutter und in der Gesellschaft kein Vorbild hat. Den Vater, an den sie sich auf der Suche nach einer Akzeptanz ihres Begehrens wendet, darf sie nun in begrenztem Maße erotisch, jedoch nicht identifikatorisch lieben. Benjamin sieht in einer zu starren, gespaltenen Geschlechtsrollenaneignung, in der identifikatorische und erotische Liebe auseinanderfallen müssen, einen weiteren Grund für den Zusammenbruch des Geschlechtergleichgewichts. Denn in unserer Gesellschaft darf man offenbar nur den lieben, der einem nicht gleicht, und sich nur mit dem identifizieren, der einem gleicht.
Nun, wenn das Scheitern der intersubjektiven Spannung in unseren Lebensverhältnissen möglich ist, meint sie, daß auch das Wiederherstellen möglich sein müßte. Bausteine dazu wären das Aufbrechen der Arbeitsteilung zwischen den Geschlechtern, der Abbau zu starrer Rollenklischees von Männlichkeit und Weiblichkeit und ein flexiblerer Umgang mit den Identifizierungswünschen von Junge und Mädchen mit dem jeweils anderen Geschlecht.
Sie denkt nicht, daß damit die Geschlechtsidentität aufgegeben würde, denn auch Homosexuelle fühlen sich in der Regel als Männer und Frauen. Allerdings dürften sich dadurch Mädchen mit väterlichen Autonomiebedürfnissen und Jungen mit mütterlichen Qualitäten der Einfühlung und Fürsorge identifizieren, ohne lächerlich oder als krank zu gelten, wodurch beide Geschlechter wieder eigenständige Subjekte werden könnten, mit lebendigen, erregenden Beziehungen, weil sie sich einerseits besser ineinander einfühlen könnten und andererseits Unerwartetes, Unberechenbares akzeptiert wird, in denen sich fremd und sich vertraut fühlen in wechselseitiger Anerkennung möglich wäre. Ich hoffe, mit diesem feministisch-kritischen Überblick über die gegenwärti-

gen Weiblichkeitskonstruktionen in der Psychoanalyse auch Anstöße zum Weiterforschen in der analytisch-feministischen Denkrichtung gegeben zu haben. Vieles ist noch zu tun in der feministischen Psychoanalyse, z. B. die Sensibilisierung für Gewaltverhalten innerhalb der analytischen Ausbildung und in den analytischen Therapien, das möglicherweise unter dem Deckmantel von Fürsorge und Förderung stattfindet. Auch müssen wir herausfinden, wie wir die eigenen misogynen Einstellungen einander bewußt machen können, welche Ängste uns hindern, patriarchale Denksysteme zu verlassen. Weiters brauchen wir die Differenzierung eines Symbolisierungssystems weiblicher psychosexueller Entwicklung, unabhängig von männlichen Vorstellungen. Wir brauchen weibliche Bilder, Mythen, Träume und Utopien, in denen wir unser Erleben und unsere Phantasien wiederfinden können, damit es irgendwann einmal in dieser Gesellschaft zwei Gruppierungen von Subjekten gibt, weibliche und männliche.

Elisabeth Grünberger

TANZTHERAPIE MIT FRAUEN

Die Tanztherapie ist eine körperorientierte Form der Psychotherapie, die als Ziel die „emotionale und physische Integration des Individuums" unter „Verwendung von Bewegung als Prozeß"[1] hat, wobei die holistische Annahme der Körper-Seele-Geist-Einheit die philosophische Grundlage bildet.
Hierbei werden vor allem die kreativen Ausdruckskräfte körperlichen Handelns, dabei insbesondere der Tanz, genutzt, die jedem Menschen als Potential zur Verfügung stehen, in Anbetracht der gesellschaftlichen Situation jedoch oft verschüttet, nicht entwikkelt oder deformiert sind und unter fachkundiger Hilfe (re)aktiviert werden müssen, um heilend wirken zu können.
Die Tanztherapie benützt Bewegungsinteraktionen als erstes Hilfsmittel, um therapeutische Ziele zu erreichen. Ausgehend von der Annahme der Körper-Seele-Geist-Einheit des Menschen setzt die Tanztherapie über die Bewegung und den körperlichen Ausdruck einen Heilungs-, Stabilisierungs-, Entwicklungs- oder Wachstumsprozeß in Gang. Grundlegende Bewegungselemente sollen zu einer Integration von Leib und Seele, von Gefühl und Körperlichkeit oder auch von lebensgeschichtlichem Hintergrund und momentaner Lage führen. Auf diese Weise können bisher nicht, nur schwer oder unzugängliche Erfahrungsbereiche, Konflikte und gefühlsmäßige Stimmungen frei werden, zur Darstellung gelangen und integriert werden.
Weil der Gebrauch von Bewegung in der Therapie mit den fundamentalsten Konzepten menschlichen Verhaltens und Ausdrucks zu tun hat, ist es möglich, diese innerhalb der Strukturen psychiatrischer Theorien anzuwenden. Alle diese Strukturen haben Kenntnis von präverbalen Stufen der Entwicklung, von Primärprozessen und vielen anderen Ursachen, die zu verbalen Kommunikationsblockaden führen. Die Tanztherapie setzt vor allem beim vorsprachlichen Bereich der Entwicklungsgeschichte der

1 (Definition der „American Dance Therapy Association", ADTA) In: Klein, P.: Tanztherapie. Suderburg 1983.

Klientinnen an, und sie nutzt in besonderer Weise die Chancen nonverbaler Ausdrucks- und Kommunikationsmittel zur Initiierung und Aufrechterhaltung eines therapeutischen und/oder Lernprozesses. In der lautlosen, aber unübersehbaren Körpersprache werden Denken und Fühlen ausgedrückt, werden seelische Spannungen und Verkrampfungen sichtbar. Die Persönlichkeit eines Menschen zeigt sich in der körperlichen Erscheinung, Haltung und Bewegung.
Die Tanztherapie benutzt diese Ausdrücke des Körpers als diagnostisches Instrument und therapeutische Methode. Mit ihrer Hilfe wird herausgefunden, wie ein Individuum psychisch strukturiert ist, wo seine Fähigkeiten, wo seine Schwächen liegen. Und mit ihr wird am Bewegungsrepertoire des/r Klienten/in gearbeitet, wird sein/ihr Bewegungsverhalten verändert und seine/ihre Entfaltungsmöglichkeit erweitert. Das jedem Menschen gegebene Potential physischer und psychischer Eigenschaften wird geweckt, aktiviert und miteinander verknüpft.
Die Bewegungsanalyse von Rudolf Laban beansprucht eine ganzheitliche Vorgehensweise aus der Sicht der Bewegung. In der Labananalyse werden geometrische, dynamische und anatomische Konzepte benutzt, um sichtbare Phänomene des Bewegungsverhaltens in kinetischen Begriffen zu definieren und in bildlichen Symbolen zu abstrahieren. Für den theoretischen Hintergrund ergeben sich die drei Hauptkategorien Körper – Körperorganisation, Antrieb – Motivation oder innere Haltung, Raum- und Formspannung. Im Therapieprozeß gibt dieses Material der Therapeutin umfangreiche Informationen, wie sich eine Person in bestimmten Situationen emotional verhält. Es gibt auch die Möglichkeit, mit Bewegung da anzuknüpfen, wo der Klient/die Klientin im Moment ist, um Aktuelles zu thematisieren oder von dort aus weitere Nuancierungen der Körperorganisation, der Antriebsqualitäten oder der Raum/Form-Spannungen zu explorieren.
Laban betrachtet Logik als einen gleichwertigen Teilaspekt körperlich-seelisch-geistigen Ausdrucks. Im vollendeten Tanz oder in der authentischen Bewegung sind alle drei Aspekte plastisch miteinander verwoben und gleichzeitig vorhanden. Wie sie in der Bewegung sichtbar werden, kann in den Kategorien Körper, Antrieb und Raum/Form beobachtet und analysiert werden.

In den 40er und 50er Jahren versuchten Trudi Schoop in Kalifornien und Marian Chace an der Ostküste der USA unabhängig voneinander ihre Erfahrungen als Tänzerinnen für eine therapeutische Arbeit mit psychiatrisch-hospitalisierten Menschen umzusetzen. Franziska Boas, Liljan Espenak und Mary Whitehouse, die man ebenfalls zu den Pionierinnen der Tanztherapie zählt, entwickelten mehrere tanztherapeutische Ansätze, zum Teil auf psychoanalytischer Grundlage, die auf die Arbeit mit Neurosen und allgemeinen Lebensproblemen zugeschnitten sind. Gemeinsam ist den Pionierinnen ein intensives Training in Ausdruckstanz oder „modern dance", der die expressiven und kommunikativen Möglichkeiten des Tanzes betont. In der therapeutischen Arbeit fanden die grundlegenden Elemente des Tanzes Verwendung, die vielfach auch als natürlicher Tanz oder „basic dance" bezeichnet werden.
Ihre Ursprünge jedoch liegen im Ausdruckstanz, der zu Anfang dieses Jahrhunderts von Isadora Duncan, Rudolf von Laban und Mary Wigman in Reaktion auf die klassisch-festgelegten Tanzformen entwickelt wurde.
Die ersten tanztherapeutischen Ansätze wurden zunächst als Zusatztherapie zu der damals üblichen psychiatrischen Behandlung betrachtet, doch bald entwickelten sie sich zu einer eigenständigen Therapieform. Es gibt nicht „die" Tanztherapie, sondern eine Vielzahl tanztherapeutischer Ansätze, wobei sich in Europa der tiefenpsychologisch fundierte Ansatz durchzusetzen scheint, der von der Annahme des Unbewußten als stark motivierende Kraft des Verhaltens ausgeht. Durch das Medium Tanz kommt der Mensch mit bewußten und unbewußten Anteilen seiner Persönlichkeit in Kontakt, die dann in der Therapie aufgearbeitet und verarbeitet werden, sowohl mittels Sprache, die zur integralen tiefenpsychologisch fundierten Reflexion dient, als auch durch das Gestalten in Bewegung und im Bild.
Die Tanztherapeutin setzt bei den gesunden Anteilen des Menschen an. Es geht nicht darum, dem Klienten/der Klientin Tanztechniken im Sinne einer ästhetischen Beherrschung beizubringen, „schön" zu tanzen, sondern wieder ein Gefühl für eine natürliche und harmonische Bewegung entsprechend den anatomisch-physikalischen Gegebenheiten des Körpers zu entwickeln.

Die Gestaltung dieser Therapieform von ihren Anfängen bis heute ist vorwiegend das Werk weiblichen Engagements. So waren es in den 40er Jahren in den USA fünf Frauen, die unabhängig voneinander die ersten Ansätze der Tanztherapie schufen, nämlich Franziska Boas, Marian Chace, Liljan Espenak, Mary Whitehouse und Trudi Schoop. Und auch heute sind die tragenden Personen in der Tanztherapie in den USA wie in Europa weiblichen Geschlechts.
Der Anwendungsbereich der Tanztherapie ist sehr vielfältig. Sie kann sowohl in klinischen und therapeutischen Einrichtungen, in Beratungsstellen, psychologisch-medizinischen Praxen als auch in (Sonder)Schulen, Kindergärten, Seniorenheimen und Rehabilitationszentren zur Anwendung kommen.
Von den meisten qualifizierten Ausbildungsstätten wird den TanztherapeutInnen eine tänzerische und tiefenpsychologische Schulung sowie eine mehrjährige Tätigkeit in einem sozialen, medizinischen, psychologischen oder pädagogischen Beruf abverlangt.
Als TanztherapeutIn sollte man viele Möglichkeiten selbst erfahren und erforscht haben, damit das tanztherapeutische Bewegungsrepertoire flexibel und umfassend wird. Auch in anatomisch korrekt ausgeführten klassischen Tänzen kann man eine Parallele zu den Zielvorstellungen der Psychoanalyse erkennen. Die Tanztherapie hat, wie verschiedene psychotherapeutische Richtungen, zum Ziel, unbewußte Kräfte bewußt und damit verfügbar zu machen.
Viele Menschen verleugnen Gefühle, die mit Konflikten zusammenhängen: PsychotherapeutInnen und TanztherapeutInnen gehen von der Annahme aus, daß sie im Unbewußten weiterleben, wobei TanztherapeutInnen die Annahme durch die Beobachtung ergänzen, daß diese abgespaltenen und verdrängten Lebenserfahrungen auch im Körper gespeichert werden. Das deckt sich mit Freuds Formulierung, daß die Funktionsweise der Psyche von physiologischen und chemischen Prozessen abhängig ist und daß Gefühle und Triebbefriedigung bzw. -frustration auf geistigen und physiologischen Vorgängen beruhen. Manche TanztherapeutInnen arbeiten nicht psychoanalytisch, sondern mit Ihren Interpretationen, die nur auf die Bedeutung und Form der Bewegungsabläufe abzielen, um Einsicht zu fördern. Gerade in der

Bewegung zeigt sich das, was sich in der Vergangenheit zugetragen hat, mit besonderer Deutlichkeit. Die Improvisation in der Tanztherapie hat dieselbe Funktion wie die freie Assoziation in der Psychoanalyse. Beide Methoden sollen einen Zugang zum Unbewußten verschaffen.
Trudi Schoop, eine Pionierin der Tanztherapie, meint:

> [...] wenn die Psychoanalyse eine Veränderung der Geisteshaltung erreicht, kann man auch eine Veränderung im körperlichen Verhalten erwarten. Wenn also eine Tanztherapeutin Veränderungen im körperlichen Verhalten erreicht, kann man auch mit einer Veränderung der Seele rechnen. Beide Methoden sehen ihr Ziel in der Veränderung des gesamten Seins, Körper und Seele.[2]

> Die Spannweite des Begriffes Tanz reicht vom einfachsten rhythmisch wiederholten Schritt bis zur kunstvoll durchgeführten Ganzbewegung, vom realistisch pantomimischen Ausdruck bis zu dem der Entrückung, vom Einzeltanz bis zum tanzenden Chor, vom Volks- und Gesellschaftstanz bis zum Theatertanz, vom Tanz der Schamanen bis zu dem der Götter und Marionetten, vom stillen Tanzgesicht bis zur mimisch geprägten Fratze, vom Nackttanz bis zu dem im körperverfremdenden Kostüm; er bedient sich der Bemalung und Maske, ebenso des Gerätes wie des Requisits, des Kostümes und der Dekoration.
> Tanz [vermag] das Gefühl von Heimat und Fremde zu erwecken wie das der Harmonie oder der letzten Urangst.
> Und die Phantasie läßt Engel und Teufel und selbst die Geister und Fabelwesen, mit denen sie die Elemente bevölkert, im Tanze wirken und weben. Und noch der Lebensender, der Tod, tanzt uns ins Grab.[3]

Tanz im ursprünglichen Sinne kennt keinen Leistungsbegriff; sein Tun ist dort noch ein inneres Getriebensein.
Den Tanz scheint es zu geben, seit es Menschen gibt. Die Wurzel des Tanzes liegt in dem menschlichen Bedürfnis, seinen seelischen Erregungen durch leibliche Bewegung Ausdruck zu geben, den inneren Spannungen ein befreiendes Ventil zu öffnen.
Die nachahmenden oder als bildhaft bezeichneten Tierzaubertänze sind die frühesten, die im Bilde festgehalten wurden. Erste Zeichnungen davon finden sich in prähistorischen Höhlen. Über eine geschlechtsspezifische Zuteilung ist aus dieser Zeit kaum

2 Vgl. Schoop, T.: Komm und tanz mit mir. Zürich 1981.
3 Vgl. Günther, D.: Der Tanz als Bewegungsphänomen. Reinbek b. Hamburg 1962.

etwas bekannt, wobei ich annehme, daß die Jagd das dem Mann zugeteilte Tätigkeitsfeld war, der Tanz aber vor (zur Lockung) oder nach (zur Versöhnung) der Jagd vollzogen wurde und als ein Ritual der Sippe oder des Volkes galt, an dem auch die Frau teilnahm.
Im Gegensatz dazu stand der bildfreie Tanz, der vorwiegend im Einzeltanz eines Mannes zum Ausdruck kam. Der bildhafte Tanz ist körpergebunden und geht von der Vorstellung aus, es genüge die Nachahmung von Gebärde und Haltung, um eine Kraft einzufangen und nutzbar zu machen. Der extravertierte Typus ist stets versucht, sich zugunsten des Objekts wegzugeben und sein Subjekt dem Objekt zu assimilieren. Die Tiere abbilden, heißt, mit ihnen eins werden.
Der bildfreie Tanz ist körperentbunden und wird dem introvertierten Typ zugeordnet. Die Bewegungen übersteigen eine Grenze, bis beim Erschlaffen und Erlöschen der äußeren Sinne das Unterbewußtsein frei wird und in ekstatischem Aufstieg die Seelenkräfte steigert. Der ekstatische Tänzer tanzt, um den Körper zu verlieren und Geist zu werden.
Alle Tänze haben immer eins gemeinsam: Sie werden getanzt, um etwas zu erbitten oder für etwas zu danken oder um einem Gefühl Ausdruck zu geben.
Für die Tanztherapie ist der Modern Dance in seiner Entwicklung ausschlaggebend gewesen.
Das tänzerische Aufbegehren um die Jahrhundertwende war der Beginn einer Umkehrung in der Geschichte des westlichen Kunsttanzes. Die „forerunners" des Modern Dance wollten einen künstlerischen Tanz entwickeln, der auf freiem Ausdruck körpersprachlicher Äußerungen jenseits der Stilisierungen des Klassischen Tanzes beruht. Bewegung und Form dienen den Pionierinnen des Modern Dance als jeweils spezifischer symbolischer Ausdruck einer innerlichen Bedeutung. Der die aristokratische Etikette reflektierende, überlieferte und festgelegte Bewegungskodex des Klassischen Tanzes, der „von außen gesetzt" ist, konnte von daher nicht mehr als Richtlinie genutzt werden, sondern die Bemühung, Methoden zu finden, die den Körper zum optimalen Ausdrucksmittel werden lassen. Mittelpunkt und Gemeinsamkeit der entstehenden moderne Tanzstile bildet folgerichtig die

Berücksichtigung physiologischer Möglichkeiten des Körpers – z. B. atemphysiologische Rhythmen – und emotionaler Antriebselemente. Tanztechnische Voraussetzungen, die zu einer Vermittlung von „Körperlichkeit und Idee, von Sinnlichkeit und Abstraktion, von Körper- und Selbsterfahrung und zu bestimmten Ergebnissen im Ausdruck führen“[4], werden ausschlaggebend.
Charakteristisch für den Modern Dance aller Richtungen und Generationen ist eine Technikkonzeption, in der Bewegung aus dem Wechsel von Anspannung und Spannungslösung entsteht. Dadurch wird ein dynamischer Spannungsfluß aufrechterhalten, dessen kontinuierlich rhythmischer Verlauf als Bewegung erfolgt, in welchem die Endphase einer Bewegung schon wieder den Ausgang zur nächsten vorbereitet. Ausmaß und Form der Bewegung im Raum werden als wichtige Elemente angesehen. In den 60er Jahren ist das erreicht, wogegen die „Urmütter“ (Mary Wigman, Isadora Duncan, Martha Graham, Doris Humphrey) sich wehrten: Die Tanztechnik wird immer stärker festgelegt, und ihre Beherrschung tritt in den Vordergrund. Aspekte des Balletts werden mehr und mehr in die Tanzklassen integriert.
Die Pioniere des Modern Dance waren ausschließlich Frauen, und es erscheint nicht verwunderlich, daß sich mit zunehmender Weiterentwicklung und Bedeutung der Tanztechniken auch Männer dafür begeistern konnten und unbestritten hervorragende Leistungen vollbringen.
Die Pionierinnen des Modern Dance – besonders Martha Graham – haben sicherlich den stärksten Einfluß auf die bisherige Entwicklung der Tanztherapie in den USA genommen.
Martha Graham lehnt den von Ruth St. Denis gelehrten und geforderten Mystizismus und die Tanzstile anderer Völker imitierende Tanzform als wertlos ab, da eine solche Tanzkunst auf oberflächlicher Nachahmung von etwas beruhe, dessen kulturspezifisch geprägte Bedeutung sie nicht verstehe. Auch Isadora Duncans Identifikation mit Naturrhythmen weist sie zurück. Sie fordert eine Tanz, der als „adäquater Ausdruck der eigenen Erfahrungswelt“[5] dient, d. h., einen Tanz, der sich mit den amerikanischen

4 Vgl. Stüber, W. J.: Geschichte des Modern Dance. Zur Selbsterfahrung und Körperaneignung im modernen Tanztheater. Wilhelmshaven 1984.
5 Vgl. ebda.

Lebensformen, dem Lebensgefühl der Bevölkerung, den Träumen der Menschen und den gegenwärtigen gesellschaftlichen Strömungen und Problemen auseinandersetzt. Die Sichtbarmachung psychischer Prozesse als Inhalt ihrer Choreographie verweist auf die psychologischen Erkenntnisse der Zeit. Sie hat sich mit der tiefenpsychologischen Ausrichtung auseinandergesetzt. Die in ihrem Spätwerk entstandenen Stücke lehnen sich zunehmend an C. G. Jungs Gedanken an. Seine Lehre des kollektiven Unbewußten, insbesondere der Archetypen, bestimmt den Inhalt vieler Choreographien.

> Im Sinne der Jungschen Archetypenkonzeption handelt es sich bei Martha Graham um eine Künstlerin, die – um mit den Worten Jungs zu sprechen – als Seherin dem Unausgesprochenen der Zeitlage Ausdruck verleiht und in Bild oder Tat das ausführt, was das unverstandene Bedürfnis aller erwartete [...] Ihr nachhaltiger Ruhm wäre so erklärbar. Ihre schöpferische Phantasie würde nach Jung einen Vorgang darstellen, bei dem psychische Inhalte aus dem Bereich des Unbewußten ins Bewußte dringen. Die Suggestivkraft (ihre Choreographien basieren auf einer raschen Abfolge suggestiver Bilder) ihrer Tanzwerke erklärt sich dann so, daß ihre Gestaltung des dem Unbewußten entstammenden, urtümlichen, also archetypischen Bildes gewissermaßen eine Übersetzung in die Sprache der Gegenwart ist.[6]

Tanztechnik dient zur Erhöhung der Ausdrucksfähigkeit und orientiert sich wiederum am Körper, seinen motorischen und anatomischen Fähigkeiten. Martha Graham konzentriert sich auf das Becken als Bewegungszentrum und bezieht damit einen Bereich des Tanzes in ihren Stil als zentral ein, der in der westlichen Tradition lange Zeit tabuisiert wurde, im Tanz unkenntlich gemacht werden sollte. Sie ist sich der erotischen Anteile ihrer Tanzform bewußt und bejaht sie.

> Die Lust ist eine wunderschöne Sache, und das ist es, wo der Tanz herkommt, aus der Lust. Und das, was dich eine Drehung machen läßt, ist für den Tänzer zuallererst die Lust, sich zu drehen, so daß aus der Lust alles entsteht; und wo ist die Lust für die meisten Menschen angesiedelt, wenn nicht zwischen den Beinen?[7]

6 Vgl. ebda. S. 134
7 Vgl. ebda. S. 136

Elisabeth Grünberger

Tanztherapie mit Frauen

Im Rahmen meiner Ausbildung zur Tanztherapeutin absolvierte ich mein Praktikum an der Universitätsklinik in Wien, Abteilung Physikalische Medizin. Ich leitete eine Gruppe von Frauen mit klimakterischer Osteoporose (Knochenschwund in der Wirbelsäule, der um die Zeit der Menopause deutlich wird), die sich wöchentlich zu einem festgesetzten Termin traf.

Mein Interesse galt vor allem der Untersuchung des Zusammenhanges von Auftreten der Osteoporose und gleichzeitigem Beginn der Wechselbeschwerden. Bei dem Krankheitsbild der Osteoporose stand die körperliche Symptomatik im Vordergrund, die sich bei fast allen Frauen mit ähnlichen Beschwerden manifestierte, während die Wechselbeschwerden sehr unterschiedlich wahrgenommen wurden und sich vor allem in der psychischen Symptomatik äußerten. Während meiner Arbeit beobachtete ich den besonderen Stellenwert folgender Themen, die ich auch später als tanztherapeutische Ziele anstrebte:

1. Durch die Veränderungen des Körpers ist ein Arbeiten an der Körperwahrnehmung notwendig. Dabei ist bei diesen Frauen eine intensive Auseinandersetzung mit dem Umgang zum Thema Schmerz grundlegend.
2. Bewegungsrepertoireerweiterung: Eingeschränkte Bewegungen sollen so weit wie möglich wieder erweitert und der daraus entstandene Lebensraum neu erfaßt und lebbar gemacht werden.
3. Das Vertrauen zum eigenen Körper und zur eigenen Bewegung soll aufgebaut und unterstützt werden. Dazu verwende ich den Begriff Ichstärke.
4. Identitätsfindung: Das durch die Veränderung der Osteoporose einerseits und des Klimakteriums andererseits verlorengegangene Gefühl der eigenen Identität soll wieder aufgebaut und integriert werden.

Die Tanztherapie wird – wie schon erwähnt – nicht nur hauptsächlich von Therapeutinnen vertreten, sondern auch vorwiegend von Frauen als mögliche Therapieform gewählt. Das ist, so meine ich, deshalb der Fall, weil der Begriff Tanztherapie die Lustkomponente und damit im besonderen die körperliche Lust einschließlich der Sexualität anspricht, und sich die Frauen immer mehr bewußt ihrer eigenen Lust zuwenden wollen. Der Tanz steht in der Therapie als Bewegung im Raum zwischen der Frau und ihrer Weiblichkeit und Sexualität.

Die Ichstärke in der tanztherapeutischen Arbeit

Die Ichfunktionen – motorische Kontrolle, Wahrnehmung, Erinnerung, Affekte, Denken – beginnen auf eine primitive Weise und entwickeln sich erst allmählich mit dem Wachstum. Die Beziehung des Kleinkindes zum eigenen Körper ist für die Ichbildung von fundamentaler Bedeutung. Die psychischen Repräsentanzen des Körpers, das heißt, die mit ihm verknüpften Erinnerungen und Vorstellungen mit ihren Besetzungen der Triebenergie sind der wichtigste Teil des sich entwickelnden Ichs in seinen frühesten Stadien. Freud drückte das durch die Aussage aus, das Ich sei zuallererst ein körperliches Ich.[8]

Die Hauptbezugsperson in dieser frühen Kindheit und somit tragende Vermittlerin, was die Pflege, Ernährung und die Körperlichkeit betrifft, ist für das Kind zumeist die Mutter. Die Art und Weise, wie jene ihre Weiblichkeit definiert und von welchen Faktoren sie positiv und negativ abhängig und beeinflußt ist, wird auch den körperlichen Umgang mit ihren Kindern beeinflussen. Jungfäulichkeit, Defloration, Menstruation, Schwangerschaft, Geburt und letztlich auch das Klimakterium waren und sind ihre Themen, und es scheint so, als sei sie notgedrungen für all diese körperlichen Entwicklungen und Vorgänge hauptverantwortlich. Die Gesellschaft reagiert darauf oft mit Idealisierung oder Ablehnung.

Das Klimakterium ist noch immer eines der großen Tabus in der Gesellschaft, wird aber auch entscheidend beeinflußt von der persönlichen Entwicklung des Körperbildes der betroffenen Frau.

Von großer Bedeutung für die Ichentwicklung ist die Identifizierung – der Akt oder Vorgang, durch den man in einem oder mehreren Denk- oder Verhaltensaspekten wie etwas oder wie jemand wird. Die Tendenz besteht während des ganzen Lebens weiter (z. B. Adoleszenzidol...). Der Verlust einer stark besetzten Person oder eines Objekts durch Tod oder Trennung kann eine entscheidende Wirkung auf die Ichentwicklung eines Menschen aus-

8 Vgl. Freud, S.: Darstellungen der Psychoanalyse. Frankfurt/M. 1969.

üben. Es bleibt ein dauerndes Bedürfnis zurück, das Verlorene nachzuahmen. Die unbewußte Identifizierung mit dem verlorenen Objekt spielt in der Psychopathologie der Depression – wie sie auch im Klimakterium vorkommt – eine wichtige Rolle.
Das verlorene Objekt – die Kraft der Jugend, sexuelle Attraktivität, der gewohnte Körper (Falten, Gesichtsbeherrschung, deformierte Wirbelsäule, Abnahme der Körpergröße etc.), die Leistungsfähigkeit – muß aufgegeben werden, die Beziehung zum eigenen Körper, so wie er jetzt ist, muß gestärkt werden. Gute Kenntnis der eigenen Bedürfnisse und Wünsche fördert das Vertrauen zum eigenen Körper und zu seiner Bewegung.
Unter Ichstärke verstehe ich in diesem Zusammenhang das Maß an Reifung und Entwicklung des Ichs, zwischen den realen Möglichkeiten und Wünschen, Forderungen der Triebkräfte zu unterscheiden und sich adäquat zu verhalten. Die eigenen Bedürfnisse wahrzunehmen, sie zu akzeptieren und in Bewegung zu bringen, bzw. jene im Kontext mit körperlichem Erleben zu sehen, soll durch akzeptierendes, empathisches Verhalten der Tanztherapeutin gefördert werden. Ein realistisches Selbstbild – hier sind meine Stärken und Schwächen – soll geschaffen werden, um das Vertrauen zum eigenen Körper und zur Bewegung zu unterstützen.
Die authentische Bewegung (von Mary Whitehouse in die Tanztherapie eingeführt) bietet große Möglichkeiten, dies erfahrbar zu machen. Die authentische Bewegung beinhaltet sowohl das Bewegtwerden von Körperimpulsen als auch die aktive Ausführung und damit Wahrnehmung der Impulse. Sie ist somit eine Möglichkeit, unbewußte Impulse in das Bewußtsein zu holen und zu verarbeiten. C. G. Jung nennt dies „aktive Imagination“, d. h. eine bewußte Aktivität gegenüber Bildern, Melodien, Impulsen, die auftauchen. Die bewußte Aktivität besteht z. B. darin, sich auf einen Bewegungsimpuls zu konzentrieren, die Bewegung zu verfolgen, nachzuspüren, wo sie hinführt, was dazu einfällt.
Es ergeben sich Polaritäten, mit denen tanztherapeutisch gearbeitet werden kann:

Ja – Nein	erotisch – unerotisch sein
führen – folgen	gerade – krumm
bewegt werden – bewegen	Jugend – Alter

Elisabeth Grünberger

Die Identität in der tanztherapeutischen Arbeit

Die Identitätsbildung ist eine lebenslange Entwicklung, die für das Individuum und seine Gesellschaft weitgehend unbewußt verläuft. Ihre Wurzeln gehen bis in die Zeit der ersten Selbstwahrnehmung zurück. Die Identität, die am Ende einer Lebensphase (Adoleszenz, Alter) entsteht, ist jeder einzelnen Identifikation mit den Beziehungspersonen der Vergangenheit übergeordnet; sie schließt alle wichtigen Identifikationen ein, aber verändert sie auch, um aus ihnen ein einzigartiges und zusammenhängendes Ganzes zumachen.
Identitätsbildung beginnt dort, wo die Brauchbarkeit der Identifikation endet. Sie entsteht dadurch, daß die Kindheitsidentifikationen teils aufgegeben, teils einander angeglichen und in einer neuen Konfiguration absorbiert werden, und ist abhängig von dem Prozeß, durch den eine Gesellschaft den Menschen identifiziert, indem sie ihn als jemanden annimmt und anerkennt, wie er ist. Die Funktion des Ichs besteht darin, die psychosexuellen und psychosozialen Aspekte einer bestimmten Entwicklungsstufe zu integrieren und zur gleichen Zeit die Verbindung der neu erworbenen Identitätselemente mit den schon bestehenden herzustellen. Auch ältere Kristallisationen der Identität können Gegenstand erneuter Konflikte werden, wenn Veränderungen in der Qualität und Quantität der Triebkräfte, Erweiterungen des geistigen Rüstzeugs und neue, oft widerspruchsvolle soziale Anforderungen die vorherigen Anpassungsleistungen gefährden und die bisherigen Gewinne und Hoffnungen entwerten.
Der Prozeß der Identitätsbildung ist eine sich entfaltende Konfiguration, die im Laufe der Kindheit durch sukzessive Ich-Synthesen und Umkristallisierungen allmählich aufgebaut wird; es ist eine Konfiguration, in die nacheinander die konstitutionellen Anlagen, die Eigentümlichkeiten libidinöser Bedürfnisse, bevorzugte Fähigkeiten, bedeutsame Identifikationen, wirkungsvolle Abwehrmechanismen, erfolgreiche Sublimierungen und sich verwirklichende Rollen integriert worden sind. Nach Erikson ist das Klimakterium der Übergang von den Phasen der Generativität gegen Stagnierung zu der Phase Integrität gegen Verzweiflung und Ekel. Die psychosoziale Modalität des seelischen Zustandes der Integrität ist: Sein, was man geworden ist, und wissen, daß

man einmal nicht mehr ist. Mangel oder Verlust von aufgespeicherten Ich-Integrationen kann sich in Verzweiflung ausdrücken, die Zeit ist zu kurz, um einen anderen Versuch zu wagen, andere Wege zur Integrität einzuschlagen – Ekel und Lebensüberdruß bestimmen den Menschen; eine unbewußte Todesfurcht beherrscht sein Gefühlsleben.

Die Identitätsproblematik bei der postmenopausalen Osteoporose wird von vielen Faktoren beeinflußt.

Die körperlichen Veränderungen im Hinblick auf das Wachstum (Abnahme der Körpergröße) und die Körperhaltung (im Volksmund: Buckel) beeinträchtigen das Selbstwertgefühl. Durch Arbeits- und Erwerbsbeschränkungen verlieren die Menschen an Unabhängigkeit und in einer leistungsorientierten Gesellschaft an Anerkennung.

Zur Minderung der seelischen Belastung aufgrund von Körperbehinderungen, die häufig durch Angstzustände, Furcht, Schuldgefühle, Depressionen, Gefühle der Hilflosigkeit oder Zukunftsangst gekennzeichnet ist, ist immer auch die Änderung der Lebensführung notwendig. Der Körper, an Osteoporose erkrankt, gelangt in das Blickfeld erhöhter Aufmerksamkeit, er verlangt Zuwendung in Form von Ruhe und Entspannung, und soll täglich mit gezielten Bewegungsübungen trainiert werden. Bewegungen müssen mit erhöhter Sensibilität eingesetzt werden, um die betroffenen Wirbelsäulenabschnitte mobil zu erhalten und Schmerzen sowie eventuelle Frakturen zu vermeiden. Der Körper, der bislang funktionierte, mit dem man sich mehr oder weniger identifizieren konnte, der vertraut war und auch anerkannt wurde, gibt durch seine Veränderung Anlaß zum Verlust der erworbenen Ich-Integration und Identität. Die Belastung der Frau, die nun zur selben Zeit mit den biologischen Phänomenen des Klimakteriums konfrontiert wird, kann den Konflikt erheblich verstärken. Die physiologischen Veränderungen bei der Osteoporose sind im Röntgenbild sichtbar, es ist eine Krankheit, es gibt medizinische Untersuchungen über den Verlauf und die Entwicklung und ausgewählte Therapien zur Prophylaxe. So bekommt die Osteoporosepatientin Unterstützung und Hilfe im klinischen Rahmen, und das regelmäßige Treffen zur Heilgymnastik fördert mitunter auch die Bildung einer Gruppenidentität.

Im Gegensatz dazu sind die körperlichen Veränderungen, die das Klimakterium mit sich bringt, schwer zu erfassen. Es gibt zwar Untersuchungen zur Bestimmung des Hormonspiegels, eine Körperwaage zur Gewichtskontrolle, doch die Gefühle, von denen eine Frau oft plötzlich und heftig überrascht wird, sind nicht meßbar und werden sehr unterschiedlich beschrieben. Die Frau kann sich nicht mehr wie gewohnt auf ihren Körper verlassen, Gewichtsschwankungen, Anschwellen der Extremitäten, Zunahme der Körperbehaarung im Gesicht und an der Brust, eine tiefere Stimme, Falten machen sich bemerkbar, und sie fühlt sich oft den biologischen Veränderungen hilflos ausgeliefert. In der Menopause ist die Vorstellung vom nicht mehr makellosen Körper ein Zeichen für eine tieferliegende Kränkung, eine narzißtische Kränkung – und das Identitätsgefühl der Frau, ihr weibliches Selbst ist bedroht.

Der Wechsel ist ein allmählicher und sehr vielschichtiger Prozeß, ein ganzheitlicher, der Körper, Geist und Psyche und ihr Zusammenwirken beeinflußt, ein Prozeß, den man nicht auf Hormone und ihre Veränderung reduzieren kann. Frauen, die die Erfahrung der Menopause jetzt durchmachen, wuchsen in einer Zeit auf, wo die Mehrheit der Frauen – willig oder widerstrebend – die Definition der weiblichen Rolle über Fruchtbarkeit und Mutterschaft akzeptierte. Die gängige Vorstellung, daß die ältere Frau mit ihrer Fruchtbarkeit gleichzeitig auch ihre Weiblichkeit verliert und sexuell nicht mehr attraktiv ist, kann die Gefühle der einzelnen Frau entscheidend beeinflussen.

Die Zeit des Klimakteriums ist eine Zeit der Krise, in der die Identitätsproblematik noch einmal auftritt, ein Wendepunkt, der für eine persönliche Weiterbildung genutzt werden kann, dem Leben einen neuen, erweiterten Sinn zu geben.

Gail Sheeky sagt:

> Es ist dies die Zeit, in der wir uns nach jener Ungeteiltheit des Selbst sehnen, die uns immer gefehlt hat. Da die Hoffnung, Sicherheit im anderen zu finden, zunichte wird, spitzt sich der Konflikt zu. Folglich können viele Vorstellungen darüber, was männlich und was weiblich ist, aufgegeben werden.[9]

9 Vgl. Sheehy, G.: In der Mitte des Lebens. Frankfurt/M. 1978.

C. G. Jung spricht von der Notwendigkiet, den eigenen gegengeschlechtlichen Aspekt zu anerkennen und zu integrieren. Dadurch wird eine ungewöhnliche Bereicherung der Erfahrungswelt möglich. Sehr eindrucksvoll beschreibt Julia Onken in ihrem Buch „Feuerzeichen Frau“[10] die Abhängigkeit der Frau vom weiblichen Mondrhythmus von der Pubertät bis zur Menopause und den langsamen Wechsel und die Annäherung an das sonnenhafte männliche Prinzip. Sie bezieht sich dabei auf die Zunahme der Gesichtsbehaarung, die tiefere Stimme, die Hitzewallung (Feuer) – für sie sichtbare Zeichen, daß die Frau zu den weiblichen Qualitäten männliche dazugewinnt.

Für die Tanztherapie wird ein Arbeiten am eigenen Selbstbild notwendig. Den Körper und seine Bewegung so anzunehmen, wie er ist, einen dynamischen, fließenden Prozeß der Integration von seinen Möglichkeiten zu finden und die Fähigkeit, diesen Prozeß selbständig in Gang zu halten, ist das Ziel der Tanztherapie.

Die Polaritäten von: groß/klein, gerade/krumm, aufrecht/gebeugt, beweglich/unbeweglich, jung/alt, männlich/weiblich, aktiv/passiv, stark/schwach/, Sonne/Mond etc., sind, um einige Beispiele zu nennen, von Bedeutung.

Das regelmäßige Treffen, das gemeinsame Tanzen, das Verbalisieren von auftretenden Konflikten gibt Unterstützung und fördert die Bildung einer Gruppenidentität, über die dann persönliche Identität erarbeitet werden kann. Gemeinsame Gruppenaktivitäten wie etwa Folkloretänze bringen ein Erfolgserlebnis, durch den Beitrag von erweiterten Schrittkombinationen wird die individuelle Bewegung gefördert. Auch das Aufgreifen der Bewegung anderer Gruppenmitglieder kann neben dem Gefühl der Zugehörigkeit das tanztherapeutische Ziel erreichen. Die Bewegung in der Gruppe ist besonders fördernd für die Patientinnen, um dem Gefühl der Isolation, der Andersartigkeit, der physischen und psychischen Behinderung entgegenzuwirken. Sicherheit und Vertrauen können erreicht werden.

Im Gegensatz zu den Ereignissen der Geburt, der Pubertät, der Heirat, des Gebärens und des Todes wird uns aus der Geschichte kein Übergangsritus zur Menopause überliefert. Die Funktion ei-

10 Vgl. Onken, J.: Feuerzeichen Frau. München 1988.

nes derartigen Ritus bestünde darin, einer naturgegebenen Wende im Leben der Frau – und das ist die Menopause – eine Bedeutung zu verleihen, dem Individuum während dieser Phase die Unterstützung des Kollektivs zuzusichern.
Das Wissen um den Ablauf von Übergangsriten habe ich als äußerst bereichernden Wert in meiner tanztherapeutischen Arbeit empfunden. Interventionen, die den Träumen und Symbolen Platz gaben, entsprachen vielen jener rituellen Prüfungen und Bilder. Die Botschaften der Träume sind chiffriert. Das Symbol verbindet das Unbekannte mit dem Vertrauten und bildet somit eine Brücke zwischen Objekten und Erfahrungen, die in Wirklichkeit voneinander getrennt sind. Es stellt eine Beziehung zwischen dem Bewußten und dem Unbewußten her, zwischen dem Hier und Jetzt, dem Allgemeinen und dem Abstrakten, zwischen dem Soma und der Psyche, der physikalischen Tatsache und dem Sinn, dem Fragment und dem Ganzen, und zwischen der Vernunft und der Leidenschaft.

Protokoll einer tanztherapeutischen Arbeit mit Frauen zum Thema: Identitätsfindung über Identifizierungen. Mädchen – Frau – alte – Frau,
Teilnehmerinnen: eine Gruppe von fünf Frauen im Alter von 55-65 Jahren.
Ich hatte weiße, rote und goldenen Tücher mitgebracht. Zuerst: Tanz mit den weißen Tüchern, die das junge Mädchen symbolisieren sollten. Rot steht für die Frau. Gold steht für die alte Frau. Bewegungen der drei Lebensabschnitte ausprobieren, wo finde ich mich wieder, was gefällt mir besonders, wo fühle ich mich am wohlsten, mit welcher Farbe tanze ich am liebsten?
Mit dem weißen Tuch bewegen sich die meisten hüpfend und springend durch den Raum, eine pfeift dazu, ich mache den Vorschlag, auch die Stimme zu benutzen. Es kommt eine Tralala, ein leises Singen, langsam tritt aber die Bewegung in den Vordergrund. Leicht und flatternd, frei und indirekt sind die spontan gewählten Bewegungsqualitäten. Die Stimmung ist unbeschwert und heiter. Vereinzelter, flüchtiger Kontakt wird aufgenommen, aber schnell wieder abgebrochen. Das Tuch wird in die Bewegung integriert, dient vorwiegend als Unterstützung für die vor-

handenen Bewegungen. Es wird nie getrennt zur Bewegung benutzt oder besonders hervorgehoben.
Das rote Tuch dient vorerst als Begleitung beim langsamen Gehen durch den Raum, verschiedene Möglichkeiten der Verwendung werden ausprobiert (einhüllen, verkleiden, spanischer Stierkampf, Fahne, Staubtuch, Putztuch), es steht am Anfang der Bewegungseinheit im Vordergrund. Bei der Verwendung als Staub- oder Putztuch wird viel gelacht.
Ein Gefühl der Ratlosigkeit und Unsicherheit tritt auf. Einige bleiben an einem selbstgewählten Platz im Raum stehen und beginnen, nun auch mit dem Körper zu experimentieren und das Tuch in die Bewegung zu intergrieren, die anderen gehen langsam im Raum weiter. Die Bewegungen werden sehr ruhig ausgeführt, langsame, sorgfältig gewählte Schwünge mit den Armen stehen im Vordergrund, der übrige Körper wird nur selten eingesetzt. Ich habe das Gefühl, daß sie sich alle mit ihrer Bewegung beruhigen und trösten. Die Stimmung im Raum ist ernst und gedämpft, fast traurig, vereinzelt hört man ein kurzes, heftiges Schleudern und Peitschen des Tuches. Eine Teilnehmerin unterbricht ihr Schwingen immer wieder durch diese Bewegung, als sich aber die meisten anderen nach ihr umdrehen, hört sie auf damit und schließt sich den allgemeinen Schwungbewegungen an.
Schon zu Beginn der Einheit mit dem goldenen Tuch bemerke ich, wie viele es mit einer besonderen Sorgfalt und Behutsamkeit vom Boden nehmen. Bedächtig und würdig schreiten sie durch den Raum, einige haben sich das Tuch um die Schultern gelegt. Obwohl das Tuch aus leichtem Material ist (Baumwolle), scheint es sich auf ihren Schultern schwer und riesengroß anzufühlen. Die Körperhaltung wird zunehmend im Sinne einer Flexion des Rumpfes verändert, und der anfangs würdevolle Eindruck verliert sich. Manche scheinen die Last der Welt auf ihren Schultern und dem Rücken zu tragen, die Bewegungen sind steif, eine beginnt zu hinken.
Langsam werden Bewegungen mit dem Tuch ausprobiert, ein sanftes Schwingen, das von den Armen eingeleitet wird, setzt sich in den Rumpf fort. Sie kommen ohne meine Anweisung zum Kreis zusammen und schwingen gemeinsam das goldene Tuch. Die Bewegung in den Armen wird nun vorwiegend von unten

nach oben und von oben nach hinten vorgenommen, der Rumpf wird immer mehr miteinbezogen im Sinne einer Flexion und Extension. Hüft- und Kniegelenke beugen und strecken sich mit. Darauf entsteht ein Hopsen, bis es zwei Teilnehmerinnen zu anstrengend wird (sie stöhnen), sie verlassen den Kreis, der sofort aufgelöst wird. Die Stimmung in der Gruppe ist sehr ernst und meditativ.

Auf die Frage, ob sie sich noch weiterbewegen wollen, erhalte ich eindeutige Zustimmung, und ich schlage vor, sie sollen die Tücher weglegen, sich frei im Raum bewegen und schauen, ob sie die Bewegungsinhalte der drei Lebensabschnitte verbinden können. Sie können auch Kontakt aufnehmen, wenn sie den Wunsch danach haben. Welcher der drei Lebensabschnitte ist vorherrschend in ihrer Bewegung?

Sie bewegen sich rasch, springend und frei durch den Raum. Sie wirken ausgelassen und heiter. Einige schütteln den Körper, was von den Armen eingeleitet wird, Kopf und Becken werden wenig mitbewegt. Andere gehen ganz bestimmt, zielgerichtet durch den Raum, als ob sie etwas ganz Wichtiges zu tun hätten, klare eindeutige Bewegungen der Arme, sie dienen zum Antreiben der Bewegung und werden vom Ellenbogen aus vor- und rückgeführt. Manchmal hat es den Anschein, als ob sie etwas wegstoßen, sich Raum verschaffen wollten.

Es entstehen zwei Gruppen, zwei Frauen schwingen, die anderen gehen bestimmt und sich Platz machend durch den Raum. Obwohl der Raum groß genug ist, weichen die Frauen, die am Platz stehengeblieben sind, immer den vorbeigehenden Frauen aus, sie scheinen einen Zusammenstoß zu fürchten. Eine davon ist bald nur noch damit beschäftigt, sich zu schützen, geht dann an den Rand des Raumes und findet nur schwer ihre Bewegung wieder. Die drei gehenden Frauen finden über die Bewegung schnell Kontakt zueinander, es macht ihnen sichtbar Spaß, gemeinsam durch den Raum zu gehen, es entsteht ein gemeinsamer Schrittrhythmus, der durch Stampfen und festes Auftreten der Beine begleitet wird.

Ich fordere sie auf, die Bewegung langsam zu Ende zu bringen.

Die Arbeit mit dem Medium Tuch stellt zum einen einen Verbindung zu der vorangegangenen Arbeit her und schafft zum ande-

ren angstfreien, distanzierten Raum, sich mit dem Thema zu beschäftigen. Anhand seines Einsatzes wird in den jeweiligen Bewegungsabschnitten der Grad der Sicherheit deutlich. Während es in der Phase des Mädchens nie eigene Bedeutung gewinnt, wird es in den beiden anderen Phasen deutlich als Bewegungs- und Vorstellungshilfe eingesetzt und bietet den Frauen neue Möglichkeiten, sich zu erfahren. Das Einhüllen, Sich-Verkleiden, in der Phase der Frau macht ihre jetzige Situation sehr deutlich: sich zudecken, etwas nicht sehen wollen und auch etwas verändern wollen, in eine andere Rolle schlüpfen wollen (eine andere sein wollen). Die Verwendung des Tuches als Fahne und als Mittel im Stierkampf läßt auf den Wunsch nach Befreiung schließen, die erkämpft werden muß. In der Phase der alten Frau wird dem Tuch anfangs übergroße Bedeutung beigemessen. Es scheint schwerer zu sein, bekommt mehr an Gewicht, als es real hat. Hier wird möglicherweise eine Wertverschiebung deutlich – die alte Frau hat wahrscheinlich in der (Selbst)Einschätzung wenig Bedeutung, ist „wertlos", und das soll durch das Tuch ausgeglichen werden.
Die Identifizierung mit dem jungen Mädchen bringt deutliche Bewegungsrepertoireerweiterung und macht die leichte, flatternde, spontane Bewegung erfahrbar. Die Möglichkeit, lustvolle Bewegung zu erleben, läßt sie heiter und unbeschwert sein. Die Verantwortung und das hohe Maß an Pflichtgefühl kann abgelegt werden, die Identifizierung mit dem Mädchen erlöst sie scheinbar von all ihren Zwängen und Aufgaben.
Die Ursache für die Unsicherheit und Ratlosigkeit in der Phase der Frau ist in dem fehlenden Integritätsgefühl ihrer jetzigen Situation begründet. Da sich die Frauen trotz ihrer Krankheit sehr für andere einsetzen und wenig für sich tun können, wird auch hier ein mangelndes Selbstwertgefühl deutlich, das durch übertriebene, mitunter zwanghafte Zuwendung aufgehoben werden soll. In der Bewegung der Arme kommt noch einmal die Sehnsucht nach Zuwendung, Trost und Ruhe zum Ausdruck.
Die Erfüllung der teils symbiotischen Wünsche und des starken Harmoniebedürfnisses über die eigene Bewegung macht sie unabhängiger, trägt zur Autonomiebildung und Stärkung des Ichs bei, macht ihnen aber auch ihre Bedürfnisse klar, – und wie wenig

jene erfüllt werden. Neben dem Gefühl der Trauer wird jenes der Auflehnung gegen das eigene Schicksal gewählt und durch das Peitschen und Schlagen des Tuches einer einzelnen Frau zum Ausdruck gebracht. Die Schwierigkeit, das Gefühl der Aggression und der Wut anzunehmen, wird in der darauffolgenden Reaktion der Gruppe bzw. im raschen Abbruch der Bewegungssequenz deutlich.
Die Identifizierung mit der alten Frau zeigt vorerst ihre Abhängigkeit von gesellschaftlichen Normen und Werten. Obwohl zu Beginn der Bewegungsphase durch den würdevollen Gang der Eindruck entsteht, daß auch diese Lebensphase einen annehmbaren, respektablen Wert beinhaltet, gelangt das Bild der gebeugten, behinderten Frau im Alter in den Vordergrund. Mangelndes Selbstwertgefühl, die Abwertung ihrer eigenen, anfangs positiven Gefühle und die damit verbundene Schwierigkeit, jene zu akzeptieren, bindet die Frauen an übernommene, negative Gefühle.
Durch die Aufhebung der Starre und die über lange Zeit durchgeführte Bewegungssequenz in der gebeugten, behinderten Körperstellung – initiiert von der Frau, die das Tuch und damit auch die Last von den Schultern ablegt – kann sich die Gruppe von ihrem gemeinsamen Schicksal befreien und zu neuen Bewegungen bzw. zu neuen Ergebnissen gelangen. Da die Bildung der Gruppenidentität Sicherheit und Vertrauen gibt und zu diesem Zeitpunkt einen beruhigenden, harmonisierenden Aspekt auf die eigene Identität wirft, kommt eine Gruppe sehr schnell zum schutzbietenden Kreis zusammen. Die individuelle Identität, die zu diesem Zeitpunkt möglicherweise noch eine Stärkung an Autonomie benötigt, kann in der Gruppe gefunden werden. Durch die Auf- und Abwärtsbewegung des Tuches und des Körpers hat es den Anschein, als ob die Frauen einander zuwinken würden.
Die gemeinsam ausgeführte Bewegung ermöglicht ihnen Gefühle wie „Ich bin da", „So bin ich" zu erleben, sie fühlen sich sehr stark, jede wird in ihrem Dasein akzeptiert. Das am Anfang der Stunde fehlende Gleichgewicht ist gefunden worden, die Frauen stehen mit beiden Beinen auf der Erde, und das Gefühl „Hier stehe ich und das bin ich" läßt sie Sicherheit und Vertrauen gewinnen.
Das Verlassen des Kreises durch zwei Frauen zeigt den Mangel

an Einschätzung ihrer körperlichen Kraft, Ausdauer und ihrer Fähigkeit, in der Bewegung ihre individuellen Möglichkeiten und Grenzen zu finden. Das Spannungsfeld der Polarität von Bewegung und Ruhe wird mittels des Entweder-Oder-Prinzips gelöst. Das beenden zu können, wenn sie müde, erschöpft sind bzw. wenn es anstrengend wird, sehe ich jedoch bei den Frauen als einen Fortschritt in bezug auf ihr starkes Pflichtgefühl und ihr Leistungsdenken an, es stellt einen Beginn dar, sich mit der Polarität Ruhe/Bewegung zu konfrontieren.
Die Frauen wurden durch die Gruppenbewegung gestärkt und können dadurch die Bewegung alleine im Raum weiterführen – das Repertoire wird aber dabei deutlich verkleinert, die in der Gruppe ausgeführten Rumpf- und Beckenbewegungen verschwinden. Dies bringt noch einmal sehr deutlich die Abhängigkeit vom gemeinsamen Erleben zum Ausdruck. Möglicherweise werden durch das Aufgeben von Rumpf- und Beckenbewegung die Gefühle der Isolation und der Einsamkeit, die in der Lebensphase der alten Frau bzw. des Klimakteriums empfunden werden können, vermieden. Die freie Bewegungsphase zeigt deutliche Bewegungsrepertoireerweiterung in den Sprüngen und dem Schütteln des Körpers. Spannungsabbau oder -aufbau bestimmen die Bewegungsqualitäten der Frauen in dieser Sequenz. Sie werden je nach Person und momentanem Bedürfnis eingesetzt und bieten den Frauen eine positive Möglichkeit, Distanz zum Thema der weiblichen Rolle zu finden bzw. sich aus den angebotenen Identifizierungen zu lösen und wieder zu sich zu finden.
Durch das Schütteln des Körpers kann Spannung abgebaut werden; das Schwingen der Arme, welches alle Bewegungssequenzen begleitet, wird beibehalten, diese Bewegung ist bereits vertraut, wurde durch akzeptierendes Verhalten bestärkt und kann daher ohne Scheu wiederholt eingesetzt werden. Die Schwünge erfahren durch neue Bewegungsrichtungen, die individuell spontan ausgewählt und ständig gewechselt werden, eine Erweiterung.
Spannung wird aufgebaut durch das zielgerichtete Gehen der Frauen und wird als angenehm, lustvoll und verbindend erlebt. Das Erlebnis einer deutlichen Ichstärkung tritt hier klar zutage, da eine Möglichkeit gefunden wurde, sich von den Zwängen zu lö-

sen. Die Bewegung gibt ihnen die Möglichkeit, ihre Aggression zu kontrollieren, was eine Voraussetzung ist, um sie auch positiv einsetzen zu können. Das Gefühl der Autonomie wirkt anziehend und bereichernd, was besonders in den rhythmischen Schrittvariationen zum Ausdruck kommt. Die Schwünge der Bewegungssequenzen werden in ihrer emotionalen Qualität verändert, es entsteht daraus ein Boxen, Schlagen der Arme: Aggression, Durchsetzungsvermögen und Selbstbehauptung werden geübt und ausprobiert. Aufgrund des starken Lusterlebnisses dieser neuen Bewegung kann jene beibehalten und fortgesetzt werden.
In der anschließenden Gesprächsrunde berichtet eine Frau, daß sie die alte Frau ehrt und anerkennt, das wird in ihrer Bewegung sichtbar, und was sie dabei fühlt – sie hole sich die Kraft von unten. Obwohl sie in der Bewegung dieser Kraft körperlich – für alle sichtbar und einleuchtend – Ausdruck gibt, spürt und weiß sie nicht, was sie da macht. Diese Kraft als positiv zu sehen und sie für sich einzusetzen, konfrontiert sie mit ihren Aggressionsgefühlen, die ihr teilweise noch Angst machen, obwohl sie befreiende Gefühle wahrnimmt. Sie ist bereit, sich mit diesen Emotionen auseinanderzusetzen und sich vom Gefühl des Eingesperrtseins und der Zwänge zu befreien.
Beim Gespräch ist besonders auffallend, daß Frau S. eine resignierende Einstellung zu ihren Bewegungen und zum Tanzen in der Gruppe zeigt. Diese Haltung verdeutlicht zum einen die Stellung der alten Frau in der Gesellschaft, zum anderen werden hier ungelöste Konflikte, die nun im Klimakterium wiederholt nach Lösung drängen, sichtbar. Fehlendes Selbstwertgefühl, verbunden mit intensiven Wünschen nach Geborgenheit, Akzeptanz und Zuwendung, lassen sie Traurigkeit und Einsamkeit erleben, wogegen, dem Leistungsprinzip folgend, angekämpft werden muß. (Sie wehrte sich in der Gesprächsrunde lange gegen ihre Tränen, konnte sie aber im weiteren Gespräch fließen lassen, wofür sie sich „nicht einmal schämte".) Dankbarkeit und eine unterwerfende Haltung der Therapiesituation gegenüber (daß sie das „in ihrem Alter nocheinmal erleben dürfe", daß sie „interessant findet, was hier gemacht wird" – Aussagen, die eine wahrscheinlich notwendige Distanz zu ihrem Erleben schaffen) machen ihre fehlende Selbstwahrnehmung, ihre Gefühle deutlich. Sie teilt sich in den

Therapiestunden verbal sehr wenig mit, und es ist für sie ein sehr wesentlicher Fortschritt, daß sie bereit ist, sich Hilfe und Zuwendung zu holen.
Dieses Protokoll soll eine Skizze einer Tanztherapiestunde im allgemeinen darstellen.
Die Generation der Frauen, die jetzt in der Menopause sind, wuchs großteils in der bedrückenden Atmosphäre einer sinnesfeindlichen Umwelt auf, Reinlichkeit und das Verbot kindlich-sexueller Erfahrungsspiele versperrten ihnen den Weg zum eigenen Körper. Die Einheit von Lust und Fruchtbarkeit wurde in zwei gegensätzliche Dinge geteilt, und die strenge Moral verbot, den Körper zu begreifen, zu befühlen und ihn zu mögen. Mehr noch: Es schien, als ginge vom Körper für die Frau eine Bedrohung aus. So wurden sämtliche lust- und genußvollen Gefühle, die ein sinnlich bewegter Körper geben kann, unterdrückt.
Das von der Gesellschaft geprägte Tabu der aktiven Sexualität älterer Menschen ist einer positiven Einstellung zur Sexualität im Alter abträglich. Entscheidend ist jedoch die persönliche Entwicklung und die Fähigkeit, ein befriedigendes Sexualleben zu führen, das, sofern es früher befriedigend war, weiterhin so bleiben kann. Im Gegenteil: Befreit von der Sorge um eine mögliche Schwangerschaft kann es sich spontaner gestalten, Sex kann zum Ausdruck einer erprobten und vertrauten Kameradschaft werden.
Wenn keine Freude an körperlicher Berührung empfunden werden darf (Moral, Angst, Unwissen), wenn sexuelle Wünsche verdrängt werden müssen – und der Wunsch nach Sexualität bleibt bis ins hohe Alter bestehen – kommt es zur Entfremdung vom eigenen Selbst, vom eigenen Körper, auch zum Gefühl der Isolation. Die sozialen Gesichtspunkte der Sexualität, wie Aufhebung der Isolation, Zuwendung vom Partner, Zärtlichkeit und Anerkennung der eigenen Person, bestimmen große Teile der Identität. In einer Gesellschaft, die die Menopause nicht mit Asexualität gleichsetzt, andererseits aber auch nicht das Ideal unveränderlicher, altersloser sexueller Attraktivität propagiert, wäre es wohl für Frauen einfacher, angemessen und mit mehr Würde zu altern.
Die Erlebnisse und Erfahrungen, die über den Körper und seine Bewegungen in der Tanztherapie gemacht werden, können bestehende Konflikte, die um dieses zentrale Anliegen jedes Men-

schen kreisen, zulassen und aufdecken. Die Erlaubnis, darüber zu sprechen, kann ein erster Schritt sein, die Sexualität als wertvollen und wichtigen Bestandteil des Lebens anzusehen. Oft ist das Gespräch – trotz der Schwierigkeiten vieler Menschen, die eigene Intimsphäre zu verbalisieren – der Ausgangspunkt für weitere sinnliche Erfahrungen und der Ansatz, körperliche, sexuelle Erlebnisse zuzulassen.

Barbara Hennig

INITIATISCHE LEIBTHERAPIE MIT FRAUEN

Weil ich manchmal selbst gern wissen möchte, wer hinter dem steckt, was ich lese, und wie dieser Mensch zu dem gekommen ist, worüber er/sie schreibt, stelle ich mich kurz vor:
Ich bin 1946 geboren, habe eine sechsjährige Ausbildung als Innenarchitektin absolviert und in diesem Beruf zehn Jahre lang gearbeitet, davon acht Jahre erfolgreich selbständig. Dennoch plagte mich Unzufriedenheit, was mich nach neuen Lebensinhalten und -zielen Ausschau halten ließ. Mit 33 Jahren habe ich mein Innenarchitekturbüro verkauft und darauf das Studium der Kulturpädagogik in Hildesheim begonnen. Parallel dazu ging ich in eine dreijährige Ausbildung als Yogalehrerin nach Hannover. Nicht zuletzt dieser Weg brachte mich mit Graf Dürckheim und Maria Hippius zusammen, den Begründern der Initiatischen Therapie. Im südlichen Hochschwarzwald, wo sie vor 40 Jahren ihre existentialpsychologische Bildungs- und Begegnungsstätte gegründet hatten, lebte ich von 1983 bis 1986, um diese Therapie an mir zu erfahren, sie zu begreifen und um mich für eine Zeit von der allzu hektischen Welt zurückzuziehen. In diesem Ort, Rütte, lernte ich mich selbst auf neue Weise kennen, fand die Ruhe, mich auf meine Examina als Kulturpädagogin vorzubereiten, begann Menschen auf ihrem Weg zu begleiten und bekam schließlich dort den Impuls, daraus einen Beruf zu machen und eine gründliche Ausbildung als Psychotherapeutin zu beginnen. Da die Initiatische Therapie sich sehr auf die Analytische Psychologie von C. G. Jung bezieht, war es naheliegend, für diese Ausbildung nach Zürich an das C. G. Jung-Institut zu gehen. Hier lebe, studiere und arbeite ich jetzt seit 1987 in einer Praxisgemeinschaft als leiborientierte Psychotherapeutin.

Erläuterung des Begriffs „Initiatische Leibtherapie" und deren Bedeutung für Frauen

Zunächst einmal das Wort „initiatisch": Es kommt vom lateinischen initiare: einweihen, einführen oder „den Weg zum Geheimen öffnen", wie es Dürckheim nennt.[1] Mit dem Geheimen ist der Mensch, der weibliche und der männliche, in seinem Wesenskern und dessen innewohnender Transzendenz gemeint, einer Kraft, in der Göttliches und Weltliches, ja alles Gegensätzliche, nicht voneinander getrennt sind.

Was in der Initiatischen Therapie als Wesen bezeichnet wird, findet in der Analytischen Psychologie seine Entsprechung in dem Begriff des Selbst.

Obwohl die Bezeichnung „Leib" ein wenig altmodisch klingt, hat sie ihren Sinn in der Unterscheidung zum Körper. Mit dem Körper ist ausschließlich der physische Korpus gemeint, den wir uns im idealen Sinne als gesund und leistungskräftig wünschen und häufig viel Energie mobilisieren, um ihn darauf zu trainieren. Der Leib jedoch umfaßt den Menschen in seiner ganzen Gestalt, in dessen Zusammenspiel von Körper, Geist und Seele und seinem Bezug zur Welt. C. G. Jung und auch Dürckheim waren der Überzeugung, daß Menschen zutiefst am Getrennt-Sein von ihrem Wesenskern oder Selbst leiden und daß darin der Grund für eine Art Menschheitsneurose zu sehen sei.[2]

Diese Trennung vom Wesen hat verschiedene Ursachen. Ein von seinen Eltern erwartetes Kind wird häufig neben liebevollen Gefühlen mit Vorstellungen, Ansprüchen und herrschenden Wertmaßstäben empfangen. Man weiß schon im voraus, was gut für ein Mädchen und für einen Jungen ist, man hat gewisse Pläne für seine Nachkommen. Darüber hinaus werden Kinder mit Verhaltensweisen der Eltern befrachtet, die aus deren eigener Kindheit stammen. Alice Miller hat das in ihrem Buch „Das Drama des begabten Kindes" sehr eindrücklich beschrieben.[3]

Diese mehr oder weniger bewußten Vorurteile behindern die Sicht dafür, daß in einem Kind die ganze Persönlichkeit des werdenen Menschen angelegt ist, die nichts anderes will, als im Leben zur vollen Entfaltung und zur Weiterentwicklung zu kommen. Auf diesen Persönlichkeits- oder Wesenskern des Kindes wird je-

1 Pongratz, L. J. (Hrsg.): Psychotherapie in Selbstdarstellung. Bern 1973, S. 133.
2 Jung, C. G.: Grundwerk Bd. 1. Olten 1984, S. 42.
3 Vgl. Miller, A.: Das Drama des begabten Kindes. Frankfurt/M. 1983.

doch in den seltensten Fällen mit aller Aufmerksamkeit eingegangen. Das Kind wird aus der elterlichen Erwachsenenperspektive erzogen. Und weil Kinder auf die Zuwendung der Eltern angewiesen sind, passen sie sich deren Wünschen und Forderungen an. Auf diese Weise verlieren sie mehr oder weniger den Kontakt zum eigenen Inneren. Das mag als Skizze der übliche Weg solcher Menschen sein, die in eine „normale“ Familie hineingeboren werden. Darüber hinaus sind jedoch viele Menschen von Anbeginn ihres Lebens regelrechten Angriffen auf ihre Persönlichkeit ausgesetzt, die von subtil seelischer Grausamkeit über körperliche Züchtigung bis hin zu sexueller Ausbeutung reichen. Alle Mechanismen, deren sich Betroffene über lange Zeit ihrer Entwicklung zum Schutz und zum Überleben bedienen, richten sich mit der Zeit gegen sie und gegen die Entfaltung einer wahren, lebendigen Persönlichkeit. Der gebräuchlichste Schutz ist das Abstellen der Leibempfindungen.
Da wir über Jahrtausende patriarchalen Werten innerhalb der Gesellschaft ausgesetzt sind, deren Merkmale sich auch in extremer Leibfeindlichkeit, der Abwertung der Frau und damit des Weiblichen schlechthin zeigten und überwiegend immer noch zeigen, haben gerade wir Frauen es schwer, einen positiven Bezug zur eigenen, leibhaftig weiblichen Persönlichkeit zu finden. Wie tief dieser uns vom Patriarchat zugewiesene, kollektive Schuldkomplex steckt, vom Weibe komme alles Böse, Verführerische, erfahre ich täglich mehrmals in meiner Praxis. Diese besteht, bis auf eine Ausnahme, momentan nur aus Frauen. Aber auch dieser eine Mann leidet extrem an den Werten der patriarchalen Gesellschaft und an den Folgen einer Mutterbeziehung, die ebenfalls empfindlich durch patriarchale Maßstäbe gestört war.
Die initiatische Leibtherapie ist ein Weg, mit Hilfe verschiedener „Medien“, d. h. Erfahrungsmittel, einen Zugang zu jenem mehr oder weniger verbarrikadierten Wesenskern zu finden. Mag ein wesentliches männliches Merkmal das „aktive Machen“ sein, so steht hier das „Nicht-Machen“ im Vordergrund. Die „Medien“, von denen ich einige näher beschreiben werde, sind dazu da, so etwas wie eine Schale anzubieten, in die sich die Klientin ohne Gefahr „hineinlegen“ kann, um sich von den kreativen Kräften ihres Wesenskernes erreichen zu lassen. Ich benutze dieses Bild der

Schale, weil es ein weibliches Symbol ist und weil ich als Therapeutin und weiblicher Mensch aus Erfahrung davon überzeugt bin, daß wirkliche Heilung nur aus der wandelnden Kraft des Weiblichen geschehen kann. In dieser Kraft steckt männlich unterscheidender Geist, wächst aus ihr zu einer Instanz von klarem, nicht wertendem Bewußtsein hervor, welches Männliches und Weibliches, damit jeglich Gegensätzliches, als untrennbar in sich vereint erfährt. Frauen sind durch ihren Monatszyklus mit dem kosmischen Zyklus eng verknüpft und somit spürbarer in Kontakt mit der wandelnden Kraft des Weiblichen als Männer. Um sich mit dem in jedem Menschen innewohnenden kosmischen Werdegesetz wieder verbunden zu erleben, das in Frauen deutlicher angelegt ist, halte ich gerade diese Therapie des „Geschehen-Lassens" für sie besonders geeignet.
Frauen müssen sich ihrer eigenen weiblichen Kostbarkeit bewußt werden und dabei erfahren, daß Männliches in ihnen selbst gegründet liegt und zur Ausformung kommen will. So brauchen wir Männer nicht zu kopieren und können kraft unseres weiblichen Selbstbewußtseins neu auf sie zugehen, ohne uns im Geschlechterkampf zu verlieren.

Motivationen von Frauen für diese Therapie

Viele Frauen kommen schon mit dem ausdrücklichen Wunsch in die Therapie, nicht allein über das Wort zu arbeiten, sondern den Körper in den Prozeß miteinzubeziehen. Manche kennen sich bereits aus einer Gesprächstherapie oder Analyse, sind dort an unüberwindliche Grenzen gestoßen, haben auf dem Erkenntnisweg eine Menge über sich gelernt, konnten aber das Gefühl eines tiefen existentiellen Unwohlseins nicht überwinden.
Symptome wie z. B. Mißtrauen gegenüber Männern, Angst, sich von Männern berühren zu lassen, Störungen im Sexualleben, können im Zusammenhang mit sexuellem Mißbrauch stehen, der unter Umständen in vorangegangenen Therapien auf der Basis der Freudschen Psychoanalyse behandelt und somit als sexuelle Phantasie der Klientin angesehen wurde. Weiterhin kann es einer Frau, die in der Therapie bei einem Mann ihren Mißbrauch bearbeiten wollte, geschehen sein, daß sie von ihrem Therapeuten

aus vorgeschobenen Heilungsabsichten nocheinmal mißbraucht wurde.[4]
Diese wiederholten Traumatisierungen und deren Folgen können Beweggründe dafür sein, sich in eine ganzheitlichere Therapieform zu begeben.
Abgesehen von dieser Problematik, die in meiner Praxis häufig vorkommt, werden auch Bedürfnisse geäußert, sich näher kennenzulernen, wieder einen besseren Kontakt zum Körper zu finden, eine erfahrene religiöse Dimension in das tägliche Leben miteinbeziehen zu lernen und damit das schmerzhafte Gefühl einer existentiellen Spaltung aufzulösen und endlich heil zu werden.

Therapeutische Sackgassen – Die Rolle der Therapeutin auf dem initiatischen Weg

Eine wichtige Voraussetzung zur therapeutischen Begleitung von Menschen ist, daß die Analytikerin oder Initiatische Therapeutin der Klientin gegenüber einen Erfahrungsvorsprung auf dem Weg zu sich selbst hat. In allen tiefenpsychologischen Schulen wird nicht umsonst eine eingehende Lehranalyse als Basis für therapeutisches Arbeiten verlangt, deren Sinn darin liegt, daß die werdenden AnalytikerInnen ein gutes Stück an ihren eigenen Komplexen gearbeitet haben. Die Seele spricht zu uns in Bildern, in Symbolen, die sich meistens über Träume offenbaren. Mit diesen muß die Therapeutin in einer Weise umzugehen wissen, daß die Träumerinnen selbst sich davon anrühren lassen und daraus Vertrauen zu den Kräften der eigenen Seele schöpfen können.[5] Dieser Umgang entwickelt sich am wirksamsten aus der eigenen Erfahrung. Unsere Träume sind letzlich diejenige Instanz, welche uns unbestechlich spiegelt, wo wir uns in unserer Entwicklung befinden und welche Schritte wir als nächste zu gehen haben.
Ein weiterer ganz wichtiger Aspekt in der Begleitung von Klientinnen ist der, daß Therapeutinnen aus Gründen ihres Erfahrungsvorsprunges keine Haltung der Überlegenheit einnehmen. Sie sollten sich persönlich nicht unerreichbar oder unangreifbar ma-

4 Wirtz, U.: Seelenmord – Inzest und Therapie. Zürich 1989, S. 245.
5 Vgl. Kast, V.: Die Dynamik der Symbole. Grundlagen der Jungschen Psychotherapie. Olten 1990.

chen, sollten für Kritik oder das Austragen eines Konfliktes empfänglich bleiben. Auch der bewußte Umgang mit Idealisierung und Bewunderung ist mir erwähnenswert, da gerade die TherapeutInnen-Rolle zu irreführenden „Guru-Haltungen" verleiten kann.
Weil der Weg zu den abgeschnittenen Wesenskräften häufig nicht leicht zu gehen ist und dieser sich verwirrend wie ein Labyrinth, dunkel wie ein Tunnel oder gefährlich schmal wie eine Gratwanderung anfühlen kann, braucht es die geduldige, liebevolle Zuwendung der Therapeutin, manchmal über Jahre. Gerade in Fällen von narzißtischen Frühstörungen, d. h. Störungen im ersten Lebensjahr der Persönlichkeitsentwicklung, ist die Tragfähigkeit der therapeutischen Beziehung von immenser Wichtigkeit. Die Stabilität dieser Beziehung muß auf seelischer Ebene vorübergehend die gestörte Dual-Union, wie Neumann die erste Zeit nach der Geburt des Kindes mit der Mutter bezeichnet, ersetzen.[6] Diese Notwendigkeit bringt es mit sich, daß die aus der Psychoanalyse übernommenen, strengen Abstinenzregeln der Unpersönlichkeit modifiziert werden, was mit der Einbeziehung des Körpers in die Therapie bereits geschieht.
Ich stelle mir vor, daß die Rolle der Therapeutin mit der einer begeisterten Gärtnerin vergleichbar ist, die die Einmaligkeit einer Pflanze erkennt und alles dafür tut, daß diese zu Wachstum, Stärke, ja zur vollen Entfaltung ihrer Eigenart kommen kann, ohne andere Pflanzen zu überwuchern. Oder die Therapeutin ist liebende Mutter und liebender Vater zugleich, die das Seelenkind ihrer Klientin empfängt wie es ist, nicht wie es sein sollte. Dabei werden sich auch im Verlauf des Weges die Vater- und Mutterkräfte in einer Klientin selbst entfalten, sodaß nach einer Zeit der „therapeutischen Elternschaft" die Klientin allein für die weitere Entwicklung ihres Seelenkindes sorgen kann.

Erfahrungsbereiche der initiatischen Leibtherapie

Die Arbeit auf dem Massagetisch

Auf dem Massagetisch macht die Klientin unmittelbar durch Berührung Erfahrungen mit dem Leib. Sie wird gebeten, sich in Rük-

6 Neumann, E.: Das Kind, Struktur und Dynamik der werdenden Persönlichkeit. Fellbach 1980, S. 12.

kenlage auf dem Tisch einzurichten und sich zunächst in Ruhe mit der neuen Situation vertraut zu machen. (Manche Therapeutinnen arbeiten auf einer Matte am Boden, was ich aus Liebe zu meinem Rücken aufgegeben habe.) Sie trägt ihre übliche Kleidung, die allerdings nicht einengend sein soll. Der erste Kontakt ist immer mit Spannung verbunden, deshalb ist es wichtig, diesem Anfang genügend Raum zu geben.
Während sich die Klientin auf der Liege einrichtet, sitze ich daneben und nutze ebenfalls die Zeit, mich ganz bei mir selbst zu sammeln und mich über den konzentrierten Kontakt zu mir auf den Menschen gegenüber einzustimmen. Meistens frage ich, wie sich die Person im Moment fühlt oder wie sie sich jetzt im Leib spürt, welche Körperzonen sie im Kontakt mit der Unterlage deutlich wahrnimmt. Am Anfang einer Behandlung ist das Leibbewußtsein vielleicht äußerst diffus, doch schon am Ende einer ersten Stunde kann sich das sehr verändern. Wenn ich das erste Mal jemanden anfasse, dann beginne ich meistens damit, die rechte Hand dieses Menschen in meine rechte Hand zu nehmen. Das ist eine Berührung, die uns durch die Art unserer Begrüßungssitte sehr vertraut ist, dennoch bewirkt sie hier bald spürbar mehr. Ich halte diese Hand eine ganze Weile in der meinen, lege dazu meine linke auf die Schulter der Klientin und bleibe erst einmal so in stiller Aufmerksamkeit. Es ist dabei für mich zu spüren, ob sich die Person entspannen, mir entgegen kommen kann oder ob sie sich zurückhält. Die Hände können am Anfang kalt sein und sich dann allmählich erwärmen, die Schulter wird sich mit der Zeit entlasten, und wenn ich mit meiner linken Hand unter dem Arm entlanggestrichen habe, wird sich diese Seite für die Klientin schon wesentlich belebter, plastischer, größer oder auch schwerer anfühlen. So arbeite ich zunächst behutsam an den Extremitäten des Körpers, später dann auch im Bereich von Becken, Bauch, Brustbein, Rücken, Nacken und Kopf. Ich tue das mit genügend innerem Abstand bei gleichzeitiger Zuwendung und Offenheit für meine Wahrnehmung und die der Klientin.
Was ist der Sinn dieser Arbeit? Wir können uns vorstellen, daß in unserer Leibgestalt unsere ganz persönliche Geschichte enthalten ist, sich darin eingegraben hat und darüber hinaus auch die unserer Eltern, Vorfahren, ja daß sie sogar Menschheitsge-

schichte in sich birgt.[7] Selbst wenn wir uns nur auf die persönliche Geschichte konzentrieren, haben wir damit genügend zu tun. Mit der offenen, wachen Bereitschaft, den Botschaften aus dem Leib Aufmerksamkeit zu schenken, können sich Abweichungen von dem bisherigen Selbstbild eröffnen, Korrekturen, Ergänzungen bis hin zu neuen Perspektiven.

Eine Frau hat z. B. aus rein körperlicher Sicht durchaus starke, kräftige Beine und gesunde Füße. Dennoch erlebt sie ihre Beine von innen her nur als Stümpfe, und die Füße sind überhaupt nicht spürbar. Psychisch entspricht diese Leibempfindung ihrem Gefühl, in der Welt keinen festen Stand zu finden, eigentlich in der Luft zu hängen. Oder die Trennung von Ober- und Unterkörper teilt sich spürbar mit, die Verkrampfung in den Schultern als Merkmal einer Lebenshaltung, in der eben kein verläßlicher, tragfähiger Kontakt zur Erde entstehen konnte.

Der Sinn der Leibtherapie ist darauf ausgerichtet, unzusammenhängende Leibbereiche wieder zu verbinden. Das geschieht, wenn einer Klientin mit der Zeit durch Bilder, Erinnerungen oder auch Träume der Hintergrund ihrer gestörten Leibempfindungen einsichtig wird. Häufig ist das Wieder-Erleben solcher Situationen mit heftigen Gefühlen verbunden, die jetzt zugelassen oder zumindest ausgesprochen werden dürfen, während sie damals unterdrückt werden mußten.

Vor allem ungeweinte Tränen, die eine Frau nun endlich weinen darf, hinterlassen im Körper immer warme, fließende Gefühle, die sie wieder ein wenig mehr mit dem ursprünglichen Lebensfluß verbinden.

Bei einer solchen ersten Berührung von Hand zu Hand kam in einer Frau blitzartig die Mißbrauchsgeschichte mit ihrem Vater zu Bewußtsein. In drei Therapien waren diese Bilder niemals aufgetaucht, über die Berührung wurden sie so mächtig, daß sie sich nicht mehr zurückdrängen ließen. Es begann ein schmerzvoller Weg von drei Jahren, auf dem sich innere Landschaften in Schnee und Eis gehüllt zeigten, in Träumen Bilder von ausgesetzten, ertrunkenen, erfrorenen, halb verhungerten, mit Schwie-

7 Vgl. C. G. Jungs Begriff des Kollektiven Unbewußten in: Hark, H. (Hrsg.): Lexikon Jungscher Grundbegriffe. Olten 1988, S. 188.

len überdeckten Kindern auftauchten, die manchmal nicht mehr und manchmal nur mit knapper Not gerettet werden konnten. Diese Frau hatte eine Reihe von gescheiterten Beziehungen hinter sich, sowohl zu Männern als auch zu Frauen. Immer war sie auf der Suche nach Liebe und Geborgenheit, vor allem in der Beziehung zu Frauen, denn ihre Mutter war in ihrer Geschichte eine Verbündete des Vaters. Die Therapie bestand nicht selten nur aus leibhaftigem Halten und dem emphatischen Mitgehen durch Trauer und Verzweiflung.
So wie eine Mutter sexuelle Gefühle beim Stillen ihres Kindes haben kann, was durchaus normal ist, wenn die Lebenskraft frei fließen darf, so können auch sexuelle Gefühle in einer solch therapeutischen Körpernähe entstehen. Der bewußte Umgang damit verhindert persönliche Verflechtung und zusätzliche Abhängigkeit in der Übertragungssituation.[8]
Heute, nach fünf Jahren, lebt diese Frau in einer konstruktiven, heilsamen Beziehung zu einer Partnerin, in der es möglich wurde, auch über die Sexualität einen neuen Zugang zu ihren Lebenskräften zu finden.

Das analytische Gespräch
Wenn es auch für manche Frauen von Anfang an ein Wunsch ist, den Körper in die Therapie miteinzubeziehen, so ist das für andere ganz undenkbar. Für manche braucht es viel Mut, überhaupt therapeutische Hilfe in Anspruch zu nehmen, sich einem fremden Menschen mit seinen Problemen anzuvertrauen. Zu viel Nähe kann als höchst bedrohlich erlebt werden, und es braucht u. U. lange Zeit für die Entwicklung einer vertrauensvollen Atmosphäre aus gebührender räumlicher Distanz.
Aber selbst wenn Analytikerin und Analysandin mit genügend Abstand einander gegenüber sitzen, spielt der Körper auch in diesem Setting eine wichtige Rolle. Haltung, Gestik und Mimik gehören zur Sprache des Leibes und können als Ausdruck der momentanen Befindlichkeit jederzeit einbezogen werden. Symptome wie Bauchschmerzen, Herzschmerzen, Atem- oder Schluckbeschwerden, die während der Analysestunde plötzlich auftreten,

8 Hark 1988, S. 185.

können thematisiert oder symbolisiert werden, sodaß der Körper auch auf diese Weise intensiv am therapeutischen Prozeß beteiligt wird.
Eine analytisch/therapeutische Beziehung ist von einer anderen Qualität als z. B. eine Partnerbeziehung. Obwohl für eine Frau über lange Jahre der Partner/die Partnerin beste/r Freund/in, Vertraute/r, Geliebte/r war und alle Kindheitserlebnisse schrecklichster Art nur in der Beziehung besprochen wurden, konnte es damit noch keine erlösende Veränderung geben, da möglicherweise aus Angst vor gegenseitiger psychischer Überforderung die Emotionen nicht fließen konnten. Die Analytikerin dagegen ist als Gesprächspartnerin etwa vergleichbar mit einem Katalysator am Auto. Die „seelischen Schadstoffe" ihrer Klientin fließen durch sie hindurch und werden kraft ihres Bewußtseins und ihrer Fähigkeit zur Emphatie gereinigt. (Dieses funktioniert um so besser, je durchläßiger die Analytikerin mit der Arbeit an sich selbst geworden ist.) Damit kann bei der Analysandin der emotionale Fluß in Gang kommen, und es beginnt ein seelischer Wandlungsprozeß. Im Körper können dabei Schmerzen auftreten, die sich mit Muskelkater vergleichen lassen, manchmal auch mit den Belebungsschmerzen lang eingefrorener Gliedmaßen. Eine wichtige Hilfe zur Verarbeitung solcher Phänomene ist das Malen und Modellieren mit plastischer Masse. Diese gestalterischen Ausdrucksmittel können in der Zeit zwischen den Analysestunden zu Hause angewandt werden. Sie unterstützen den Integrationsprozeß abgespaltener Persönlichkeitsanteile erheblich.
Nicht selten habe ich die Ansicht gehört, man gehe zu einem/r AnalytikerIn, um sich analysieren zu lassen, die Klientin sei dabei passiv und lasse „die Kur" über sich ergehen. So geschieht jedoch auf keinen Fall ein Wandlungsprozeß. Nur in dem Maße wie die Klientin bereit ist, mit dem Material aus Bewußtsein und Unbewußtem umzugehen, die auftauchenden Botschaften und Symbole aus Träumen wie aus bewußten Leibesebenen mit Hilfe der Analytikerin zu verstehen, ernst zu nehmen und in ihr tägliches Leben zu integrieren, kann eine Analyse gelingen.

Das „Geführte Zeichnen"

Dieses ist ein Medium der Initiatischen Therapie, das speziell von

Hippius aufgrund ihrer Studien über den graphischen Ausdruck von Gefühlen entwickelt wurde.[9]
Die Klientin sitzt vor einem genügend großen Blatt Papier, das auf dem Schreibtisch festgeklebt wird. Auch hier ist es nötig, daß sie zunächst Zeit bekommt, sich mit der Situation zu befreunden. Sie wird gebeten, sich mit ihrem Stuhl so gut einzurichten, daß sie ihre Füße mit dem Boden verbunden spürt, ihr Becken im Kontakt mit der Sitzfläche des Stuhles, sodaß sich ihr Rücken von unten her aufrichten kann. Der Kontakt zum Leib ist Voraussetzung für diese Übung, in der sie mit geschlossenen Augen die Fläche des Zeichenblattes ertastet, um diese als Bewegungsraum mit ihren Zeichenkreiden zu erfassen, die sie sich vorher für jede Hand bereit gelegt hat. Es geht nicht darum, ein Bild zu malen, das als Vorstellung schon in der Person Gestalt angenommen hat, sondern es geht darum, daß sich Inneres auf dem Papier markieren kann. Ist erst einmal die Schwelle der Scheu überschritten, so erscheinen Formen, die als Ur-formen zu erkennen sind: Kreise, Schalen, Lemniskaten (Liegende Acht, das Unendlichkeitszeichen), sich windende Wege, chaotischer Urstoff als weibliche Kräfte. Aber auch Geraden, Pfeile, Blitze, Dreiekke, Rechtecke als männliche Merkmale. Da mit beiden Händen gleichzeitig gezeichnet wird, mag erkennbar werden, daß die Seiten sich aus einem zwingenden Bestreben nach Harmonie und Symmetrie bewegen oder nur schwer koordinierbar sind bzw. einander behindern oder sich bekämpfen. Wir gehen in der Beurteilung dieser Beobachtungen davon aus, daß unsere rechte Körperseite der männlich-aktiven Kraft in uns entspricht, während die linke dem Weiblichen in uns zugeordnet wird. Es ist nicht zwingend, ständig in dieser Übung beide Hände zu benutzen, man kann auch wechseln zwischen der einen und der anderen. Wenn jemand Rechtshänderin ist, so mag der Gebrauch der linken Hand die rechte Hirnhemisphäre spürbar werden lassen, die unsere nicht denkende, nicht begrenzende, zur nicht wertenden Wahrnehmung fähige Gehirnseite ist.[10]
Das Geführte Zeichnen ist auch ein Mittel, Gefühle wie Wut zum

9 Schoeller, G.: Heilung aus dem Ursprung. Praxis der Initiatischen Therapie nach Karlfried Graf Dürckheim und Maria Hippius. München 1983, S. 101.

10 Kast, V.: Paare, Beziehungsphantasien oder wie Götter sich in Menschen spiegeln. Zürich 1984, S. 17.

Ausdruck zu bringen, die häufig besonders Angst machen. Sollte sich dabei Blatt um Blatt mit schwarzer oder roter Farbe füllen, die häufig für Wut gewählt werden, so entstehen doch Bilder, die das Innere entlasten und nicht selten zu einem neuen Entwurf führen, der verblüfft. So entstand bei einer Frau nach mehreren wütenden Kritzelbildern die klare Gestalt einer Lotosblume, die zu keinem anderen Zeitpunkt anders hätte erscheinen können, weil ihr be- und verurteilender Geist sie bereits im Entstehungsprozeß zerstört hätte. Jetzt hegt sie dieses Symbol als eine Kostbarkeit, die ihrem Inneren entsprungen ist und die vielleicht weitere nach sich zieht.

Die Arbeit mit Tonerde

Eine Frau, die schon lange an ihrer Inzestproblematik arbeitet, bei der die Berührung in der Leibtherapie eine wichtige Rolle spielte, kommt eines Tages mit beängstigenden Gefühlen von Haß und Rache auf diese Problematik zurück. Diese Gefühle teilen sich ihrem Körper wie ein vibrierendes, kurz vorm Bersten stehendes Kraftwerk mit, das irgendwie Gestalt annehmen möchte. Ich gebe ihr einen Klumpen Ton, aus dem sie mit geschlossenen Augen immer wieder einen Phallus formt, den sie anschließend in kleine Stücke zerreißt. Diese Prozedur wiederholt sich mehrmals unter Ächzen, Stöhnen, Fluchen und auch unter Tränen. Schließlich beruhigt sich die Atmosphäre, und sie baut mit fast zärtlicher Hingabe eine zarte Schale, flach, länglich, einem weiblichen Geschlechtsorgan vergleichbar. Da hinein legt sie scheu wieder einen Phallus und sieht dabei auf geheimnisvolle Weise glücklich aus.

Der ganze Prozeß ging schweigend vonstatten. Die Intensität, mit der ihre Hände, ihr vibrierender Körper, im Stehen mit dem Ton rangen, erübrigte im Moment jegliche Intervention. Ich richtete meine Aufmerksamkeit dahin, daß Impulse aus dem Unbewußten nicht unterdrückt wurden. Erst in dem Augenblick, wo sie ihre Augen öffnete und selbst ihr Werk betrachtete, begannen wir miteinander zu sprechen. Sie erzählte, wie es ihr während der Arbeit ging, was sie dabei erlebte. Ebenso berichtete ich ihr von meinen Eindrücken und am Schluß waren wir uns darin einig, daß der „böse Phallus“ erst einmal zerrissen werden mußte, damit ein guter, neuer und eigener entstehen konnte. Miteinander haben wir in der Phantasie an der Gestalt noch weitergebaut, daß nämlich eines Tages sich dieser Phallus in dem Gefäß des Weiblichen wird aufrichten können, um in ihrem Inneren fruchtbar zu wirken.

Das Initiatische Gebärdenspiel

„In seinen Gebärden bekundet und verwirklicht sich der Mensch als personales Subjekt", sagt Dürckheim. „Die Gebärde eines Menschen ist um so reiner, als sie ohne gewohnheitsmäßige oder situationsbedingte Hemmung unmittelbar und frei aus dem Wesen kommt."[11]

In diesem Satz ist das erstrebte Ziel dieser Arbeit angedeutet. Es geht darum, daß sich der übende, um Bewußtsein und Verwandlung bemühte Mensch, wiederum der weibliche und der männliche, in seiner Leibgestalt zur reinen Gebärde hin entwickelt. Eine unreine Gebärde ist z. B. ja sagen, wenn frau nein meint, oder nein sagen und gleichzeitig dabei um Verzeihung bitten, lächeln, wenn einem zum Weinen zumute ist, o. ä.

Im Spiel mit den Gebärden lernen die Übenden zunächst deren psychische Energie und Qualität kennen, erfahren dabei, welche Gebärden jemand von innen her füllen kann und in welche sie/er hineinwachsen muß. Wenn die Gruppe nach einer Zeit mit der gegebenen Form der sechs Gebärden vertraut ist, lassen sich alle Themen des täglichen Lebens innerhalb dieser Form spielen. Das bedeutet zunächst ein Einüben der Gebärden in dem Sinne, daß die TeilnehmerInnen Spielaufgaben ohne Einschränkung übernehmen, ob ihnen nun gerade danach zumute ist oder nicht. Mit Spielen ist hier nicht ein „So-Tun-als-Ob" gemeint, sondern es wird mit einer Ernsthaftigkeit gespielt wie z. B. Kinder agieren, die wirklich Vater, Mutter und Kind sind, wenn sie spielen.

Mit den Gebärden arbeite ich vorwiegend in Gruppen. Die Guppe ist bei dieser Übungsform als tragendes Fundament zu verstehen. Jede/r Teilnehmerin kommt mit dem Wunsch, an sich selbst zu arbeiten und er/sie soll dabei Unterstützung und Schutz von den Mitübenden erfahren. Niemand darf des anderen KritikerIn im verletzenden Sinne sein, persönliche Konflikte, Symphatien

11 Dürckheim, K. G.: Der Alltag als Übung. Bern 1966, S. 51f.

und Antiphatien werden auf überpersönlicher Ebene im Sinne einer Schattenprojektion als allgemein menschliche Phänomene angegangen. Das heißt z. B.: Wenn mich jemand besonders aufregt, dann hängt das mit großer Wahrscheinlichkeit mit einer Eigenschaft zusammen, die ich selber habe. Weil sie aber bei mir im Schatten liegt, also im unbeleuchteten Teil meiner Seele, bemerke ich diese Eigenschaft nicht an mir selbst, sondern am anderen.[12]

Um eine Vorstellung von den Gebärden zu vermitteln, beschreibe ich die sechs Bewegungen in ihrem Grundcharakter:

Die erste Gebärde beinhaltet als grundlegende Tätigkeit das Hinweisen, Zeigen auf etwas. Der Hinweis soll sich zunächst auf einen ganz realen Punkt außen richten. Er soll in seiner Ausführung so eindeutig sein, daß keinerlei Zweifel darüber besteht, welcher Punkt gemeint ist. Diese Forderung nach Eindeutigkeit bringt es mit sich, daß der/die Übende nicht nur seinen/ihren ausgestreckten Arm und seinen/ihren Zeigefinger zum Einsatz bringt, sondern daß sein/ihr ganzer Körper eine Haltung von Eindeutigkeit und Zielgerichtetheit einnimmt. Auch rasches, mit großen, festen, stampfenden Schritten Gehen entspricht dem Charakter der ersten Gebärde. Tätigkeiten wie schneiden, mit offener Hand schlagen, etwas kräftig hinstellen, schießen, stechen, werfen, kämpfen etc. sind weitere Charakterisierungen der ersten Gebärde. Ebenso drücken sich archetypische Erscheinungen wie Sonne, Schwert, Pfeil, also im umfassenden Sinne väterlich-männliche Prinzipien darin aus.

Die zweite Gebärde ist das Gegenteil der ersten und hat als grundlegende Aussage das Aufnehmen, Empfangen. Die Arme und Hände, der ganze Mensch öffnet sich, um aufzunehmen, was ihm entgegengebracht wird, was ihn erreichen will. Aus dieser aufnehmenden Bewegung entspringen weitere Variationen wie fließen, wiegen, fühlen, lauschen, bitten, darbieten, werben, sich nähern, trösten, streicheln..., um nur einige Möglichkeiten aus einem breiten Spektrum zu nennen. Der Mond, die Schale, das Wasser, weiblich-mütterliches Prinzip gehören zum Charakter der zweiten Gebärde.

12 Hark 1988, S. 145.

Die dritte Gebärde. Während die beiden ersten Gebärden ein grundlegendes „Ja“ im Leben zum Ausdruck bringen, sagt die dritte Gebärde eindeutig „nein“. Arme, Hände und auch Beine stoßen weg, weisen zurück. Der ganze Mensch geht in eine Haltung der Abwehr. Der/die Übende befreit sich mit der Gebärde von überflüßigem Ballast, räumt aus, schafft sich Platz, schleudert fort, wirft hinter sich, fegt Altes vom Tisch.
Die vierte Gebärde. Wenn sich der/die Übende in der dritten Gebärde eben noch stark nach außen gerichtet und mit zeitweilig vehementen Bewegungen zeigte, so geht er/sie in der vierten Gebärde zum gegenteiligen Ausdruck über: er/sie nimmt sich zurück. Das heißt, daß er/sie sich mit seinen/ihren Händen am Körper berührt, z. B. den Herzraum bedeckt, die Arme über der Brust verschränkt, die Hände in die Taschen steckt, sie zu Fäusten ballt. Plötzliches Anhalten im Gehen, Beine verschränken, Kopf und Augen senken, Lippen beißen, sich einrollen, hocken, an der Wand lehnen, alles das ist Ausdruck der vierten Gebärde. Die Basisaussage des Sich-Zurücknehmens kann eine Bewegungsrichtung nach innen annehmen bis zu einem Punkt, von dem aus kein Kontakt zur Außenwelt mehr möglich ist. Aber auch das Staunen, Beobachten, Abwarten, Sich-Sammeln sind Inhalte der vierten Gebärde, die durch die spürbare Verbindung mit sich selbst eine erhöhte Sensibilisierung in bezug zur Welt ermöglichen.
Die fünfte Gebärde. In der fünften Gebärde äußert sich der/die Übende als zweifelnder Mensch. Der körperliche Ausdruck wechselt von der Ge- und Verbundenheit mit sich selbst in der vierten Gebärde zu einer Öffnung, die allerdings nicht weich und fließend ist wie in der zweiten Gebärde, sondern voller Spannung, voller Unruhe, ein Getriebensein zwischen hier und dort. Es ist ein Suchen in dieser Gebärde, ein ängstliches Umherirren, ein Angezogen- und Abgestoßensein von grenzenlosen Möglichkeiten der Welt, die den Menschen nicht zur Ruhe kommen lassen. Der/die Übende bewegt sich abgehackt, rast, drängt, rollt hin und her, zittert, flattert, fuchtelt in der Gegend herum. So wäre es treffend zu sagen, daß die fünfte Gebärde eher erlitten als getan wird.
Die sechste Gebärde ist in ihrem Grundcharakter so angelegt, daß sie aus der übermäßigen Spannung der fünften Gebärde herausführt und zu einer übergeordneten Dimension überleitet, in

der der/die Übende von sich selbst Abstand gewinnen und gleichzeitig in erhöhtem Maß zu sich selbst finden kann im Sinne einer Ich-Selbst-Verbindung.[13] Der Mensch, der weibliche und der männliche, sammelt sich stehend in seiner ganzen Gestalt, ist sich seiner Füße am Boden und seines Kopfes bewußt, der mit dem Schädeldach zur Decke strahlt. Er hebt die Hände mit nach unten gewandten Handflächen dicht am Körper bis cirka auf Brusthöhe, um sie dann langsam wieder nach unten zu führen, bis die Arme lang sind. Die Augen sind dabei geöffnet und schauen in die Weite ohne etwas Bestimmtes zu fixieren. Der/die Übende löst sich aus dem bisherigen Zustand, schält sich heraus, erdet und verwurzelt sich ohne den Himmel zu verleugnen. Auch ein Zu-sich-Stehen, ein Zur-Situation-Stehen, ein Sich-Stellen, Sich-Verantworten, Sich-Verpflichten sind Aussagen dieser sechsten Gebärde.

Ich fasse die Grundbedeutungen der Gebärden noch einmal zusammen:

1. Gebärde – hinweisen
2. Gebärde – aufnehmen
3. Gebärde – abweisen
4. Gebärde – sich zurücknehmen
5. Gebärde – zweifeln
6. Gebärde – sich lösen

Wenn wir uns die Entwicklung eines Kindes bis zum Erwachsenenalter vorstellen und die Gebärden in Beziehung zu den jeweiligen Entwicklungsschritten setzen, so ergibt sich folgendes Bild: Zunächst lebt das Kind noch ganz in jener Einheitswelt, in der Subjekt und Objekt nicht voneinander getrennt sind. Diese Einheitswelt hat paradiesischen Charakter. Dann beginnt das Kind Menschen und Dinge außerhalb von sich selbst zu erkennen, was sich in seinen Gebärden deutlich ausdrückt mit dem Zeigen auf etwas: Da ist es, da ist die Mutter, der Vater, das Auto etc. Mit Beginn dieser Ausrichtung auf Objekte wächst auch die Fähigkeit zu lernen, was der zweiten Gebärde entspricht. Das Kind ist voller Aufnahmebereitschaft, Neugier, EntdeckerInnenfreude für die Welt. Dann kommt auch die Zeit der Abgrenzung, die Trotzphase,

13 Schoeller 1983, S. 44.

welche ganz wichtig zur Ich-Bildung ist. Das ist Ausdruck der dritten Gebärde, das Nein. Längst wird nicht mehr alles auf- und angenommen, der werdende Mensch erprobt sich im Wählen und Unterscheiden. Spätestens in der Adoleszenz kommt eine Zeit des Rückzugs, die vierte Gebärde. Man hat Geheimnisse, ist mit sich selbst und den beunruhigenden Veränderungen im eigenen Körper beschäftigt, ist vielleicht verwirrt oder sogar verängstigt von den vielfältigen Möglichkeiten des Lebens, und die Begegnung mit dem anderen Geschlecht gibt Rätsel auf. Dieser Zustand ruft die fünfte Gebärde auf den Plan, in der der Mensch voller Spannung ist, soll ich hier hin oder dort hin, was ist richtig? Silvia Ostertag, die das Medium in dieser Form entwickelt hat, nennt die fünfte Gebärde die Jahrhundertgebärde. Man könnte sagen, daß wir uns als Menschheit kollektiv darin befinden. Der von Atom- und Umweltbedrohung ausgehende Druck, die Spannung zwischen reichen und armen Ländern z. B. lassen Ängste und Unsicherheiten von nie gekanntem Ausmaß in den Menschen deutlich werden. Um nicht vollkommen verloren zu gehen in dieser Spannung der fünften Gebärde, d. h. auch in einer Lebenskrise als Vorstufe zu einem nächsten Entwicklungsschritt, braucht der Mensch die sechste Gebärde, die ihn wieder einbindet in ein größeres Ganzes. Dieses Ganze ist mit der anfänglichen Einheitswirklichkeit gleichzusetzen, jedoch können wir uns jetzt als bewußte, zur Gestaltung des Lebens fähige Menschen darin wiederfinden. Diese Gebärde gibt Ruhe im Sturm des Lebens, lädt die Übenden energetisch auf, sodaß es möglich wird, aus einer ganz anderen Verfassung heraus wieder in eine erste, gestaltende Gebärde hineinzugehen.
Es gibt innerhalb der Gruppe unterschiedliche Übungspraktiken. Zunächst übt jede/r für sich allein frei im Raum, später auch im Kreis oder in der Begegnung kleiner Gruppen. Schließlich in Zweierbegegnungen, als klare Gegenüberstellung von Ich und Du. Um immer wieder die Kraft der einzelnen Gebärden zu erfahren, übt man sie manchmal nur mit den Armen, nur mit den Beinen und Füßen, nur mit dem Kopf, nur mit dem Atem, nur mit der Mimik oder nur in der Körperhaltung etc.
Themen für äußere Begebenheiten sind z. B.: Beziehung zu den Eltern, Ablösung von den Eltern, Mann, Frau, Begegnung als sol-

che, Partnerschaft, Beruf, Image etc. Als Beispiele für innere Themen sind zu nennen: sich durch alle Gebärden mit Wut, mit Furcht, mit Verachtung, mit Sehnsucht, mit Überheblichkeit, mit Trotz, mit Trauer etc. zu bewegen.
Derartige Themen zu bearbeiten ist jedoch erst dann von Gewinn, wenn ein grundlegendes „Handwerkszeug“ im Gebärdenspiel zur Verfügung steht, d. h. wenn den Übenden die Bewegungen vertrauter geworden sind und sie als Personen darin vorkommen können.

Schlußgedanke
In meinem Aufsatz habe ich nur Arbeitsweisen beschrieben, mit denen ich selber umgehe. Darüber hinaus gibt es in dem von Gisela Schoeller erwähnten Buch „Heilung aus dem Ursprung“ noch weitaus mehr. Alle Medien sind darauf ausgerichtet, Kräfte des Bewußten und Unbewußten miteinander zu verbinden. Dieser Prozeß zeigt sich in Symbolen, die entweder von innen heraus in Träumen oder Imaginationen auftauchen wie auch im momentanen Gestalten mit Ton und im Zeichnen, oder es werden Symbole als Stimuli von außen gegeben, um die Tätigkeit des Unbewußten anzuregen. Immer geht es um ein Heil- und Ganzwerden des Menschen, insbesondere des weiblichen Menschen, der hier vordergründig angesprochen ist. Diese Arbeit ist aber ebensogut für Männer geeignet, die jedoch sehr viel mißtrauischer und von ihrer konstruktiven, weiblichen Kraft mehr getrennt sind.
In den Gebärdenspiel-Gruppen arbeite ich sehr gern mit Frauen und Männern, weil es dort um Erfahrungen geht, die eingefleischte, anerzogene Verhaltensmuster in der Selbsterfahrung und Begegnung mit dem anderen Geschlecht revidieren können. Das hat nicht zuletzt soziale und politische Konsequenzen, die sich auf die Gestaltung des alltäglichen Umfeldes auswirken.

Birgit Hoppe

DER BLICK AUF DEN WEIBLICHEN KÖRPER

ZUR ROLLE UND PROBLEMATIK KÖRPERTHERAPEUTISCHER ANSÄTZE IN FEMINISTISCHER THERAPIE

Der Körper hat derzeit Hochkonjunktur, nicht zuletzt in der Psychotherapie. Neben den klassischen Körpertherapien sind eine Summe verschiedener körpertherapeutischer Ansätze auch innerhalb bereits etablierter psychotherapeutischer Schulen entstanden. Eine ähnliche Entwicklung vollzieht sich in der feministischen Therapie. Immer stärker werden körperorientierte Ansätze in der therapeutischen Arbeit mit Frauen angewandt.[1]
Das Anliegen dieses Artikels ist es zu skizzieren, welche Tendenzen und Funktionen die Hinwendung zum Körper in der feministischen Therapie aufzeigt. Welcher Art sind die Assoziationen und Bilder vom – weiblichen – Körper, die feministische Therapie entwickelt bzw. transportiert? Dies berührt zugleich die Frage, inwieweit bzw. wie körpertherapeutische Methoden in einen feministisch reflektierten therapeutischen Prozeß theoretisch zu integrieren sind.[2]
Es ist schon auffällig, wie leicht feministische Therapeutinnen sich dazu entschlossen, dem Körper zu glauben; denn daß der Körper nicht lügt, ist das Kredo körpertherapeutischer Ansätze.[3] Aber: Körperverachtung und Körperidealisierung gehören in der patriarchalen Gesellschaft zusammen. Sie sind Ausdruck jener Leib-Seele-Spaltung, die spätestens mit Descartes auf Unterwerfung der Natur abzielte. Unterdrückung des Körpers einerseits und Unkontrollierbarkeit der Körper andererseits schufen in der Folge jenes Doppelgesicht von Idealisierung und Verachtung, wie es den patriarchalen Umgang mit der Natur bis heute kennzeichnet. Der Körper geriet zur Projektionsfläche sehnsuchtsvol-

1 Vgl. z. B. den Rückblick: 10 Jahre Frauentherapiekongreß, Bestandsaufnahme. Dokumentation, Ottenstein 1987.
2 Damit wird nichts ausgesagt über die Qualität therapeutischer Praxis.
3 Vgl. Hoppe, B.: Körper und Geschlecht. Körperbilder in der Psychotherapie. Berlin 1991.

ler Ängste und Bestrebungen. Den Part der zu bezwingenden Natur erhielt dabei bekanntlich die Frau symbolisch zugeeignet. Ihr Körper wird in spezifischer Weise „Austragungsort der Macht".[4] Transzendenz war Versprechen und Funktion des weiblichen Körpers im Entwurf männlicher Subjektivität. Die Frau sollte als „Durchgangsstadium zum Universum" dienen. Der Mann suchte sich als Subjekt mittels der Frau zu transzendieren: Unsterblichkeit, Entmaterialisierung, mit anderen Worten Selbstgeburt war das Ziel. Das „Gehirn des Mannes" sollte wie das „Geschlecht der Frau" funktionieren, „Denken [...] eine Art Gebären" sein.[5] Davon gibt uns die abendländische Zivilisationsgeschichte beredtes Zeugnis.[6]

Es waren in erster Linie die beiden Frauenbewegungen unseres Jahrhunderts, die auf die strukturelle und konkrete Gewalt am weiblichen Körper aufmerksam gemacht haben. Der Zugriff auf den Körper der Frau war und ist ein wesentliches Mittel patriarchaler Machterhaltung. Den eigenen Körper wieder selbst in Besitz zu nehmen, ist daher für Frauen ein zentrales politisches Ziel auf dem Weg zur Selbstbestimmung.

Verständlich, daß Frauen in der Folge ihren Körper „neu" erforschten, über ihr Begehren reflektierten, patriarchale Zuschreibungen überprüften. Erstaunlich ist jedoch die Kehrtwendung, die sich im Blick auf den Körper vielfach zugleich vollzog. Denn kaum ist das Faktum, daß insbesondere der weibliche Körper „Austragungsort der Macht" ist, erkannt, avanciert er zum Träger einer längst verloren geglaubten Wahrheit. Vom geschundenen Objekt wird er zum Hoffnungsträger: Hort weiblicher Spiritualität, Natur-

4 Vgl. Foucault, M.: Sexualität und Wahrheit; Bd.1: Der Wille zum Wissen. Frankfurt/M. 1977.

5 Vgl. Kamper, D.: Die Usurpation der Fruchtbarkeit. Anmerkungen zu einer männlichen Universalstrategie. In: Schaeffer-Hegel, B./Wartmann B. (Hrsg.): Mythos Frau. Projektionen und Inszenierungen im Patriarchat. Berlin 1984, S. 100.

6 Vgl. Hammer, F.: Leib und Geschlecht, Philosophische Perspektiven von Nietzsche bis Merleau-Ponty und phänomenologisch-systematischer Abriß. Bonn 1974; Bovenschen, S.: Die imaginierte Weiblichkeit. Exemplarische Untersuchungen zu kulturgeschichtlichen und literarischen Präsentationsformen des Weiblichen. Frankfurt/M. 1979; Lloyd, G.: Das Patriarchat der Vernunft, „männlich" und „weiblich" in der westlichen Philosophie. Bielefeld 1985.

verbundenheit, Potenz. War die Rede von der größeren Naturhaftigkeit und Animalität der Frau zunächst als patriarchal-gesellschaftlicher Repressionsmechanismus gekennzeichnet worden, wird sie bald zum Beweis einer genuin weiblichen Macht. Einer Macht, die nicht nur die Frau zu heilen imstande sein soll, sondern die Gesellschaft selbst. Der Mann ist hoffnungslos verloren. Rettung verspricht nur noch das vormals Ausgegrenzte: die Frau. Anders ausgedrückt: Der historischen Deformierung männlicher Geschlechtlichkeit steht plötzlich ein unbescholtener weiblicher Körper in seiner Potenz gegenüber. Unter den Tisch bzw. unter das Gesetz des Schweigens fällt nun, was just zuvor erkannt worden war, nämlich daß schließlich *jede* Definition des Körpers eine Politik des Körpers und damit der Geschlechterdifferenz darstellt. Hier erscheint sie im moralischen Gewand einer jetzt weiblichen Überlegenheit bzw. Andersartigkeit. Aber: Die anatomischen Differenzen allein erklären nichts. Körper sind soziokulturelle Ausdrucksgestalten. Darin liegt die Brisanz eines Nachdenkens über den Körper. Wohl ist die Weigerung, z. B. patriarchalen Bildern vom weiblichen Körper zu entsprechen, politisch wirksam, nicht jedoch, indem sie Verschüttetes freilegt und damit genuine Weiblich- bzw. Männlichkeit befördert, sondern indem sie andere Bilder und darüber gesellschaftlichen Wandel schafft.

In diesem Sinne wirken Körpertherapien mit ihrem Anspruch, Authentisches freilegen zu können, systemstabilisierend. Dafür geben die Theorien selbst vielfältige Hinweise. Ohne hier ins Detail gehen zu können, heißt doch, dem Körper authentische Potenz zuerkennen, konzeptionell weiter von einer Leib-Seele-Spaltung auszugehen. Denn wie sollte sonst das sozialisierte Individuum über einen am Ende unsozialisierten Körper verfügen können? Dies bedeutet, daß der Rede von der Authentizität körperlichen Ausdrucks strukturell die Gefahr bzw. die Absicht innewohnt, über das zu sprechen, was man dem Körper definitorisch zuzueignen wünscht. Und damit hätte sich der cartesianische Zirkel erneut geschlossen: Ich denke den Körper so, wie ich ihn vorzufinden beabsichtige.

Daher ist im Umgang mit körpertherapeutischen Ansätzen von zentraler Bedeutung, „nach den Bedingungen“ zu fragen, „denen man sich unterwerfen muß, damit eine Rede über den Körper zu-

lässig wird."[7] Die Idealisierung des Körpers birgt schließlich eine Moral vom „guten" Körper.[8]
Jene strukturellen Bedingungen einer Hinwendung zum Körper sind in verschiedenen Theorien hauptsächlich soziologischer und philosophischer Provenienz ausführlich kritisch reflektiert und diskutiert worden,[9] nicht so in der Psychotherapie. Dies gilt auch für die feministische Therapie. Es scheint fast so, als stünde dahinter die Überzeugung, daß ein therapeutischer Blick allein schon genüge, um jegliche Normierungstendenz zu bannen.
Eine Voraussetzung, die im Diskussionsprozeß feministischer Therapie umso erstaunlicher ist, als die Frage einer möglichen Integration spezifischer therapeutischer Ansätze in die feministische Therapie vom Anspruch her sehr kritisch überprüft wird, nicht zuletzt im Hinblick auf ihr immanentes Menschenbild. Und gerade im Umgang mit körpertherapeutischen Theorien sind traditionelle Geschlechtsrollenzuschreibungen, die sodann biologisch „verankert" werden, nicht zu übersehen...[10] Vermuten ließe sich also, daß feministische Körpertherapeutinnen davon ausgehen, daß eine Absage an traditionelle Geschlechtsrollenzuweisungen ausreiche, um die Methoden feministisch anwendbar zu machen. Aber dies ist sicherlich nur eine Teilerklärung. Vielmehr muß angenommen werden, daß körpertherapeutische Verfahren mit ihrem Versprechen authentischer Selbsterfahrung eine spezifische Funktion in der feministischen Therapiebewegung einzunehmen vermochten. Nicht anders ließe sich sonst der massive Trend zur Körperarbeit erklären, wie ihn beispielsweise die Geschichte der Frauentherapie-Kongresse dokumentiert.[11]
Den zentralen Hintergrund für eine Intensivierung körpertherapeutischer Interventionen in feministischer Therapie bilden m. E. zum einen die Relevanz, die die Bereiche „Selbstfindung" und

7 Wimmer, M.: Der gesprochene Körper. Zur Authentizität von Körpererfahrungen in Körpertherapien. In: Kamper, D./Wulf, Chr. (Hrsg.): Die Wiederkehr des Körpers. Frankfurt/M. 1982, S. 85.
8 Vgl. Hoppe 1991.
9 Vgl. Kamper/Wulf 1982.
10 Vgl. Hoppe 1991.
11 Auffällig ist hier auch, daß mit der Körperarbeit oft gleichzeitig Magie und Spiritualität als „Methoden" Eingang in die therapeutische Arbeit finden.

„Selbstbestimmung" sowie „Ganzheitlichkeit" im therapeutischen Konzept einnehmen, zum anderen die therapeutischen Basisorientierungen feministischer Therapie: Parteilichkeit, antihierarchische Grundhaltung, „das Persönliche ist politisch". Der erste Bereich betreibt von seiner Zielsetzung her Identitätspolitik. Die Basisorientierungen umreißen aus dem Blickwinkel der Therapeutin die Voraussetzungen, um jenen intendierten Transformationsprozeß zu unterstützen.
Im Hinblick auf die Erfolgsaussichten des Unternehmens „Selbstbestimmte Weiblichkeit" bergen nun körpertherapeutische Verfahren ein großes Realisierungsversprechen. Entfremdung kann methodisch definiert und angeprangert werden: Authentizität ist machbar. Die Schwierigkeiten einer Bestimmung von Weiblichkeit innerhalb patriarchal-gesellschaftlicher Strukturen scheinen verführerisch schnell lösbar – eine Entlastung auch für die Therapeutin.
Wenden wir uns zunächst der Frage zu, welche Funktion körpertherapeutische Verfahren in einem Ringen um „weibliche Selbstverwirklichung" zu übernehmen vermögen.
Vergegenwärtigen wir uns hierzu kurz, welches Versprechen uns die beiden großen Gruppen körpertherapeutischer Ansätze im Blick auf den Menschen geben: Reichianische und neo-reichianische Körpertherapien postulieren die Möglichkeit, über den Abbau charakterlicher Panzerung, der Ausdruck gesellschaftlicher Deformierung sei, zu einem biologisch unberührten und unberührbaren Kern zu gelangen; die Gestalttherapie und die sich aus ihr herleitenden körperorientierten Ansätze sprechen von der Fähigkeit zur schöpferischen Selbstregulierung des Organismus, die nur durch Eingriffe der Gesellschaft gestört und unterbrochen werde. Beide Richtungen stellen dabei die Authentizität des Körpers über die Potenz des Intellekts. Denken wird – in unterschiedlichem Ausmaß – zum Entfremdungsfaktor: Der Intellekt behindere – potentiell – körperliche Lebendigkeit, das Sein im Hier und Jetzt. Widerstand und Widersprüchlichkeit wirken der Authentizität des Erlebens als solchem entgegen und sind Gegenstand therapeutischer Intervention. Als symptomatisch anzugehen sind daher auftauchende Differenzen zwischen Gefühlen und Verstand. Am Ende des Prozesses werden Genußfähigkeit, Selbst-

verantwortlichkeit und das Erleben von Ganzheitlichkeit versprochen: mit sich identisch sein...[12]
Das Bestreben, wieder ganz zu werden, sich selbst zu finden, das ist auch Reaktion und Fazit aus dem Gewahrwerden von Frauen, wie groß die Auswirkungen sind, die patriarchale geschlechtsspezifische Sozialisation historisch und individuell in ihrer Identität hinterlassen haben. Die Frage, was und wer die „Frau" ist, scheint in der Historie gesellschaftlicher Deformierungen verschüttet und begraben. Entsprechend begann die Suche nach den Spuren weiblicher Sozialisationsgeschichte, ebenso wie die Suche nach einer verloren gegangenen „Weiblichkeit". In der Folge entwickelten sich nach Landweer vier verschiedene[n] Inhalte[n] feministische[r] Weiblichkeitsimaginationen" und damit Entwürfe von Identität: die Objekt–, die subversive, die Märtyrerinnen- und die autonome (Täterinnen-)Identität.[13]

1. Im ersten Entwurf sei die Frau ausschließlich Opfer, zu handeln vermag sie nur im Leiden.
2. Die zweite Imagination gebe jenem Leiden zudem ein subversives Potential, eine politische Funktion.
3. Die Identität der Märtyrerin bestimme sich sowohl passiv als auch moralisierend. Sie enthalte eine Umwertung patriarchaler Zuschreibungen und bestehe in „ideologisierter Mütterlichkeit", deren aggressive Seiten auf die „Männer-Söhne" ausgeblendet werden: „Das Geschlechterbild ist hier besonders moralisierend: Frauen sind die besseren Menschen."[14]
4. Die autonome Täterinnen-Identität, nach Landweer die politischste Variante, betone dagegen die kämpferische Seite. Sie verkenne aber nicht nur die Einsamkeit des autonomen Individuums, sondern zugleich, daß Autonomie „nicht nur für Frauen ein bloßes Sollen", „im Grunde des Begriffs [...] Fiktion" sei. Denn es gibt „kein reines Selbstgesetztes."[15]

12 Vgl. z. B. Lowen, A.: Bio-Energetik. Therapie der Seele durch Arbeit mit dem Körper. Reinbek b. Hamburg 1988; Reich, W. (1933/48): Charakteranalyse. Köln–Berlin 1970; Perls, F./Hefferline, R. F./Goodman, P. (1951): Gestalttherapie. Wiederbelebung des Selbst. Stuttgart 1985.
13 Landweer, H.: „Weibliche Identität": Selbstaffirmation als Geschlecht. In: Psychologie und Gesellschaftskritik, Identität, Nr. 41, 1987, S. 92ff.
14 Ebda S. 96.
15 Ebda S. 97.

Betrachten wir die skizzierten Identitäts-Varianten, so wird deutlich, welche Anziehungskraft von körpertherapeutischen Verfahren auf das Unternehmen „Weiblichkeit“ auszugehen vermag. In der körpertherapeutischen Perspektive gerät der – weibliche – Körper zur idealen Projektionsfläche sämtlicher Selbstentwürfe:

1. Er ist geschundenes Objekt, ausschließlich Opfer patriarchalen Zugriffs,
2. dem er sich zugleich, wenn auch symptomatisch, listenreich und subversiv entzieht.
3. Als nicht infiziertes Opfer versammelt er in sich die unberührten und ausschließlich guten Seiten. Im Selbstbild verwandeln sich so z. B. Passivität und Ohnmacht in Friedfertigkeit.
4. Die Potenz des Körpers garantiert zudem noch autonomen Selbstbezug. Die Spuren patriarchaler Gewalt am weiblichen Körper sind individuell auffindbar und löschbar.

Wie die verschiedenen Weiblichkeitsimaginationen, so lassen sich die drei Basisorientierungen feministischer Therapie (Parteilichkeit, antihierarchische Grundhaltung, „das Persönliche ist politisch“) in der Arbeit am Körper verschmelzen. Da „der Körper nicht lügt“, nimmt er immer schon Partei für die Bedürfnisse der Frau, ist selbst hierarchischer Gradmesser für die Echtheit des Gefühls und zeigt durch seinen Ausdruck die politischen Einschnürungen am Persönlichen an. Körperarbeit verlagert also – überspitzt formuliert – die Verantwortung der Therapeutin auf den Körper: Dieser ist alleiniger Gradmesser der Selbstfindung einerseits.

Andererseits gibt es natürlich Normierungen im körpertherapeutischen Prozeß z. B. über spezifische Interventionen und Interpretationen, auch wenn Körpertherapien einen anderen Anspruch formulieren. Denn indem der Körper derart idealisiert wird, entsteht zugleich ein Bild vom Körper, ein Maßstab therapeutischer Moral. Die Körpertherapien besitzen ja spezifische Kriterien für den „gesunden Körper“: Sie zu erkennen und zu bewerten, ist Aufgabe und Inhalt therapeutischer Kompetenz.

Es ist also, wie oben schon betont, nach den „Bedingungen zu fragen, unter denen eine Rede über den Körper zulässig ist“ – ob Körperarbeit nun feministisch reflektiert wird oder nicht. Welche Weiblichkeitskonstrukte werden über den Körper in feministischer Therapie legitimiert bzw. entworfen? Schauen wir uns

dafür exemplarisch einige Texte feministischer Therapeutinnen an, um zu überprüfen, inwieweit die oben skizzierte Anziehungskraft, die von Körpertherapien für Weiblichkeitsimaginationen auszugehen vermag, für einen spezifischen Weiblichkeitsentwurf Wirksamkeit erlangt. Die folgenden Ausführungen behalten dabei kursorischen Charakter, da nicht immer aus den Texten ersichtlich wird, aus welchem körpertherapeutischen Hintergrund argumentiert wird, und weil nur wenige Texte vorliegen, die sich konkret mit feministisch-körpertherapeutischer Arbeit beschäftigen. Ich greife dabei bewußt nur auf solche Texte zurück, die letztlich von einer Körperwahrheit ausgehen, um die Gefahren und Verkürzungen jenes Zugangs zu verdeutlichen. Unberücksichtigt bleiben also jene Strömungen in der feministischen Therapie, die einen sehr reflektierten Zugang zum Körper beschreiten. Verzichtet wird teilweise auch auf die Darstellung von Differenzierungen und existierenden Widersprüchlichkeiten in den im folgenden zitierten Texten selbst, da es mir wesentlich um das Aufzeigen einer mehr oder minder deutlich hervortretenden Tendenz in feministischen Definitionen weiblicher Natur, die aus dem Körper abgeleitet werden, ankommt.
Welcher Art der Blick auf den weiblichen Körper in feministischer Therapie häufig ist und welches Frauenbild er transportiert, soll an drei Aspekten beispielhaft verdeutlicht werden: an

1. der Übernahme der Gleichsetzung von Frau und Natur,
2. der Annahme, daß die natürlichen Quellen der Frau unzerstörbar sind, sowie
3. der Überzeugung, daß Frauen aufgrund der oben beschriebenen Nähe zu den Sphären lebendigen Funktionierens für körpertherapeutische Verfahren prädestiniert seien.

Um die Bedeutung, die darin liege, „das Weibliche zu achten und zu heilen", hervorzuheben, greifen Blessing/Hilsenbeck in ihrer Festschrift zu zehn Jahren Frauentherapie-Kongreß die folgende Parole eines Frauenwiderstandscamps auf: „Zwischen der Vergewaltigung einer Frau, der Eroberung eines Landes und der Zerstörung der Natur besteht kein prinzipieller Unterschied."[16] Hier

16 Blessing, A./Hilsenbeck, P.: 10 Jahre Frauentherapiekongreß – Wurzeln, Erreichtes, Utopien. Eine Festschrift. In: 10 Jahre Frauentherapiekongreß. Bestandsaufnahme. Dokumentation, Ottenstein 1987, S. 20

wird die *symbolische Assoziation von Frau und Natur* per Identifizierung affirmiert und nicht zurückgewiesen. Auf dieser Folie wird der oben bereits angeführte Anspruch, per weiblicher Potenz sowohl Gesellschaft als auch Natur heilen zu können, verständlich und als Idee erst möglich: Eine globale Potenz der Frau rührt hier aus der Fiktion, daß die Frau in der Tat Natur *ist*. Ihr Aufstand ist dann Aufschrei der Natur. Im Zirkelschluß des Selbstbezugs erwächst so Frauen scheinbar eine Macht, nähren sich Größenphantasien, die die Frau über sich selbst hinauswachsen lassen: Das Selbst-Bild wird omnipotent. Von hier ist es dann nur noch ein kurzer Schritt zur Forderung, den weiblichen Körper als „heilig" zu erachten, oder daß Frauen ihr „hexisches Wesen und Treiben zum Wohle aller entfalten sollen."[17] Wie sehr die Sehnsucht nach Omnipotenz derartige Selbstbilder bestimmt, erweist sich auch daran, daß zugleich allen Frauen eine Sehnsucht nach der „Weisen Frau" unterstellt wird. Diese hat die – einzelne – Therapeutin interessanterweise bereits in sich gefunden. In der Arbeit sei sie „eine Weise und eine Mutter", ebenso wie sie Neugeborensein und Tod in sich vereinige.[18] So wird erlebte Ohnmacht durch Allmacht abgelöst – eine kurzschlüssige und unglaubwürdige Alternative...
Daß der weibliche Körper hier als reine Projektionsfläche verbleibt, ist überdeutlich. Die Gleichsetzung von Frau und Natur wird ungefiltert übernommen und im zweiten Zug idealisierend umbewertet. So werden aus „Negativgeschichten des Patriarchats über Frauen" die „besten Schlüssel", um „alle [...] Frauenkräfte in der weiblichen Form wiederzufinden und zu erfinden."[19] Sie kursieren nach Blessing/Hilsenbeck in Bildern vom „Hausdrachen, in der Scham und den Schmerzen der Menstruation, der Macht der Mütter, dem bösen Blick, der Megäre, Furie" usw.[20]
Derartige Umkehrungen sind aber keine Transformationen. Sie sind lediglich Spiegelbilder des Verdrängten, Fragmente mit neuem Etikett. Nehmen wir z. B. die Rede von der größeren Orgasmusfähigkeit der Frau oder die Betonung ihrer Reproduktionsfä-

17 Ebda S. 33ff., S. 43.
18 Ebda S. 43.
19 Ebda S. 49.
20 Ebda S. 48.

higkeit, kristallisiert in der sogenannten Neuen Mütterlichkeit; oder Bildbände mit Brust- und Klitorisbildern, die darauf abzielten, der patriarchalen Darstellung des weiblichen Körpers eine andere Sicht entgegenzusetzen: All diese Bemühungen konterkarieren die eigentliche Absicht einer Neubewertung des Weiblichen. Denn sie unterliegen weiterhin einem patriarchalen Blickwinkel durch ihr „mehr als" bzw. „anders als". Am Beispiel „Klitorisbilder" liegt relativ offen zutage, wie der Versuch, das weibliche Geschlecht auf diesem Wege sichtbar zu machen, aus der These von der Unsichtbarkeit der weiblichen Genitalien erwächst und diese damit akzeptiert.[21] Denn die Bilder „sollen als Spiegelersatz bei der Herstellung weiblicher Identität fungieren": So wie der Mann seine Geschlechtlichkeit über die Abgrenzung von der Frau erfährt und konstruiert, wird die Frau sie selbst, indem sie die ihr zugeeignete spezifische Andersartigkeit nun als ihr eigenes Charakteristikum erachtet. Sie reflektiert sich so weiterhin im patriarchalen Entwurf weiblicher Natur – nur mit veränderter Beleuchtung. Das kann kein Weg „hinaus" sein, sondern produziert allenfalls „mehr vom Gleichen". Nicht zuletzt handeln jene Weiblichkeitsimaginationen so, als wenn die anatomische Geschlechterdifferenz in der Tat den entscheidenden Faktor für die Geschlechterhierarchie darstellte...

Mit einem dergestalten Frauenbild ergibt sich bzw. korrespondiert die Annahme, daß die Natur der Frau letztendlich unzerstörbar sei und wieder verfügbar gemacht werden könne. So heißt es beispielsweise bei Latz zum Zusammenhang von „Musik, Körper und Magie", daß der „Ausweg aus dem weiblichen Leidens- und Krankheitsghetto" über das Eintauchen in die „tiefverwurzelten Keimzellen" der weiblichen Körpernatur führe. Die „jahrtausendealte Verankerung" werde so auflösbar: „neue Kraftzentren" entstehen.[22] Ähnliches klingt bei Prengel an, wenn sie von der paradoxen innovativen Wirkung spricht, die, im Sinne der Gestalttherapie, die „Rückkehr an den Ort der Unterdrückung" habe. Über die Aneignung des Körpers werde eine Unterscheidung zwischen

21 Vgl. Behrendt, G.: Das Scheitern eines Entwurfs positiver weiblicher Sexualität. In: Die Eule. Sexualität, Nr 10, 1983, S. 11ff.

22 Latz, I.: Musik-Körper-Magie. In: 10 Jahre Frauentherapiekongreß. Bestandsaufnahme. Dokumentation, Ottenstein 1987, S. 75.

Selbst- und Fremdunterdrückung möglich.[23] Eine solche Differenzierung ist aber schlechterdings unmöglich. Frauen wird damit eine Unterscheidungs- und Harmonisierungsfähigkeit zugemutet, die die Permanenz und Konflikthaftigkeit gesellschaftlicher Strukturen in den Individuen zu individuellem Versagen, unvollständigem Wachstum, umdeutet. Zwar spricht sich Prengel in einem Aufsatz mit Wirbel mehr als kritisch gegenüber Weiblichkeitsentwürfen aus, die eine Idealisierung der Frau versuchen. So kennzeichnet sie z. B. das Beanspruchen moralischer Unschuld von Frauen als „Rationalisierung eigener Machtlosigkeit". Im gleichen Zug nähren jedoch die Autorinnen derartige Visionen, indem sie dem Körper, über die Idee seiner Unschuld, implizit Wahrhaftigkeit und Unbeflecktheit zuerkennen. Primäre und sekundäre Geschlechtsmerkmale werden so zu „Zentren der Weiblichkeit", die es wieder anzueignen gilt. Entscheidend wird es herauszufinden, ob die Frau das erhält, „was ihr Körper will".[24] Nun wird der Körper also zum Ideal. Aber: Was ist es, was der Körper will? Wer beurteilt und bestimmt jene Authentizität des Körperlichen? Und woher hat der Körper seinen Willen...?

Im professionellen Beziehungsgefüge ist es der prüfende Blick der Therapeutin, der ihn mit bestimmt. Was sodann alles unter dem Zeichen einer „Selbstbeschreibung" als genuin weibliche Körpersprache zuschreibbar wird, sei hier an einem Beispiel aus der Gestaltkörperarbeit illustriert. Rosenkranz kennzeichnet in ihrem Aufsatz „Die Suche nach dem Begehren", daß es Hingabe sei, wonach der Körper der Frauen begehrt. „Hingabefähigkeit" sei „die zentrale Eigenschaft des Weiblichen", das „Sich-Öffnen, Umschließen, Empfangen, Bergen [...] ihre grundlegenden Elemente". Sofern die Frau dieses Faktum nicht akzeptiere, sondern gar mit dem „Aufgeben von Freiheit" verwechsle, könne sie sich

23 Prengel, A.: Raum schaffen, in dem weibliche Imagination entstehen kann. Gestalttherapie als Mikropolitik von Frauen. In: Frühmann, R. (Hrsg.): Frauen und Therapie. Paderborn 1985, S. 116. Daß eine derartige Unterscheidung einen theorieimmanenten Widerspruch in der Gestalttherapie selbst darstellt, darauf soll hier lediglich hingewiesen werden; vgl. Hoppe 1991.

24 Prengel, A./Wirbel, U.: Abschied von der Abhängigkeit. Zur historischen und biographischen Entmachtung von Frauen. In: beiträge zur feministischen theorie und praxis, Nr. 17, 1986, S. 70.

nicht mit ihrer Geschlechtsrolle aussöhnen. Dies sei aber die Voraussetzung für eine „Realisierung des Gegengeschlechtlichen“ in sich selbst.[25] Nicht-Akzeptanz der weiblichen Rolle bezahle sie folglich häufig mit „Störungen im Sexualbereich“. Was enthüllt sich nun für uns aus derartigen Schilderungen des Körperlichen? Authentisches Körpererleben der Frau, sozialisierte Selbstwahrnehmung oder der Blickwinkel der Therapeutin? Auf jeden Fall ist dieser Körpertext zu altvertraut, um wahrhaft neu zu sein. Nichts anderes ist möglich: Denn Rollen sind nicht einfach abstreifbar, als wären sie Kostüme.[26]

Die Sprache des Körpers wird von Rosenkranz in den traditionellen Bildern der Komplementarität von Mann und Frau verstanden: Wobei Komplementarität stets die Ergänzung des Mannes durch die Frau bezeichnete, also auf einem Monosexualitäts-Konzept beruht. Zugleich fußen Entwürfe einer komplementären Ganzheitlichkeit auf dem Mythos einer immer noch unversehrt gedachten Natur, die infolge der patriarchalen Zivilisationsgeschichte längst „verloren“ ist bzw. die es nie gegeben hat. Die Fragmentierung weiblicher und männlicher Subjektivität ist nicht aufhebbar, indem man beide „Pole“ in sich vereint: Zwei Teile ergeben kein Ganzes, selbst wenn (nicht nur) viele Psychotherapien uns dies glauben machen wollen. Die „Vereinigung der Polaritäten Mann-Frau“ auf der „Körper- wie auf der Bewußtseinsebene“[27], wie sie hier Rosenkranz einfordert, bringt uns der Authentizität kein Stück näher – sie vergrößert allenfalls den Handlungsspielraum. Auf diesem Weg wird nicht Selbst-Realisation erreicht, sondern bestenfalls ein Selbstbezug, der sich gesellschaftlich gut einfügt und darüber konfliktuöse Selbstaspekte mindert. In Vergessenheit gerät, daß der Körper, wenn er zur letzten Instanz erhoben wird, stets Normierungen hervorgebracht hat – insbesondere für die Frau. Daraus folgt: Anatomie kann weder Schicksal noch Versprechen sein.

Daß Frauen prädestiniert seien für körpertherapeutische Metho-

25 Rosenkranz, M.: Die Suche nach dem Begehren. Gestalt-Körperarbeit mit Frauen zum Thema Sexualität. In: Frühmann 1985, S. 233.

26 Vgl. Zygowski, H. (Hrsg.): Psychotherapie und Gesellschaft. Therapeutische Schulen in der Kritik. Reinbek b. Hamburg 1987, S. 31.

27 Rosenkranz, wie Fußnote 25, S. 232f.

den, ergibt sich für Prengel bereits unmittelbar aus den aus ihrer Sicht grundsätzlichen Parallelen zwischen Frauenbewegung und Körpertherapie. „Beiden" sei „die Wahrnehmung von Körperlichkeit und Emotionalität zentral". Für beide werde das „Körpergefühl [...] zum Seismographen der ‚kleinen' und ‚großen' Politik". Gemeinsam suchten sie die „Aneignung abgespaltener Leiblichkeit, verdrängter Gefühle und enteigneter Macht" zu erreichen. Und nicht zuletzt habe die „Metapher vom Wachstum" in der Gestalttherapie eine Parallele in der Frauenbewegung: Diese habe die Bedeutung der Produktivität der Frau „als menschliches Leben ermöglichende Tätigkeit" erst bewußt gemacht.[28]
Rosenkranz führt als weitere Begründung für die Nähe zu körpertherapeutischen Methoden die Sozialisationsgeschichte von Frauen an. Da sozialisatorisch ein besonderes Gewicht auf „Leiblichkeit und Emotionalität" gelegt werde, finden, so Rosenkranz, Frauen „einen spontanen Zugang zu Methoden, die ganzheitliche, integrative Konzepte zugrunde legen".[29]
Was auf den ersten Blick ganz einsichtig erscheint, wirft doch auf den zweiten Blick verschiedene Fragen auf. Wenn davon ausgegangen wird, daß die Frau in besonderer Weise Traumatisierungen an und über den Körper erfahren hat, was macht sie auf einmal so prädestiniert für Körperarbeit im positiven Sinn? Vielleicht ist sie nur gewohnt, ihren Körper an eine „fremde", nun therapeutische Macht „abzugeben". Sie wäre also deshalb offener, weil sie schutzloser ist und Eingriffe in die intimen Sphären ihrer Existenz selbstverständlicher akzeptiert. Frauen wären dann durchaus ideale körpertherapeutische Klientinnen: Sie ließen körpertherapeutische Interventionen und Normierungen besonders leicht zu. Nicht übersehen werden darf nämlich das Faktum – das für jegliche Körpertherapie Gültigkeit besitzt –, daß die „Befreiung des Körpers [...] sich eben jener Mittel bedient, die im Alltag seiner Unterwerfung dienen": Denn der „produktive Körper" gleicht einer „Wünsche und Lust erzeugenden Maschine".[30] Er soll Verschüttetes freigeben. Seine Äußerungen werden interpretiert, therapeutisch angegangen sowie auf ihre Kongruenz mit dem verba-

28 Prengel/Wirbel, wie Fußnote 24, S. 103.
29 Rosenkranz, wie Fußnote 25, S. 228f.
30 Zygowski 1987, S. 32.

len Ausdruck überprüft. Aus Genußfähigkeit als Ziel wird so schnell ein Lustgesetz.
Wenn Frauen also gerade zu körpertherapeutischen Methoden besonders leichten Zugang finden, so folgt daraus keineswegs automatisch, daß solche Verfahren ihnen besonders guttun. Abgesehen davon, daß die Zentrierung auf den Körper für Frauen nun wirklich nichts Neues ist – der „erkenntnistheoretische Bereich" ihnen dagegen stets „verwehrt" war.[31] „Loose your mind and come to your senses" heißt es bei Stevens zur Gestaltkörperarbeit.[32] Für Frauen kann dies provokativ formuliert bedeuten: „Vergiß den Kopf und verkriech dich im Körper, suche dich dort". So bliebe aber im klassischen Geschlechterarrangement alles beim alten...
Wir können nun kurz resümieren, was die Faszination des Unternehmens „Körpertherapie" für feministische Therapeutinnen wohl ausmacht und welche Problematik jenen Verfahren für eine feministisch reflektierte Therapie innewohnt.
Zur Faszination: Körpertherapien versprechen einfache und schnelle Lösungen. Sie postulieren die Aufhebung von Disharmonie und die Wiederaneignung nicht nur individueller Geschichte, sondern die Aneignung leiblicher Geschichte an sich. Für verschiedene feministische Weiblichkeitsimaginationen wird damit der – weibliche – Körper zur idealen Projektionsfläche. Vor allem erlangt er Wert, indem er eine Umkehrung von individueller wie kollektiver Ohnmacht in Macht zu garantieren scheint. Frauen können die „Göttin" in sich selbst entdecken – der weibliche Körper wird nun zum Versprechen der Selbstranszendenz.
Daß aber jene Weiblichkeitsentwürfe der Realität nicht standhalten, müßte auch den Streiterinnen für weibliche Potenz ganz deutlich sein. Warum das alles also? Verschiedene Möglichkeiten seien hierfür angeführt.
Das Wir-Gefühl der ersten Jahre der Frauenbewegung ist der verstärkten Wahrnehmung von Differenzen gewichen. Der Körper kann hier als Bindemittel fungieren, um jenes „sisterhood is

31 Burgard, R.: Warum brauchen wir feministische Therapie? In: beiträge zur feministischen theorie und praxis, Nr. 17, 1986, S. 45.
32 Vgl. Stevens, B.: Gestalt-Körperarbeit. In: Petzold, H. (Hrsg.): Die neuen Körpertherapien. Paderborn 1977.

powerful“ ungebrochen ins Bild einer gemeinsamen, machtvollen weiblichen Potenz transformieren bzw. hinüberretten zu können. Der Körper wird damit zum Mittel der Vereindeutigung.
In einem ähnlichen Prozeß sind die Basisorientierungen feministischer Therapie für Therapeutinnen problematisch geworden. Parteilichkeit und Gleichheit schienen zunächst in der therapeutischen Beziehung ganz leicht einlösbar, ja schon erreicht, da schließlich Frauen einander als Schwestern begegneten. Daß dem nicht so ist, daß es stets verschiedene Positionen in der Therapie gibt, hat einen mühsamen wie produktiven Prozeß therapeutischer Selbstreflexion in Gang gebracht. Auch hier vereinfacht der Rückgriff auf den Körper das Problem. Da der Körper nicht lügt, für sich selbst Partei ergreift, mag sich die Therapeutin entlastet fühlen. Zugleich kann sie sich als Geburtshelferin einer machtvollen Transformation phantasieren. Die Konzentration auf das Nur-Persönliche legitimiert sich darüber in der Tat als hochpolitisch.
Für die Klientin selbst mag der Körper als Schauplatz der Auseinandersetzung mit sich selbst allemal ungefährlicher erscheinen als die Konfrontation mit der Summe widersprüchlicher und auch widersprüchlich bleibender Facetten ihrer Existenz. Es ist vielleicht um so vieles leichter, die Gefühle gewähren zu lassen, als sich mit den Diskrepanzen zwischen Emotionen und Verstand zu konfrontieren – ohne sie in jedem Fall auflösen zu wollen und zu können, wie es die Körpertherapien als machbar postulieren. Deren These, daß Denken dem „lebendigen Funktionieren“ eher abträglich sei,[33] den Kontakt erschwere,[34] macht die Frau auf einmal zur Expertin des Lebendigen – ihr jahrhundertelanger weitgehender Ausschluß aus dem erkenntnistheoretischen Bereich verkehrt sich nun scheinbar zu ihren Gunsten: zur Illusion, über einen Erkenntnisvorsprung in den zentralen Sphären der Körperlichkeit zu verfügen.
Zur Integration: Körpertherapeutische Methoden in der feministischen Therapie, die den Anspruch auf eine Rückkehr zur Natur beibehalten, sind paradox: Sie wirken system-stabilisierend. Die

33 Reich 1933/48.
34 Perls et al. 1951/85.

Frau hätte sich zu verwirklichen, indem sie sich „einem Objektiven“ – ihrer Natur – unterwirft, während sie „einem anderen Objektiven – der Gesellschaft – trutzen“ soll. Das Ziel, eine von „allem Falschen gereinigte Identität“[35], ist Autonomie, die es nicht geben kann. Körpertherapien garantieren so den „verwalteten Aufruhr“.[36]

Ihren affirmativen Charakter können sie daher nur überwinden, wenn sie der Differenz zwischen Körper und Verstand, zwischen Körpererleben und Gefühl die gleiche produktive Relevanz zuerkennen wie einer Kongruenz.

Produktiv meint dabei nicht, sie als Spannungspunkte aufzufassen, deren Auflösung Integration verspricht. Produktiv heißt vielmehr, der Disharmonie einen selbstverständlichen Platz zuzuerkennen. Nicht Ganzheitlichkeit, sondern Kennzeichnen der gesellschaftlichen Ungleichgewichte, die im Leben präsent sind, kann konsequenterweise nur das Ziel sein und nicht ein „Gleichgewicht trotz“; eine Anstrengung, die Thürmer-Rohr treffend als „historische Leistung und Fehlleistung der Frau“ charakterisiert.[37]
– Dann gibt es allerdings auch keinerlei Moral mehr von einem „guten Körper“ und kein Ideal von Weiblichkeit – sondern nur alltägliche Verschiedenheit...

35 Nogala, D.: Humanistische Psychologie (HuPs) als Anleitung zur Identitätsarbeit – Zerstörung politischen Denkens durch das therapeutische Paradigma. In: Psychologie und Gesellschaftskritik, Nr. 41, 1987, S. 43.

36 Wolf, C.: Die Enteignung des Verstandes? Ausflüge in die Psychoszene. Sendemanuskript einer Sendung von WDR III vom 18. 9. 1983, zit. nach Nogala wie Fußnote 35, S. 32. Die gesamtgesellschaftliche Funktion jener Rückkehr zum Körper ist in gleicher Weise system-affirmativ. Sie kann als Reflex der patriarchalen Gesellschaft auf die Erschütterung des traditionellen Geschlechterarrangements verstanden werden; vgl. Hoppe 1991.

37 Thürmer-Rohr, C.: Wendezeit-Wendedenken-Wegdenken. In: beiträge zur feministischen theorie und praxis, Nr. 12, 1984, S. 58.

Hilde Jawad-Estrak

BEWEGUNG IM SCHATTEN
EMANZIPATION IN FRAUENFREUNDSCHAFTEN

Zur Einleitung
Ich möchte meinen Beitrag den Frauenfreundschaften widmen, einem Lebensbereich, der für mich wie für die meisten Frauen zu den wichtigsten Stützen in ihrem Leben gehört. In der Beziehung zu anderen Frauen, in der Entdeckung des Gemeinsamen, Verbindenden, entwickeln Frauen ihre Identität. Freundinnen geben einander Fürsorglichkeit, Wärme und Geborgenheit und sind doch gleichzeitig immer wieder in der Lage, einander schwer zu verletzen, von einem Tag auf den anderen zu verlassen und damit alte Wunden wieder aufzureißen.
Frauenbeziehungen sind oft von Ambivalenz geprägt, bewegen sich zwischen tiefer Zuneigung und plötzlicher Feindseligkeit. Diesen Gefühlen stehen Frauen meist noch hilfloser gegenüber als den Konflikten mit ihren männlichen Partnern, die im allgemeinen weniger bedrohlich erscheinen und direkter ausgetragen werden. Ich möchte durch meinen Aufsatz Frauen ermutigen, einander auch in Krisenzeiten jene Wertschätzung entgegenzubringen, die Frauenfreundschaften aus meiner Sicht verdienen, und sich mit ihren Freundinnen auch dann auseinanderzusetzen, wenn die Verführung auftaucht, sich zurückzuziehen. Und die ist für Frauen immer wieder sehr groß. Die Chance, die in der Auseinandersetzung mit den „dunklen“ Seiten zwischen Freundinnen – wie Neid, Konkurrenz und Rivalität – enthalten ist, besteht in der Aneignung eines blockierten Potentials an Lebendigkeit und Spontaneität sowie dem Verlust von Angst.
Die hier dargestellten Erfahrungen mit meinen Schattenseiten innerhalb einer Frauenfreundschaft sollen zur Ermutigung beitragen, sich auch diesen Seiten zu stellen. Meine Emanzipationsschritte in Beziehungen mit Freundinnen sind noch lange nicht abgeschlossen und für mich immer wieder aufregendes, angstvolles und bereicherndes Abenteuer.

Hilde Jawad-Estrak

Die Vorgeschichte

Es ist spät geworden. Das Wetter ist frühlingshaft mild. Ich bin mit zwei Freundinnen, wir sind auch Kolleginnen, auf dem Heimweg von einem Psychotherapeutinnen-Treffen. Wir tauschen uns darüber aus, wie jede von uns den Abend erlebt hat, und stellen Gemeinsamkeiten fest. Im Zusammensein mit Frauen und gerade mit solchen, die wir schätzen, haben wir die Tendenz, uns zu vergleichen, abzuwerten, Neid, Konkurrenz- und Rivalitätsgefühle zu entwickeln. Wir teilen einander auch unsere Hilflosigkeit im Umgang mit diesem Tabu-Thema mit, über das wir uns die meiste Zeit scheuen, überhaupt zu sprechen – und daß es dringlich wäre, das endlich zu tun.
Ich weiß nicht mehr, welche von uns als erste die Idee hat, jedenfalls erörtern wir die Möglichkeit, ein Seminar zu diesem Themenkomplex zu organisieren, um ihn nicht wieder in unsere Seelenschatten zu verbannen.
Wir beschließen spontan, uns demnächst zu organisatorischen Vorbereitungen zu treffen. Wir planen, Kolleginnen einzuladen, die Lust und Interesse haben, unter fachkundiger Leitung ein Wochenende lang mit uns gemeinsam am Thema „Frauenkonkurrenz" zu arbeiten. Die Idee begeistert mich, ich fühle mich aufgeregt und etwas ängstlich.

Was mir meine Freundinnen bedeuten

Seit längerem schon wird mir meine Ambivalenz innerhalb meiner Frauenfreundschaften zunehmend deutlicher bewußt.
Von Kindheit an – erst mit meiner Mutter, später mit meiner älteren Schwester, dann meinen Freundinnen – haben Beziehungen mit Frauen in meinem Leben eine bedeutsame Rolle gespielt, waren mir Begleitung, Stütze in Zeiten der Veränderung, ich erlebte Gemeinsamkeit, Gleichklang unserer Seelen, fühlte mich verstanden, erfuhr Mitgefühl, Fürsorglichkeit, Verbundenheit und Zärtlichkeit.
Doch im Laufe der Zeit nahm ich immer stärker wahr, daß es auch eine „Kehrseite" der Koalition mit Frauen gab, die ich lange erfolgreich aus meinem Leben ausgeklammert hatte. Um mein Selbstbild aufrecht zu erhalten, eine zu sein, die mit Frauen „gut kann", verzichtete ich auf Individualität, auf Entwicklung und Differenzie-

rung meiner Persönlichkeit, zeigte mich scheinbar mit allem meist einverstanden und versteckte all jene Impulse in mir, die dieses Bild hätten in Frage stellen können. Auch vor mir selbst. Ich war als Freundin begehrt, denn ich war „bequem".

Im Laufe meiner Eigentherapie lernte ich mit zunehmender Schärfe meiner Wahrnehmung mein Selbst (das was *ist*) von den Bildern in mir (wie ich sein *wollte*) zu unterscheiden.

Ich entdeckte das bis dahin tief vergrabene Bedürfnis, im Kontakt mit meinen Freundinnen ich selbst zu sein, mit meinem Zorn, meinem Neid, meiner Wut hinter der Depression. Doch die Angst, die mir überlebenswichtig erscheinenden Frauenfreundschaften aufs Spiel zu setzen – andere Möglichkeiten waren mir lange nicht wirklich vorstellbar –, war vorerst noch stärker als mein Bedürfnis nach Identität.

„Beschreib mir deineMutter […] und ich sag dir, wie du mit deiner Freundin umgehst"[1]

Ich wurde als Nachkriegskind geboren. Meine Mutter befand sich zum Zeitpunkt meiner Geburt in einem miserablen körperlichen und seelischen Gesundheitszustand. Dementsprechend klein war der innere Raum, den sie für mich als Neugeborenes mit all meinen Bedürfnissen zur Verfügung stellen konnte. Schwangerschaft und die erste Zeit meines Daseins stellten eine kaum zu bewältigende Aufgabe dar (ich hatte Gelegenheit mit ihr über diese Zeit ein Gespräch zu führen), an der sie fast verzweifelte, und bei der ihr auch mein Vater kaum zur Seite stand. Doch „Die Mutter-Ideologie legt sich wie ein zartes Lügengewebe über die Beziehung zwischen Mutter und Kind."[2]

Offener Umgang mit Gefühlen wie Wut, Zorn und Angst waren meiner Mutter, dem gängigen Frauenklischee entsprechend, fremd und blieben daher auch aus der Beziehung mit mir nahezu zur Gänze ausgespart. „Frauen haben kein direktes Ventil für die Wut, die aus […] Konflikten resultiert."[3]

1 Huber, M./Rehling, I.: Dein ist mein halbes Herz. Frankfurt/M. 1989, S. 17.
2 Ebda S. 20.
3 Eichenbaum, L./Orbach, S.: Bitter und süß. Frauenfreundschaft – Frauenfeindschaft. Düsseldorf 1989, S. 133.

> Es ist wichtig, sich diese frühkindliche Dynamik der Mutter-Kind-Beziehung zu vergegenwärtigen. Denn die späteren engen Beziehungen zu Frauen [...] enthalten einige zentrale Elemente dieser besonderen Situation. Da sich die eine (hier: der weibliche Säugling) der anderen (hier: Mutter) gegenüber nicht als „anders", als eigenständiges Ich empfindet, bedroht ihre Wut sie immer auch selbst. Die Wut ist „innen", innerhalb der engen Beziehung zwsichen ihr und etwas, auf das und gegen das sich ihre Wut richtet. Ihr ganzes Leben lang wiederholen Frauen untereinander diese diffuse, selbstberohliche Form der Aggressivität. Daher rührt zu einem guten Teil die Schwierigkeit von Frauen, sich mit anderen Frauen auseinanderzusetzen.[4]

Der existentielle Auftrag meiner Mutter an mich, der ihr und mein psychisches Überleben sichern sollte, – aus ihrer damaligen Lebenssituation und Bedürfnislage gut zu verstehen – lautete dementsprechend „brav" zu sein, sie zu schonen und mit ihr immer einer Meinung zu sein. Ein häufiger Anspruch von Müttern an ihre Töchter. Für mich bedeutete das Befolgen ihrer Gebote, die längste Zeit meines Lebens mein Anderssein zu verbergen, zu verleugnen, auszuklammern oder wenn, nur heimlich und verbunden mit tiefen Schuldgefühlen zu leben.[5] Dementsprechend waren meine Freundschaftsbeziehungen mit Frauen von den gleichen Defiziten geprägt. Und um neue, andersartige Erfahrungen zu machen, fehlte es mir an entsprechender innerer Selbststützung, einer Voraussetzung für den nötigen Mut zu Kontakt. Ist der Kontakt zu mir selbst d. h. zu bestimmten seelischen Impulsen in mir blockiert, verwandelt sich das Gefühl von Lebendigkeit bzw. die Erregung

> [...] in Angst und Schrecken oder Indifferenz und Langeweile. Die Unterscheidungs- und Urteilsfähigkeiten werden entfremdet und projiziert, Verhaltensweisen, Ideen und Prinzipien anderer Leute werden angeeignet und introjiziert; Energie, die für direkte und schöpferische Aktivität verfügbar sein sollte, wird in unproduktive Ersatzhandlungen verschwendet [...] oder retroflektiert in Selbstkontrolle, Selbstvorwürfen, Selbstbedauern und Selbstzerstörung."[6]

Im Bereich der positiven Konkurrenz mit Frauen war mein Wachstumsprozeß blockiert.

4 Huber/Rehling 1989, S. 22.
5 Ebda S. 72.
6 Perls, L.: Begriffe und Fehlbegriffe der Gestalttherapie. In: Integrative Therapie, 3/4, 1978, S. 211.

Wie Frauen meist ein Leben lang, wiederholte auch ich jene Art von einengender Mutterbeziehung mit meinen Freundinnen, von Angst geprägt, und als Ausdruck des Mangels an wesentlicher Stützung. Trotz meines wachsenden Unbehagens meinen nahen Freundinnen gegenüber, nahm ich für mich lange Zeit keine Möglichkeit wahr, mich diesem, noch sehr diffusen Konflikt zwischen Zuneigung und Angst wirklich zu stellen.

Getrennte Wege

Ich beginne mit meinen Freundinnen zusammen mit der Organisation des geplanten Seminars. Wir treffen uns in einer unserer Wohnungen, um Einladungsbriefe an Therapeutinnen in Deutschland zu verfassen, die mit ähnlichen Themen bereits gearbeitet haben.
Dieser erste Schritt zur Verwirklichung, der Beginn der Seminarorganisation, war ab diesem Zeitpunkt für mich aus jetziger Sicht vermutlich der „sichere Boden", den ich gebraucht hatte, meinen Emanzipationsprozeß innerhalb meiner Frauenbeziehungen in Gang zu setzen.
Während wir an unserer Seminarausschreibung arbeiteten, kam es zu einer Meinungsverschiedenheit zwischen mir und einer meiner beiden Freundinnen aus nichtigem Anlaß, dessen Verlauf ich kurz umreißen möchte, da er mir typisch für eine versuchte, aber nicht gelungene Konfliktbearbeitung innerhalb einer Frauenfreundschaft erscheint: Ich beharrte heftig und nachdrücklich auf meiner Sicht des Problems und trug so dazu bei, daß der Streit blitzartig eskalierte, sich von beiden Seiten her äußerst destruktiv gestaltete und damit für mich wie für meine Freundin sehr bedrohlich wurde.
Unser erstes organisatorisches Treffen zur Arbeit am Thema „Frauenkonkurrenz" endete mit einem – vorläufigen – Abbruch unserer langjährigen, engen Freundschaftsbeziehung. Ich verließ ihre Wohnung gekränkt, wütend, verwirrt und feindselig. Gleichzeitig fühlte ich mich hilflos und unglücklich.

> Die unterschiedlichen Meinungen waren zutiefst bedrohlich und stellten Solidarität und Sicherheit einer […] Struktur in Frage, die auf Verschmelzung und Gleichheit beruhte.[7]

7 Eichenbaum/Orbach 1989, S. 135.

Es hatten uns bis dahin viele Jahre enger Freundschaft und Zusammenarbeit verbunden. Wir brauchten einander, mochten uns und waren immer füreinander da. Unsere Leben waren einander ähnlich.
Ein Jahr zuvor hatte sich der Lebensstil meiner Freundin durch die Geburt ihres ersten Kindes grundsätzlich verändert und unterschied sich nun deutlich von dem meinen, die ich keine Kinder habe. Ich bemühte mich, die bisherige Nähe zwischen uns zu erhalten, indem ich versuchte, mich an ihre neuen Schwerpunkte anzupassen, doch spürte ich gleichzeitig wachsenden Widerwillen in mir, ein Gefühl, das ich als Signal dafür kennengelernt hatte, daß ich dabei war, mich in einem anderen Menschen zu verlieren.
Doch auch ich begann einige Wochen vor dem Bruch neue Wege zu beschreiten: Ich hatte den Entschluß gefaßt, unseren bis dahin gemeinsamen Arbeitsbereich zu verlassen, um in eine neu zu gründende Arbeitsgemeinschaft einzusteigen, die meinen Wünschen besser zu entsprechen schien.
Wir hatten beide Schritte getan, den geheimen (mütterlichen) Auftrag in Frauenfreundschaften zu boykottieren, für die andere Frau stabilisierend zu wirken und Wegbegleiterin zu sein, „wie immer die Situation auch sein mag.“[8]
Wir hatten beide füreinander labilisierend gewirkt, damit Angst erzeugt und darauf mit verhaltenem Zorn reagiert, der sich dann ein unerwartetes Ventil geschaffen hatte.
Die darauffolgende Schweigepause, die sprachlose Wut auf beiden Seiten, ist als Sprachverweigerung zwischen Frauen eine der schlimmsten Waffen, wo doch die Sprache, der verbale Austausch, *das* Mittel der Kommunikation zwischen Frauen ist.[9]
Und dennoch gelang es uns – mit Vermittlung unserer gemeinsamen dritten Freundin – nach mehreren Monaten mißtrauisch bzw. vorsichtig Kontakt aufzunehmen, den wir so lange aufrechterhalten konnten, bis wir den sicheren therapeutischen Rahmen hatten, der es uns möglich machte, den Konflikt zwischen uns zu lö-

8 Huber/Rehling 1989, S. 154.
9 Ebda S. 32.

sen, ihn als Wachstumsprozeß zu erkennen und bereichert daraus hervorzugehen.

Bevor das Seminar beginnt

Achtzehn Psychotherapeutinnen kommen in der Steiermark zusammen, um sich ein Wochenende lang mit dem Thema „Konkurrenz und Rivalität zwischen Frauen" auseinanderzusetzen. Zwei davon sind die Leiterinnen. Wir haben sie aus Deutschland zu uns eingeladen, weil wir uns als Österreicherinnen zwei „Außenstehende" gewünscht hatten.
Die Frauen treffen nach und nach am Seminarort ein. Wir entstammen unterschiedlichen therapeutischen Schulen, der Altersunterschied zwischen einigen Frauen beträgt mehr als zwanzig Jahre. Es gibt zwischen den Teilnehmerinnen vielfältige Verbindungen, mehr oder minder intensive Freundschaften und/oder oft schon Jahre dauernde gemeinsame berufliche Geschichten.
Im Umgang miteinander erlebe ich Herzlichkeit. Es bilden sich gleich zu Anfang anscheinend mühelos kleine Gruppen, die angeregt miteinander plaudern. Erste Erwartungen und Scheu vor dem angesagten Thema werden humorvoll verpackt geäußert.
Es gibt Schwierigkeiten mit dem bestellten Seminarraum, in dem, durch einen organisatorischen Irrtum des Hauses, seit Anfang der Woche eine Gruppe von Männern tagt. Dieses Anfangsproblem liefert Anlaß, uns noch vor Seminarbeginn solidarisch zusammenzuschließen, einander zu unterstützen, Gemeinsamkeit zu erleben, eine Fähigkeit von Frauen gegenüber Männern, die wir uns in den letzten beiden Jahrzenten angeeignet haben. Ich fühle mich gestärkt und stärke, Solidarität zwischen Frauen tut mir gut, ist mir vertraut, schafft Erleichterung. Doch diesmal ist die „Kehrseite" angesagt: das Trennende, das Unterschiedliche und damit das Bedrohliche zwischen Frauen. Die mir vertraute Angst, die bei dem Gedanken in mir aufsteigt, mein Anderssein vor all diesen Frauen sichtbar zu machen, ist diesmal weniger stark als mein Bedürfnis, die Zeit meines Bravseins in Frauenbeziehungen zu beenden.

> Bravsein heißt vor allem: die eigene Identität verleugnen, Selbständigkeitsregungen unterdrücken, sich an ausgesprochene und unausgesprochene Erwartungen anderer [...] anzupassen [...] Bravsein bedeutet: auf Neugier und Spontaneität verzichten – auf Auseinandersetzungen verzichten.[10]

Einsamkeit – Gemeinsamkeit

Das Seminar beginnt mit einer „Runde", in der jede Teilnehmerin Gelegenheit hat, ihre Erwartungen und Befürchtungen für die kommenden Tage zu äußern und ihre bisherigen Erfahrungen in der Auseinandersetzung mit dem angesagten Thema „Neid, Rivalität und Konkurrenz mit Frauen" den anderen mitzuteilen.
Während ich an der Reihe bin, werde ich von einer der Frauen, ich kenne sie nur flüchtig und bringe ihr Sympathie entgegen, unterbrochen. Ihre Stimme klingt mir ärgerlich und belehrend. Ich lasse die Unterbrechung zu, gebe ihr Raum. Sie äußert ihre Ungeduld über meine Ausführungen. Ich erlebe sie meinen Themen und somit mir gegenüber abwertend. Ich höre, daß *meine* Probleme doch eigentlich keine seien und eine Frau wie ich diese schon längst bewältigt haben sollte. (Ich kenne diese Botschaft gut von meiner leidgeprüften Mutter). Während sie spricht, fühle ich mich plötzlich wie in Trance, kleingemacht, verletzt und unfähig, mich spontan zu verteidigen. Die Lähmung hält einige Zeit an, ehe es mir gelingt, wieder zu sprechen. Ich beginne, mich und das von mir Gesagte zu rechtfertigen und merke doch gleichzeitig, daß es darum nicht gehen kann, denn in mir tritt keinerlei Erleichterung ein, die Dumpfheit bleibt. Ich beende den Kontakt, ziehe mich für den Rest dieser ersten Sitzung zurück und empfinde von da an die gesamte Atmosphäre in der Gruppe als feindselig. Am liebsten würde ich flüchten.
Ich betreibe *Selbst*unterdrückung des Bedürfnisses in mir, das ich im Moment noch als zu bedrohlich empfinde, mich in meiner Individualität, mit meinen Grenzen, einer anderen Frau zu zeigen – eine Erkenntnis, die ich mir am nächsten Tag erarbeiten werde – und mache mich damit zu meinem eigenen Opfer. Noch kann ich meine *Täterschaft* nicht sehen.
Wie die der meisten Frauen, war auch meine Sozialisation vom

10 Ebda S. 72.

Erlernen typisch weiblicher Moralvorstellungen geprägt, die Frauen untersagen, sich selbst auf Kosten anderer zu verwirklichen bzw. ihren inneren Impulsen zu folgen.[11]
Dieser „Lehrgang in Selbstverleugnung" findet bei Mädchen im Alter zwischen elf und fünfzehn Jahren statt und bewirkt, daß Frauen oft ihr Leben lang, um Konflikte zu vermeiden, ihre Erfahrungen und Werte verschleiern, von denen sie ja gelernt haben, daß sie ohnehin nicht zählen.[12]
Um Auseinandersetzungen mit für mich wichtigen Frauen zu vermeiden, mir ihre Freundschaft um jeden Preis zu erhalten, hatte ich gelernt, im Kontakt als eigenständige Person zu verschwinden. So hatte ich mir in meinem Erleben bereits am ersten Abend des Seminars eine bittere weibliche Erfahrung neu inszeniert: Mein „In-Erscheinung-treten-Wollen" darf nicht sein.
Beim „Wetterbericht" des nächsten Vormittags steht mein Entschluß dennoch fest, Kränkung und Wut des gestrigen Abends erneut zu thematisieren. Ich merke, daß ich an einem zentralen Punkt angelangt bin und will dabei bleiben. Mit Unterstützung der beiden Leiterinnen ist es mir möglich zu sehen, daß die heftige und abwehrende Reaktion meiner „Widersacherin" auf das von mir Gesagte aus ihrer eigenen Betroffenheit, ihrer eigenen Geschichte herrührt. Sie gewinnt an Kontur als die andere Person die sie ist.
Die Therapeutinnen gehen dabei so vor, daß sie für jede von uns beiden einen geschützten „Raum" schaffen, indem sie dafür sorgen, daß wir beide abwechselnd sprechen und zuhören können.

Ich merke, wie Erleichterung in mir eintritt, während ich den Erzählungen der anderen Frau folge. Ich sehe das Trennende und das Gemeinsame, und meine gestern abend und heute morgen noch feindselige und ängstliche Haltung weicht einem Gefühl von Wärme und tiefem Verstehen. Fixierte Bilder weichen lebendiger Erfahrung.
Ich hatte meine „Opferrolle" aufgegeben, die Initiative ergriffen und Verantwortung für mich übernommen. Ich hatte einer typisch

11 Ebda S. 76.
12 Vgl. Gilligan, C., Titelgeschichte und Interview in: Psychologie Heute, 10, 1982. Zit. nach Huber/Rehling 1989.

weiblichen Form der Identitätsgewinnung entsagt, überwiegend über meine Vorstellungskraft, die mich gestern Abend in Kontakt mit meinen alten Erfahrungen gebracht hatte, meinen Platz in der Welt zu begreifen.

> Die Realität der Frau (jedenfalls in der klassisch-patriarchalen Sozialisation) ist eine *imaginäre Wirklichkeit*, [...] Kein Wunder, daß es Frauen – auch denen, die später feminstisch werden – schwerfällt, sich ihrer selbst und ihrer Möglichkeiten in der realen Welt hab-haft zu werden.“[13]

Gegensatz zu Männern, „ihre Realität ist die Realität des Faktischen.[14]

Weibliche Allmacht

Die folgende Episode findet zwischen drei Frauen statt (A, B und C): Nach einer Pause zwischen zwei Sitzungen meldet sich A zu Wort, um ihrem Ärger auf B Luft zu machen, weil diese sich auf „ihren“ Platz gesetzt hätte, auf dem A zuvor saß.

Eine der Therapeutinnen interveniert, indem sie hinterfragt, wie A zu der Meinung käme, daß das „ihr Platz“ sei; sie könne sich beim besten Willen nicht erinnern, daß in der Gruppe eine derartige Vereinbarung getroffen worden wäre, wonach jede Frau „ihren“ Platz hätte. (Sie macht A durch ihre Intervention aufmerksam, daß deren Ärger eine Reaktion auf ihre eigenen inneren Fantasien und Bilder ist). Gleich darauf beginnt C zu sprechen. Sie sei verletzt, weil A offensichtlich nicht neben ihr sitzen wolle, sonst wäre sie wohl nicht ärgerlich, daß B auf „ihrem“ Platz sitzt. Ich erkenne Aspekte von C in mir wieder. Sie lebt, wie viele Frauen, eine quälende Form weiblicher Omnipotenz, indem sie die Handlungsweisen der Menschen in ihrer Umgebung primär mit ihrer Person in Verbindung bringt, sich für fast alles zuständig und verantwortlich fühlt. Mit Hilfe der Therapeutinnen gewinnt sie die einfach erscheinende Einsicht, daß, wenn A auf ihrem Platz sitzen möchte, dies nicht bedeutet, daß sie *nicht* neben ihr sitzen will.

Wie schon im vorherigen Kapitel erwähnt, ist die Realität einer typisch weiblich sozialisierten Frau in unserer Gesellschaft eine

13 Huber/Rehling 1989, S. 76
14 Ebda S. 76

imaginäre Wirklichkeit, charakterisiert durch Mutmaßungen über den/die andere(n), ursprünglich die Mutter; mit ihr hatten Töchter kaum Gelegenheit modellhaft zu lernen, sich mit anderen Frauen konstruktiv auseinanderzusetzen. Frauen lernen daher früh, ihre „Antennen“ auszufahren, ihre Intuition zu schulen.
Diese weibliche Art der Wahrnehmung und Erklärung ihrer Umwelt wird von anderen oft als Vereinnahmung und Anmaßung erlebt.
Weibliche Allmachtsgefühle, d. h. ohne Auseinandersetzung mit anderen zu glauben, über deren innere Vorgänge und Handlungsmotive Bescheid zu wissen, führen zu Mißverständnissen und anderen sozialen Schwierigkeiten und sind immer wieder Thema in diesen Seminartagen. Die Therapeutinnen betonen in ihrer Arbeit mit den Frauen das Unterschiedliche, indem sie immer wieder darauf hinweisen, daß die andere ein *anderer* Mensch ist, mit eigenen Wahrnehmungen, Gedanken, Gefühlen, eine Welt für sich, die nach einzigartigen Gesetzen funktioniert, über die nur jede selbst Bescheid weiß. Die therapeutischen Interventionen zielen immer wieder darauf ab, das Erscheinen der Andersartigkeit jeder einzelnen Frau zu fördern und als Bereicherung zu betonen bzw. das imaginäre Denken von Frauen als solches bewußt zu machen.

Die andere ist anders

Eine der eindrucksvollsten Erfahrungen während dieser Seminartage ist das Erlebnis für mich neuer, erweiternder und ganzheitlicher Beziehung zwischen Frauen.
Einen besonderen und nachhaltigen Eindruck hinterläßt in mir eine Übung zu zweit, die von den Therapeutinnen als Zwiegespräch angekündigt wird und jenen Frauen einen Konfliktrahmen bieten soll, die Aspekte aus einer gemeinsamen Vorgeschichte zu klären hatten.
Nach Moeller ist das „wesentliche Gespräch“ ein Weg, der/dem anderen unser Erleben wechselseitig einfühlbar zu machen, da „wir viel weniger voneinander wissen, als wir ahnen“.[15]

15 Vgl. Moeller, M. L.: Die Liebe ist das Kind der Freiheit. Reinbek b. Hamburg 1990.

Die Rahmenbedingungen für dieses Gespräch stellen sich sehr einfach dar und bestehen im Wesentlichen darin, innerhalb eines vereinbarten Zeitrahmens nur von sich selbst zu sprechen, der anderen zuzuhören.
Fast alle Frauen zeigten sich beim anschließenden Erfahrungsaustausch tief berührt von dem eben Erlebten.
Innerhalb eines ungewohnten, wenngleich unspektakulären Rahmens hatte *Kontakt* und damit eine oft völlig unerwartete Form der Konfliktlösung stattgefunden. Die Bedeutung von *Kontakt* als Wachstum der Persönlichkeit und Bildung von Identität beschreibt Laura Perls, Mitbegründerin der Gestalttherapie wie folgt:

> Kontakt ist die Wahrnehmung und Verarbeitung des anderen, des Verschiedenen, des Neuen, des Fremden. Er ist kein Zustand, in dem man sich befindet, oder nicht befindet (das würde mehr den Zuständen der Konfluenz oder Isolierung entsprechen), sondern eine Tätigkeit. Ich *mache* Kontakt, ich nehme Kontakt auf an der Grenze zwischen mir und dem anderen. Die Grenze ist gleichzeitig der Ort der Berührung und der Trennung. Sie ist die Zone der Erregung, des Interesses, der Besorgtheit, der Neugier, oder der Furcht und Feindseligkeit, – der Ort wo vormals nicht Wahrgenommenes oder undeutliches Erleben in den Vordergrund tritt als prägnante Gestalt.[16]

Wie Laura Perls beschreibt auch Moeller die „gute Beziehung" nicht als einen Zustand, „die gute Beziehung ist nicht", sondern als Tätigkeit, „sie kann werden", und charakterisiert die wesentlichen Ziele des „beziehungsstiftenden Zwiegesprächs" wie folgt:

> 1. Ich möchte in unserer Beziehung lernen, von der wechselseitigen Unkenntnis auszugehen und dich nicht mehr mit meinen Vorstellungen kolonialisieren.
> 2. Ich möchte in unserer Beziehung lernen, unser gemeinsames unbewußtes Zusammenspiel ernst zu nehmen und damit zu erkennen, daß ich verantwortlich, aber nicht unabhängig bin.
> 3. Ich möchte in unserer Beziehung lernen, wesentliche Zwiegespräche als notwendig anzusehen und zu verwirklichen; nur so kann ich lernen, mich und Dich ernst zu nehmen; und Du kannst mir nicht wesentlich sein, wenn ich mir nicht wesentlich bin.
>
> 4. Ich möchte in unserer Beziehung lernen, mich in konkreten Erlebnis-

16 Perls 1978, S. 211.

sen und nicht in Begriffen zu erläutern, weil Bilder und Geschichten erst wirklich tiefgehend und umfassend wiedergeben können, wer ich bin – und wer Du bist.

5. Ich möchte in unserer Beziehung lernen zu erkennen, daß ich mir auch die Gefühle mache, von denen ich gerne annehme, daß Du sie mir machst – zum Beispiel Kränkung und Schuldgefühle –, oder von denen ich glaube, daß sie mich einfach überkommen – wie etwa Angst und Depression.[17]

Das Neue und Bereichernde dieser Übung besteht für mich in der Erfahrung, innerhalb eines sicheren Rahmens, d. h. einer respektvollen, gewährenden und nicht-wertenden Beziehung zu einer Frau, alle in mir auftauchenden Impulse zuzulassen, auszudrücken bzw. zu verbalisieren und damit eine Erfahrung zu machen, die innerhalb der Beziehung zur Mutter nur wenigen Mädchen möglich war: in meiner Einzigartigkeit und Andersartigkeit als Frau von einer anderen Frau gesehen und angenommen zu werden. Moeller hat diese Zwiegesprächsform primär für Paare entwickelt.[18]
Die Anwendung der beschriebenen Methode im Rahmen des Seminars durch die beiden Therapeutinnen sehe ich als Aufwertung von Frauenfreundschaften, sie stellt die Beziehungen zwischen Freundinnen auf die Ebene von Partnerschaften zwischen Mann und Frau.

Zum Abschluß

Freundinnen, die sich mit-einander respektvoll aus-einandersetzen werten einander auf, geben einander die Chance, innerhalb ihrer emotional nahen Beziehung alte Wunden, die aus einer defizitären Mutter-Tochter-Beziehung stammen, zu heilen und einander „im Zeitalter der narzißtischen Störungen [...] zum Leben zu verführen.“[19]
Frauen, die einander Akzeptanz als ganzheitlicher Person und nicht nur als „braver Tochter“ entgegenbringen, unterstützen einander darin, alte Angst vor Frauen abzulegen und Mut, zu sich

17 Moeller 1990, S. 16.
18 Vgl. Moeller, M.L.: Die Wahrheit beginnt zu zweit. Das Paar im Gespräch. Reinbek b. Hamburg 1990.
19 Ebda S. 265.

selbst zu stehen, aufzubauen, eindeutiger und damit greifbarer zu werden und zu einer „integrierten Person mit Stil" heranzuwachsen, von welcher Laura Perls (unter Verwendung der männlichen Form) meint:

> Sie hat […] eine einheitliche Art des Ausdruck und der Mitteilung. Sie ist nicht notwendigerweise was man „angepaßt" nennen könnte oder „sozial nützlich und wünschenswert", nicht einmal „gesund". Man mag sie „exzentrisch" nennen, „verschroben", „verrückt" oder „kriminell", sie ist vielleicht ein Anarchist, ein Künstler, ein Homosexueller, ein Landstreicher.[20]

20 Perls 1978, S. 212.

Maria Majce-Egger

FRAUENLEBEN IN UND MIT DER VIELFALT – IM WIDERSPRUCH DER VIELHEIT

Bioenergetische Analyse

Die aktuelle Wirklichkeit von Frauen bestärkt eine Trennung in mehrere Lebensbereiche:

- in den gesellschaftlichen Arbeitsbereich: den Bereich, wo sachbezogene Fähigkeiten zählen und Orientierung am individualistischen Leistungsprinzip, Rationalität, Selbstbehauptung und Autonomie, mit der Möglichkeit der Selbstverwirklichung im Beruf;
- in den Bereich des Lebens nach der Moral der Fürsorge: dem Dasein für andere, dem Bereich des Lebens in Unmittelbarkeitsbeziehungen, der Bereich sozialer Fähigkeiten und Kompetenzen, dem Anerkennen von Bedürfnissen und Gefühlen;
- in den Bereich des Frauseins, weiblicher Bestätigung und Anerkennung.

Diese gleichwertige Vielfalt gleichzeitig zu leben, führt leicht in Überforderung, fördert Angst und kann krank machen. Der Verzicht auf einen Bereich scheint Erleichterung zu schaffen. Auf der Suche nach weiblicher Identität finden wir eine Vielzahl von Bildern, geschaffen, um dieser Umwelt zu „entsprechen“ oder als Ausdruck eines Widerspruchs, auch als Versuch, Eindeutigkeit zu behaupten. Doch letztlich finden wir uns in einer „Ortlosigkeit“[1] wieder. Das eigene Innen wird zum Uneigentlichen, bleibt im Nichtmitteilbaren bewahrt, und wesentlich bleibt das Außen, die Orientierung an der Außenwelt, Umwelt.

Der Versuch, diese Widersprüche zu einem Ganzen zu vereinen, führt häufig zu einem Perfektheitsideal von Frausein, das mehr emotionale Verunsicherung und Überforderung bringt als Unabhängigkeit von tradierten Rollenklischees und Normen. Individua-

1 Haug, F.: Subjekt Frau. Zur Politik der Erinnerung. In: Rommelspacher, B. (Hrsg.): Weibliche Beziehungsmuster. Frankfurt/M. 1987, S. 55ff.

tion, Trennung und Loslösung von diesen „Außen-Realitäten" wird mit Einsamkeit erreicht.
„Das Verhältnis von Reifungsprozeß und sozialer Umwelt ist Hintergrund für die Entwicklung zu einer leib-seelischen Einheit"[2], bedeutet ergänzt für Frauen: zu einer leib-seelischen *Vielheit/Vielfalt.*[3] Diesen Widerspruch, diese Vielheit zu leben, als bewegende Kraft zu nutzen, diese Spannung in kraftvolles Handeln zu wandeln, ist die Kunst, „verlorenes Wissen" von körperlich-seelischer Identität aus sich heraus zum Ausdruck zu bringen und kraftvoll in Austausch zu treten. Der Ausdruck des Ich bleibt aber oft festgehalten im Körper, der das Wissen um die spezifisch weiblichen Lebensgeschichten bewahrt und weibliche charakterstrukturelle Überlebensmuster wirksam werden läßt – Überleben ermöglicht, Leben behindert.

Weibliche Körpergeschichte

Das Körpererleben und Wahrnehmen von Frauen – begonnen beim Erkennen des eigenen Geschlechts des kleinen Mädchens, der Entwicklung primärer weiblicher Geschlechtsidentität, gefolgt und wiederholt in der Zeit der Pubertät, der Zeit des körperlichen Zur-Frau-Werdens, dem Menstruationsrhythmus, Schwangerschaft, Geburt, Stillen, bis zur Menopause – wird begleitet von einer äußeren Zuschreibung von Wichtigkeit weiblicher körperlicher Attraktivität, Erfahrungen von Benütztwerden, Mißbrauch und Geheimnis.
Das Streben des kleinen Mädchens nach Autonomie während der ödipalen Phase findet auch im Körper Ausdruck, idealerweise in der Integration weiblicher und männlicher Aspekte, häufiger in einer Spaltung zwischen Autonomie und Sexualität. Selbstbehauptung und eigenes Begehren – der Weg in die Außenwelt, der die Ablösung von der Mutter, der Welt der Fürsorge und Kontrolle ermöglicht, werden geschlechtsspezifisch bestätigt, und die bleibende Identifikation mit der Mutter unterläuft als Trennungsangst die eigenen Unabhängigkeitsbestrebungen, Ablösung und Individuation. Der Konflikt zwischen Trennungsangst und Selbstbe-

2 Vgl. Mahler, M.: Symbiose und Individuation. Stuttgart 1986.
3 Vgl. Lowen, A.: Bio-Energetik. Therapie der Seele durch Arbeit mit dem Körper. Reinbek b. Hamburg 1988.

hauptung führt zu einer grundlegenden Ambivalenz[4], bestärkt durch die kulturspezifische Idealisierung des Vaters und Abwertung der Mutter.

In der Pubertät findet die Bestätigung oder Infragestellung bisher ausgebildeter Überlebensmuster statt. Weibliche Haltungen werden gefestigt oder ein Weg in Entwicklung und Neuorientierung gefunden. Mehrere Ebenen für Bestätigung weiblicher Identität stehen scheinbar zur Wahl:

- der Weg der Selbstverwirklichung im Beruf: Bestätigung von Kompetenz, Leistung, Selbstbehauptung;
- der Weg der Entfaltung sozialer Kompetenz, der Weg der Moral der Fürsorge: Bestätigung für Zuständigkeit im Bedürfnis- und Gefühlsbereich;
- der Weg des Frauseins: Bestätigung von Weiblichkeit, Liebesbeziehung und Sexualität.

Die Bestätigung von außen setzt diesen vorhandenen Ebenen Grenzen, bestärkt nach wie vor tradierte Vorstellungen von „Weiblichkeit" und behindert die freie Entwicklung der Vielfalt weiblicher Lebensgestaltung und Selbstentfaltung. Die eingegrenzte Anerkennung als Frau behindert die Entwicklung eines authentischen Selbstwertgefühls, da die Sicherheit, daß eigenes Tun von innen kommt, eigene Absicht zum Ausdruck bringt, erst durch Annehmen und Anerkennen anderer möglich wird. Dieses Zusammenwirken kultureller und psychischer Prozesse fördert die Verleugnung des Strebens nach Unabhängigkeit und Autonomie.

Das für die junge Frau sichtbare und spürbare körperlich Zur-Frau-Werden durch die Regelblutung, ein körperliches Erleben des Lebensrhythmus von Werden und Vergehen, das jede Frau viele Jahre ihres Lebens begleitet, wird durch die kulturelle Bedeutung des Geheimen, Nicht-Zeigbaren ins „private" Verborgene gedrängt. Das, was körperlich zur Frau macht, darf nicht hergezeigt werden, wird geheimgehalten – ein geheimes Wissen über den eigenen Körper, ein geheimes Selbstbewußtsein als

4 Siehe dazu: Hommerich, U./Scheffler, S.: Weichenstellungen in der Entwicklung weiblicher Identität in ihrer Beziehung zur gesellschaftlichen Notwendigkeit. In: beiträge zur feministischen theorie und praxis, Nr. 17, 1986.

Frau, eine zu verbergende weibliche Lebensform. So geht ein wesentliches Element eigener Weiblichkeit verloren: Die Energie und Kraft des monatlichen körperlichen Rhythmus wird erst versteckt, dann festgehalten, wenig beachtet – unsichtbar gemacht. Sichtbar soll scheinbar die äußere Körperlichkeit bleiben, attraktiv, begehrenswert sein, gern angeschaut und gesehen werden. „Scheinbar", da Frauen lernen, kunstfertig ihre Körper in Bilder zu verwandeln, die andere zu schauen wünschen. Vorgegebenen Wunschbildern zu entsprechen, wird reichlich Unterstützung angeboten. Im Bemühen, den Bildern der anderen gerecht zu werden, zeigt sich der lebensfüllende Versuch, so zu tun, „als ob" sie so sei, wie von ihr erwartet wird, um Bestätigung ihres Seins zu erhalten. Thürmer-Rohr[5] bezeichnet das „als ob" der Frau als gesellschaftliche Normalität von Frauen, als nein-loses Dasein, ein Nichtverraten, was sie beobachten und „in Wirklichkeit" denken und wollen.[6] Die „Wirklichkeit" ist im Nicht-Mitteilbaren, in Wortlosigkeit und Schweigen verborgen und ist über und mit dem Körper zum Ausdruck zu bringen.

Therapeutische Arbeit mit Frauen

Ich wähle zur Beschreibung meiner therapeutischen Arbeit mit Frauen Frauen aus, die sich bewußt für ihre berufliche Laufbahn entschieden haben und in diesem Bereich erfolgreich sind. Dies sind Frauen, die in ihrer Lebens- und Körpergeschichte einen Verzicht auf Bestätigung von Weiblichkeit geleistet haben, sich scheinbar für den Weg auf der Ebene des gesellschaftlichen Arbeitsbereiches, Autonomie und Selbstverwirklichung entschieden haben und ihr Vorhaben verwirklichen konnten. Die Folge dieser Form weiblicher Individuation und Abgrenzung ist oft Verunsicherung; ein Gefühl der Uneigentlichkeit macht sich breit, von Enttäuschung, etwas Fehlendem und Bezugslosigkeit zum eigenen Körper. Einsamkeit und Verlassenheitsängste sind häufig Anlaß, um in Therapie zu kommen, ausgedrückt in einem aktuellen Konflikt.

Der Widerstand gegen ein Leben in Widersprüchen, der geleiste-

5 Thürmer-Rohr, C.: Vagabundinnen. Berlin 1987, S. 115f.

6 Vgl. Thürmer-Rohr, C.: Die Gewohnheit des falschen Echos. In: beiträge zur feministischen theorie und praxis, Nr. 17, 1986.

te Verzicht, um Eindeutigkeit zu behaupten, erweist sich als Falle und zeigt sich körperlich als Behinderung von Bewegung und Bewegtheit. Der äußere Erfolg wird abgewertet, verworfen, so wie der eigene Körper.[7] Der Wunsch ist, eigenständiges Frausein bestätigt zu hören, den geleisteten Verzicht auf Bestätigung von Weiblichkeit wieder aufzuheben, die offizielle Bestätigung einer Ganzheit, die verstreut und gut verborgen vielleicht in ihrem Körper wiederzufinden sein wird. Die Sehnsucht ist, Unterstützung zu bekommen, Begleitung auf dem wilden, unerforschten Weg zur eigenen Identität, zur Vielfalt des Frauseins.

Gemeinsam sind diesen Frauen hohe Ansprüche und Forderungen an sich selbst, bei gleichzeitiger Unzufriedenheit mit dem Erreichten. Im Perfektheitsideal ist die Wut auf weibliche Lebensbedingungen versteckt, die nicht gezeigt werden durfte. Sie haben gelernt, sich selbst zu beherrschen – und auch andere –, ihre Gefühle um der Schmerzvermeidung willen nicht mehr zuzulassen, sondern zu benutzen, um aus der Verunsicherung ihrer Lebensumwelt auszusteigen. Dies sind Lebenshaltungen, deren Grundstein im Alter von drei bis fünf Jahren gelegt wurde, als als Antwort auf die real verunsichernde und verwirrende Umgebung Entscheidungen getroffen wurden, wie „Ich lasse mich nicht mehr bestimmen, benutzen und beherrschen“ und „Ich werde mein Innerstes schützen und nicht mehr preisgeben, mein ‚Nein' nicht mehr offen austragen“.

Diesen Entscheidungen folgt die Entwicklung meist unbewußter Überlebensstrategien, wie „Ich bestimme selbst, wenn auch heimlich und unmerklich für andere; ich komme den anderen zuvor, erkenne, was sie von mir wollen und entspreche ihnen, gebe scheinbar – um das Eigentliche zu schützen; wenn andere mich brauchen, bin ich bestätigt und sicher.“ Dies sind Formen von Verweigerung, die in der Pubertät, der Zeit des Frauwerdens, bestätigt und bekräftigt werden. Frauen entwickeln ein virtuoses Können im Wechsel zwischen diesen Haltungen von Rückzug, Anpassung und Manipulation, Kontrolle, denn da finden sie sich in einer Norm unserer Kultur, die bestätigt und gefordert wird und in der sie ihre Verweigerung in aller Vielfalt und auf unendlich vie-

7 Vgl. Scheffler, S.: Frauenspezifische Krankheitsbilder. In: Rommelspacher, B. (Hrsg.): Weibliche Beziehungsmuster. Frankfurt/M. 1987.

len Ebenen entfalten können. Dies läßt die Illusion des „ich bestimme selbst“ aufrechterhalten, bis sie brüchig wird, weil Nähe ausbleibt, Schutzlosigkeit bleibt, Mißbraucht-Werden nicht beherrschbar ist, die Erfüllung des Gebraucht-Werdens keine ist, die Bilder, die Wechsel der Ebenen – geschaffen für andere und zum eigenen Schutz – Eigenes zugedeckt und verdrängt haben: verlorengegangenes Wissen.

Die Bioenergetische Analyse ist ein Weg, den Kern der Person wiederzufinden und den Wandel vom „als ob“, vom Scheinbaren, zum „ich bin“, einem realen In-der-Welt-Sein, zuzulassen und zu vollziehen. Dies geschieht auf zwei Ebenen, der körperlichen und der psychischen, gleichzeitig. Körperlich wird die Beweglichkeit und Koordination erhöht und psychisch wird eine Reorganisation des Denkens und der Einstellungen/Haltungen ermöglicht.[8]

Die Bioenergetische Analyse beinhaltet die Analyse innerer und körperlicher Haltungen, von Verhaltensmustern, Einstellungen und muskulären Verspannungen, dem Wahrnehmen und Erkennen der Person, wie sie jetzt ist und wie sie geworden ist. Wie steht eine Person da, in und auf der Welt, wie zeigt und teilt sie sich emotional, sprachlich und körperlich mit, welche Botschaft gibt ein Körper seinem Gegenüber in Haltung, Bewegung, Bewegtheit und Richtung, im Ausdruck der Stimme.

In der Beschreibung weiblicher Körpergeschichte habe ich Zeiten von Autonomiestreben (ödipale Phase, Adoleszenz) hervorgehoben und für eine dritte Phase scheinbar erfolgreich autonome Frauen ausgewählt – Frauen, die innere und körperliche Haltungen wie: Eigenes festhalten, innen halten und zurückhalten, entwickelt haben, Haltungen, die als muskuläre (Ver)Spannung und Einschränkung von Beweglichkeit und Atmung spürbar und sichtbar geworden sind.

Die Basis der therapeutischen Arbeit ist die Charakteranalyse, damit ist die Analyse der Gesamtheit aller Spannungsverhaltensmuster, der Form und der Beweglichkeit des Körpers gemeint und das Erkennen des Zusammenwirkens von persönlicher Lebensgeschichte, von psychischen und körperlichen Ereignissen und deren Manifestationen.[9] Die Charakterstruktur stellt die Reaktion

8 Vgl. Pechtl, W.: Die Therapeutische Beziehung und die Funktion des Therapeuten in der Bioenergetischen Analyse. In: Petzold, H. (Hrsg.): Die Rolle des Therapeuten und die therapeutische Beziehung. Paderborn 1980.

der Person auf die soziale Umwelt dar, sie strukturiert so ihre Abwehr in kreativer, einzigartiger Vielfalt. Charakteranalyse ist also Widerstandsanalyse und Analyse der Fähigkeiten und Möglichkeiten einer Person.[10]
Weibliche Lebensgeschichte, spezifisch weibliche psychische und körperliche Ereignisse und Erlebnisse, führen zu spezifisch weiblichen charakterstrukturellen Anteilen. Die Reaktion von Frauen auf ihre Umwelt ist die Entwicklung von Schutzhaltungen gegenüber den einschränkenden Zuschreibungen bestimmter Weiblichkeitsbilder, die nicht bestätigen, was da ist und so Entfaltung ermöglichen, sondern anerkennen, was ins Bild paßt, und so neue Lebensformen im Miteinander verweigern.
Eine Entfaltung von Fähigkeiten in allen Lebensbereichen ist in diesem Bild von Frauen nicht enthalten.
Das ist die „Umwelt" von Frauen, gegen die sie sich erst schützen und später Haltungen entwickeln, die behindern, authentisch von innen heraus in Austausch zu treten. Eigenes Innen kann also nicht mehr zum Ausdruck gebracht werden, bleibt den Frauen letztlich selbst verborgen und zeigt sich im Körper, in dem sich die aktuelle Wirklichkeit der Trennung in mehrere Lebensbereiche als Behinderung des Energieflusses und von Bewegung manifestiert. Im körperlichen Trennen von Lebensbereichen wird die Vielheit mit ihren Widersprüchen sichtbar und die Notwendigkeit der Verbindung dieser Bereiche spürbar.
Der Konflikt zwischen Selbständigkeit und Abhängigkeit, zwischen Autonomie und Sexualität ist ein spezifisch weiblicher Weg in unserer Kultur, der die „Lösung", die letztlich keine sein kann, im Verzicht auf einen Bereich vorgibt, also eine körperliche Blockierung fördert. Wird im Widerspruch zur kulturellen Vorgabe, was Weiblichkeit zu sein hat, die Entscheidung getroffen, auf Selbstbehauptung und Autonomie nicht zu verzichten, sondern sie zu entfalten, können aggressive, aktive Anteile genützt werden und die Frau sich als Handelnde nach außen gerichtet erle-

9 Vgl. Frank, R./R.Frank: Zur Rolle des Körpers in der bioenergetischen Analyse. In: Petzold, H. (Hrsg.): Die neuen Körpertherapien. Paderborn 1977.
10 Siehe dazu: Frank, R.: Über das Konzept des Widerstandes in der Bioenergetischen Analyse. In: Petzold, H. (Hrsg.): Widerstand. Paderborn 1981.

ben. Dies bedeutet einen Verzicht auf Weiblichkeit, die Abgrenzung bis zur Ausgrenzungsnotwendigkeit und Trennung von Bestätigung einer Lebensform als Frau, die in Unzufriedenheit führt, in Leiden und das Gefühl von etwas Fehlendem.
Die Reduzierung der Vielheit, um Eindeutigkeit zu erlangen, führt zu Einseitigkeit und drängt zur Aufhebung und somit zur Wiederbelebung dieses weiblichen Konflikts, bringt Bedrohlichkeit, Verletzlichkeit, Schutzlosigkeit und Hoffnungslosigkeit mit sich.
Die innen festgehaltenen Ausdrucksformen von Weiblichkeit in all ihrer Vielfalt warten auf ihre Geburt. Therapie ist eine Zeit des Wachsens. Eine Wirklichkeit, die ins Nicht-Mitteilbare gedrängt worden ist, ein körperlicher Rhythmus, der als Störung verborgen, als Schmerz bekämpft und als unpassende Empfindsamkeit geheimgehalten wird, Gefühle, Begehren, Gedanken, die nicht mehr verraten wurden, entfalten sich in autonomer Innen- und Außenwendung. Die Ganzheit/Einheit ist im Widerspruch zu finden.
Methodische Hilfen dieses therapeutischen Ansatzes sind die bewußte Vertiefung der Atmung, die das Energieniveau erhöht und Gefühle und Lebendigkeit bereichert, und das Grounding-Konzept, das die Arbeit an der Bewegungsfunktion (Ent- und Anspannung, Haltung, Lösen von Verspannungen), an der Wahrnehmungsfunktion (mit allen Sinnen erkennen, was ist) und die Ermutigung des Ausdrucks und der Deutung von Übertragung und Widerstand beinhaltet.
Ziel der Bioenergetischen Analyse ist es, vom therapeutischen Ansatz zur Lebensform zu gelangen, festgehaltene Emotionen zu befreien und zu erfahren, sie in der Lebensgeschichte zuzuordnen und aufzuarbeiten, Täuschungen in der Zeit zu beheben und durch Grounding in die Realität zu integrieren – die Ganzheit der Person zur aktuellen Wirklichkeit zu spüren.[11] Erweiterte Lebensform für Frauen: ... und in und mit der Spannung der Vielfalt weiblicher Wirklichkeit leben und das „sowohl – als auch“ unserer kulturell bedingten weiblichen Erfahrungszusammenhänge kraftvoll nutzen.

11 Kufner, W.: Bioenergetik. Verrat am Körper. In: Petzold, H. (Hrsg.): Wege zum Menschen. Paderborn 1985, S. 245.

Der „Ganzheit der Person zur aktuellen Wirklichkeit zu spüren" geht eine schmerzvolle Auseinandersetzung mit Täuschungen, Kontaktillusionen, Angst, Wut und Trauer, Unsicherheit, Einsamkeit und Hoffnungslosigkeit voraus und begleitet sie weiterhin.
Empfinden, spüren, wahrnehmen und bestätigt finden, „was ist" und nicht, was sein sollte, kunstvoll „scheinbar" darstellen –, läßt Möglichkeiten, Fähigkeiten und reale Begrenzungen erkennen, führt zum Begreifen, „was ich bin" in meiner vielfältigen Gesamtheit.
Den Weg zum Herzen, zum Kern der Person zu finden und zu gehen, bedeutet, den Weg der Hoffnungslosigkeit zu beschreiten, sich eigener Heimatlosigkeit als Frau bewußt zu sein, heißt, das konkrete Außen als Konstrukt zu enttarnen, das dazu dient, im Widerspruch dazu Eindeutigkeit zu erlangen, um handlungsfähig zu bleiben und das Deutlichmachen des eigenen Innen zu verhindern, heißt inneres Begehren, Sinnlichkeit und Rationalität versöhnen, Fühlen und Wissen im eigenen Rhythmus leben.
Weiblichkeit, Frausein leben heißt, Widersprüche nebeneinander bestehen zu lassen, diese Spannung in verschiedenen Bereichen zu leben und leben zu können, als Fähigkeit zu erkennen und als Energiepotential, als Kraftquelle für sich nutzbar zu machen und so eine Verbindung von Innerlichkeit und Handeln herzustellen, die Vielzahl der Bilder zu erkennen und zu trennen von eigenen Bildern, von der eigenen Sichtweise der Wirklichkeit – weibliche Träume zu Visionen gestalten und die Durchführung wagen.

Elisabeth Pahl

WIE KOMMEN FRAUEN IN DIE PSYCHIATRIE?

Um zu dieser Frage aus feministischer Sicht Stellung zu nehmen, möchte ich folgende Thesen aufstellen und mich dazu im einzelnen ausführlicher äußern:

- Die Definition von „Frausein" wird von patriarchalen Werten bestimmt.
- Die Definition von psychischem Kranksein ist für Frauen und Männer unterschiedlich.
- Der Mann entscheidet, was bei der Frau krankes und gesundes Verhalten ist.

Die Herrschaft des Mannes über die Frau macht die Frau krank.
Die bestehenden Herrschaftsverhältnisse gehen von der patriarchalen Familienform aus, in der ein Mann seine Frau und Kinder beschützt und ernährt und die Frau als Gegenleistung die Produktion und Aufzucht der Kinder besorgt und für das leibliche und seelische Wohl und die häusliche Geborgenheit zuständig ist. Wenn sie darüber hinaus noch einer lohnabhängigen oder freiberuflichen Arbeit nachgeht, ist das ihr persönlicher Luxus oder ein notwendiges Zubrot.
Die Öffentlichkeit ist der Bereich des Mannes, das Private der Bereich der Frau. Dabei wird davon ausgegangen, daß die Gebärfähigkeit der Frau in naturgegebenem Zusammenhang steht mit ihrer Rolle als Hausfrau und Mutter.
Die patriarchale Familienform ist eine kulturelle Schöpfung, aber nicht die einzige Möglichkeit von Familienorganisation.
In der Urzeit die Geschlechter scheint die biologische Vaterschaft unbekannt bzw. unbedeutend gewesen zu sein. Die Gemeinschaft zwischen Mutter und Kind war der Beginn langfristiger, sozialer Beziehungen, d. h. der Beginn von Kooperation in Form von Nahrungsteilung und Kommunikation in Form von Sprache.
Die Gründe, warum sich an verschiedenen Stellen der Welt aus unterschiedlichen sozialen Strukturen patriarchale Formen entwickelt haben, sind unklar. Wichtig sind für uns heute noch die Ziele der patriarchalen Gesellschaftsform, die ursprünglich ganz

kraß formuliert wurden, nämlich, daß die Freiheit der Frau durch Gesetze gebunden wird und damit die Frauen der Macht der Männer untergeordnet werden. Denn, „sobald die Frauen den Männern gleichgestellt sind, sind sie ihnen überlegen."[1]

Die Überlegenheit der Frau besteht darin, daß Kinder aus ihr hervorgehen können und Kinder zunächst einmal Kinder der Mütter sind. Ziel der patriarchalen Gesellschaftsform ist es, diesen Vorteil zu beseitigen. Das zeigt sich heute noch deutlich in der Diskussion um den §218, der Frauen das alleinige Bestimmungsrecht abspricht, ob sie ein Kind austragen wollen oder nicht.

Das Ziel wird vor allem durch die patriarchale Familienform erreicht, bei der die Frau aus der Öffentlichkeit ausgegrenzt und ihr der private Bereich zugewiesen wird. Damit hat sie weniger oder gar keinen Einfluß auf den öffentlich Bereich und damit auch kaum Einfluß auf die Verfügung über ihre eigenen gesellschaftlichen Lebensbedingungen. Verheiratet sein, hat für Frauen ganz eindeutig nachteilige Wirkung und führt häufiger zu psychischen Störungen als bei Männern.

Patriarchale Verhältnisse beruhen darauf, daß männlich über weiblich herrscht und der ältere Mann über den jüngeren. Das hat schon Kate Millett in ihrem Buch „Sexus und Herrschaft" ausgeführt.[2]

Mir ist wichtig zu betonen, daß in einer patriarchalen Gesellschaftsform Frauen und Männer diesen Werten verhaftet sind, die bis in unser Unbewußtes und bis in unsere archetypischen Vorstellungen von Frauen und Männern hineinreichen. Es ist z. Z. überhaupt nicht möglich, sich aus diesem Wertesystem zu lösen. Wichtig und notwendig ist allerdings, dieses offenzulegen und seine Wirkungen deutlich zu machen.

Die Wirkung des patriarchalen Wertesystems möchte ich nun anhand des Gesundheitskonzepts deutlich machen, wie es Inge Brovermann in den USA untersucht hat.[3] Sie befragte weibliche und männliche Kliniker nach den Eigenschaften, die sie gesun-

1 Vgl. Schmerl, C.: Die Kinder der Männer – patriarchale Familien als denk- und Lebensform. In: Großmaß, R./Schmerl, C. (Hrsg.): Feministischer Kompaß, patriarchales Gepäck. Frankfurt/M.–New York 1989.
2 Millett, K.: Sexus und Herrschaft. Reinbek b. Hamburg 1985.
3 Chesler, P.: Frauen – das verrückte Geschlecht? Reinbek b. Hamburg 1981.

den erwachsenen Männern und gesunden erwachsenen Frauen und gesunden Erwachsenen ohne Geschlechtsspezifizierung zuordneten. Des weiteren untersuchte sie unter Laien gesellschaftlich erwünschtes bzw. unerwünschtes Verhalten. Das Ergebnis war, daß die Vorstellung von einem gesunden erwachsenen Mann nicht wesentlich von der eines gesunden Erwachsenen ohne Geschlechtsspezifizierung abwich. Davon unterschied sich jedoch ganz deutlich die Vorstellung von einer gesunden erwachsenen Frau. Gesunde erwachsene Frauen neigen im Gegensatz zu gesunden erwachsenen Männern zu Unterordnung, sie sind weniger unabhängig, weniger abenteuerlustig, leichter zu beeinflussen, weniger aggressiv, leichter erregbar bei kleinen Krisen, weniger dem Konkurrenzkampf zugeneigt, weniger objektiv, leichter gekränkt, emotionaler, eitler in bezug auf ihr Aussehen, weniger interessiert an Naturwissenschaften und Mathematik.
Alle diese Eigenschaften, die den gesunden erwachsenen Frauen zugeordnet werden, sind aber gesellschaftlich nicht erwünscht, während die Eigenschaften, die erwachsenen, gesunden Männern zugeordnet werden, den Qualitäten entsprechen, die gesellschaftlich relevant sind.
Diese Untersuchung zeigt deutlich, daß seelische Gesundheit in ihren Werten ausschließlich auf den Mann bezogen ist. D. h. eine Frau muß sich, um als gesund zu gelten, an die Verhaltensweisen für ihr Geschlecht anpassen, obwohl diese im allgemeinen gesellschaftlich weniger erwünscht sind und eher zu seelischen Störungen führen; z. B. werden Mädchen so sozialisiert, daß es für sie ganz natürlich ist, sich einer dominanten Bezugsperson anzupassen und wie ihre Mutter für andere da zu sein. Dieses Verhalten wiederum begünstigt Beziehungsformen, die bei der Frau häufig zu Depressionen führen.
Frauen gehen hohe Risiken ein, wenn sie gesellschaftlich erwünschtes, d. h. nur Männern vorbehaltenes Verhalten zeigen. Sie werden geächtet, abgewertet und psychiatrisiert. Dazu einige Beispiele:
Die Frau, die bewußt die Mutterrolle verweigert und nach beruflicher Karriere strebt, erhält ganz schnell Zuschreibungen wie „die hat's nötig", oder anders ausgedrückt „das ist eine phallische Frau", ihr Streben nach Karriere ist die Manifestation ihres Penis-

neides. Das sei ein neurotischer Charakterzug, der Therapiebedürftigkeit einschließe. Eine Frau hat sich nach Freud, ich zitiere Christa Rohde-Dachser:

> mit ihrer genitalen Minderausstattung, dem Penismangel, eben abzufinden. Sie ist auf Ersatzlösungen angewiesen, unter denen ein lebenslanger „Penisneid" die schlechtere und die Ausbildung „reifer Weiblichkeit" die bessere ist.[4]

Ich selbst habe während meiner Tätigkeit als Ärztin in einem Landeskrankenhaus folgende Erfahrung gemacht: In der morgendlichen Konferenz, in der überwiegend männliche Kollegen saßen, beschwerte sich eine der beiden älteren Ärztinnen über eine Aufnahmesituation. Sie wurde dabei sehr ärgerlich. Die Kollegen, die sonst, wenn diese Kollegin etwas sagte, nur in den Akten blätterten, reagierten auf ihren Ärger zunächst auch mit Nichtachtung, dann mit Lächeln und Abwinken, und schließlich sagten zwei Kollegen deutlich hörbar im Chor zu ihr: „Haloperidol 8 – 8 – 10, Haloperidol 8 – 8 – 10". Damit wurde diese Kollegin für ein Verhalten, das in der Konferenz öfter von Männern gezeigt wurde, pathologisiert. Zur Erklärung noch: Haloperidol ist ein Psychopharmakon, das bei schizophrenen Erkrankungen und auch bei Altersunruhe-Zuständen verabreicht wird. Daß in diesem Krankenhaus der Direktor ein Mann und täglich betrunken war, wurde stillschweigend hingenommen.

Ein weiteres Beispiel ist mir in dem Buch „Irren ist menschlich" von Dörner/Plog aufgefallen.[5] Dabei möchte ich, sozusagen im nebenher, darauf hinweisen, daß sich dieses Buch fast nur an Männer richtet. Als Frau wird nur die Krankenschwester erwähnt. Dabei sind 84% der im Sozial- und Gesundheitswesen Beschäftigten Frauen, nur in Leitungspositionen überwiegen Männer.

Nun zu dem Beispiel: Bei den Befriedigungsstörungen werden zunächst die des Mannes beschrieben, und dann die der Frau. Bei der Frau werden sie nicht nur beschrieben, sondern auch pathologisch eingeordnet, was beim Mann fehlt. So wird nach der Beschreibung des vorschnellen Samenergusses der Vaginismus

4 Vgl. Rohde-Dachser, C.: Weiblichkeitsparadigmen in der Psychoanalyse. In: Brede, K. (Hrsg.): Was will das Weib in mir? Freiburg 1989.

5 Vgl. Dörner, K./Plog, U.: Irren ist menschlich. Bonn 1990, S. 134.

als Gegenstück beschrieben und hinzugefügt, daß beide seelisch bedingt sind. Dann folgt die pathologische Einordnung, indem beim Vaginismus in Klammern hinzugefügt wird: „Konversionssymptom“. Der Begriff „Konversionssymptom“ wird weder hier noch an anderer Stelle erklärt. Konversionssymptome gehören zu den hysterischen Symptomen und meinen die Umwandlung von seelischer Energie bzw. unbewußten Störungen in körperliche Symptome.
Die Beurteilung seelischer Gesundheit orientiert sich an der männlichen Norm. Frauen werden zu einem Verhalten erzogen, das näher an der Vorstellung von seelischer Störung liegt, und laufen schneller Gefahr, eine entsprechende Diagnose zu erhalten.
Hinzu kommt, daß die Diagnosen von seelischen Störungen ganz konkret überwiegend von Männern gestellt werden, denn 80% der niedergelassenen Ärzte sind Männer.[6] Die Diagnosen, die zur Verordnung von Psychopharmaka führen, werden zu 90% von praktischen Ärzten und Internisten gestellt und nur zu 7% von Psychiatern. D. h. überwiegend von Männern, die in ihrer Ausbildung wenig Anleitung erfahren, um Neurosen und Psychosen zu diagnostizieren.
Eine Untersuchung aus den USA[7] zeigt, daß bei denselben Beschwerden (Rücken-, Kopf-, Bauchschmerzen, Benommenheit und Erschöpfung), diese bei der Frau eher als hysterisch oder psychosomatisch, bei dem Mann jedoch mit hoher Wahrscheinlichkeit somatisch bedingt eingeordnet werden. Zugleich sei der Untersuchungsaufwand bei Männern deutlich höher als bei Frauen.
Die Rollenerwartungen prägen nicht nur die Verhaltensnormen für gesundes, sondern auch für psychisch abweichendes Verhalten oder seelische Störungen. Frauen zeigen weit eher depressive Symptome, werden psychosomatisch krank, haben Eßstörungen, hysterische oder phobische Symptome. D. h. Frauen reagieren eher zurückgezogen, intrapunitiv, d. h. sich selbst bestrafend mit depressiven Symptomen, und Männer vorzugsweise mit anti-

6 Vgl. Sichrovsky, P.: Krankheit auf Rezept. Köln 1984, S. 154.
7 Vgl. Böhm, N.: Frauen – das kranke Geschlecht? In: Rommelspacher, B. (Hrsg.): Weibliche Bezeihungsmuster. Frankfurt/M.–New York 1987.

sozialem und aggressivem, wenn nicht sogar kriminellem Verhalten, das nicht sich selbst bestrafend ist, sondern nach außen gerichtet, andere beeinträchtigend. Frauen werden fast doppelt so häufig als psychisch krank oder psychisch beeinträchtigt diagnostiziert wie Männer. Eine Beratung oder ambulante Psychotherapie wird bei Frauen drei- bis viermal so häufig durchführt wie bei Männern. Die Verordnung von Psychopharmaka liegt bei Frauen doppelt so hoch.

Die Zahl der Männer und Frauen in den psychiatrischen Kliniken ist etwa gleich, wobei die Männer überwiegend suchtkrank sind und die Frauen eher die oben beschriebenen psychischen Störungen haben.

Daß Frauen eindeutig häufiger als psychisch gestört eingeordnet werden, hängt – wie zuvor ausgeführt – mit dem Doppelstandard seelischer Gesundheit zusammen.

Die Rollenerwartung zwingt die Frau zu einem sozial weniger anerkannten Verhalten. Sie steht immer in dem Widerspruch, sich so zu verhalten, wie es gesellschaftlich erwünscht ist, aber nur dem Mann zugestanden wird, oder wie es ihr als Frau zugestanden wird, was aber gesellschaftlich unerwünscht ist. Diese Widersprüche sind den meisten Frauen nicht bewußt und viele kranken an ihnen.

Die Frau, die den gesellschaftlichen Rollenerwartungen nachkommt, erfährt sowohl für ihre Arbeit im öffentlichen als auch im privaten Bereich weniger an Anerkennung als der Mann. Im Privaten dient sie dazu, ihrem Mann die Karriere zu ermöglichen und ihm die Kinder zu gebären, die bis vor gar nicht langer Zeit sein Besitz waren und naturgegeben seinen Namen trugen. Die Frau dient ihm weiter zur Befriedigung seiner Macht und seiner Lust, d. h. sie dient ihm als Sexualobjekt. Die Verfügbarkeit der Frau als Sexualobjekt wird u. a. darin deutlich, daß jede dritte bis vierte Frau als Kind Erfahrungen von sexueller Ausbeutung bzw. sexuellem Mißbrauch gemacht hat. Das Wort „sexueller Mißbrauch" macht die Selbstverständlichkeit des Gebrauchs von Frauen deutlich. Es ist die Manifestation der Herrschaft des männlichen Geschlechts über das weibliche. Diese Herrschaft beginnt oft in frühester Kindheit und dient dazu, die Frau dem Mann untertan zu machen. Frauen werden als Mädchen mißbraucht, es gibt keine

Altersgrenze nach unten, werden meistens zwischen sechs und 14 Jahren von Männern aus ihrem Nahbereich, d. h. von Männern, denen sie trauen, sexuell ausgebeutet. Das erfolgt in der Regel über Monate und Jahre. Entsprechend dem Entwicklungsalter, in dem Frauen sexuell mißbraucht werden, beeinflussen diese Erfahrungen die Entwicklung des Selbst und beeinträchtigen die Bildung eines autonomen Charakters. Für ein sexuell mißbrauchtes Mädchen ist ein Überleben oft nur möglich, wenn von den widersprüchlichen Erfahrungen, die zu Verwirrung führen, die ausgeblendet oder nicht wahrgenommen werden, die von der Umwelt negiert und tabuisiert werden, nicht gesprochen wird.

Es sind die Gefühle, die das Ausgeliefertsein an die männliche Herrschaft am deutlichsten spürbar werden lassen. Mädchen erfahren schon im engsten Familienkreis, daß sie ihre Gefühle und Bedürfnisse nicht wahrnehmen dürfen, um zu überleben. Mädchen lernen, sich an patriarchale Herrschaftsformen anzupassen, um zu überleben. Die Überlebensstrategien führen aber auch zu schweren seelischen Beeinträchtigungen. 75% der Frauen mit Eßstörungen und 80% der Fixerinnen wurden als Kind sexuell mißbraucht. Zahlen über die Häufigkeit bei anderen psychischen Störungen sind mir nicht bekannt. Nach persönlichen Berichten sind auf psychiatrischen Akutstationen die Hälfte, in der ambulanten Praxis bei mir drei Viertel der Frauen als Mädchen sexuell mißbraucht worden.

Den Frauen, die mit psychischen Störungen, wie Depressionen, Angst- oder psychosomatischen Symptomen in Praxen, Beratungsstellen oder Kliniken kommen, ist der Zusammenhang zwischen den Störungen und ihrer gesellschaftlichen Situation als Frau, d. h. als Mensch zweiter Klasse oder – wie es Psychoanalytiker nennen – als „Mangelwesen“, überhaupt nicht deutlich. Vielmehr sehen die Frauen ihre Symptome als ihr ureigenstes Versagen an. Das führt zu einer Abwertung des Selbst, diesmal durch die Frau selbst. Andererseits fällt die Selbstabwertung auf den Boden der gesellschaftlich minderwertigen Stellung der Frau.

Es gibt kaum ein Lehrbuch in der Psychiatrie, von denen fast alle von Männern geschrieben sind, in dem auf diesen Zusammenhang eingegangen wird. Eine Ausnahme bildet das Buch von

Arieti/Bemporad, zwei Männern, über Depressionen.[8] Sie bringen verschiedene Erklärungsmodelle für das häufigere Auftreten von depressiven Störungen bei Frauen. Neben der sozialen Diskriminierung und ungerechten Behandlung bringen sie die Hypothese der erlernten Hilflosigkeit. Diese besagt, daß Frauen stereotyp, d. h. eine wie die andere, sozial so konditioniert werden, daß sie kognitiv, d. h. von der Erkenntnis her, den Gedanken an Selbstbehauptung ablehnen. Dieses wird durch die gesellschaftlichen Erwartungen noch verstärkt.

> Das verschwörerische Moment von Seiten der Kultur besteht darin, daß sie die Frau gerade davon ablenkt, sich der Abnormität ihrer Situation bewußt zu werden. [...es] ist nicht allein die Patientin, [...] sondern die Gesellschaft tut genau das gleiche [...] In einer patriarchalen Gesellschaft verdrängt die Frau häufig den Kummer, den Zorn und die Enttäuschung, die ihre untergeordnete Stellung mit sich bringen. Die Verdrängung führt im günstigsten Fall zur neurotischen Abwehr, im ungünstigsten fördert sie die Entstehung ernsthafter seelischer Störungen.[9]

In den übrigen Lehrbüchern wird auf die geschlechtsspezifische Verteilung von psychischen Störungen kaum hingewiesen, geschweige denn, daß gesellschaftliche Zusammenhänge aufgezeigt werden.
Das Buch von Dörner/Plog „Irren ist menschlich" hat den Anspruch, den Menschen nicht nur isoliert zu sehen, sondern mit der Landschaft der Not mehrerer Menschen, und die ungleiche Verteilung von Arbeit und sozialer Sicherheit zu berücksichtigen. Diesem Anspruch wird das Buch, was Frauen angeht, d. h. was über 50% der Bevölkerung angeht, nicht gerecht. Das Überwiegen depressiver Frauen wird mit ihren weniger befriedigenden und durch erreichte Ziele belohnten Rollen erklärt.

> In der Tat ist die depressive 35-50jährige Hausfrau, die ihr Tun sinnlos findet, während die Kinder sich verselbständigen und der Ehemann größeres soziales und erotisches Prestige als sie in der Öffentlichkeit hat, der häufigste Typ, eben die „Hausfrauendepression".[10]

Es fehlt der Zusammenhang der Störung mit der die Frau benach-

8 Arieti, S./Bemporad, J.: Depression. Stuttgart 1983, S. 454.
9 Ebda. S. 455f.
10 Dörner/Plog 1990, S. 238.

teiligenden Verteilung von Arbeit, sozialer Sicherheit und Anerkennung. Vielmehr wird ihre Depression mit dem größeren sozialen und erotischen Prestige des Mannes erklärt, das er auf Kosten von Frauen hat.
Ich möchte mich zum Abschluß anhand der Schilderung der Krankengeschichte einer depressiven Frau aus feministischer Sicht mit dem Vorgehen aus sozialpsychiatrischer Sicht auseinandersetzen. Ich beziehe mich auf eine Krankengeschichte, die in „Irren ist menschlich" beschrieben ist.
Es handelt sich um eine 41jährige Hausfrau mit drei Kindern, die früher Verkäuferin war und jetzt mit 41 Jahren die dritte Depression hat. Die Frau berichtet, daß sie sich früher, vor ihren Depressionen, bis zur Weißglut geärgert habe, daß sie versucht habe, genauso schnell und so gut zu sein wie ein Mann, daß sie mit dem Ehemann gekämpft hat, daß sie ihre Unabhängigkeit haben und zeigen wollte, daß sie genauso viel kann und genauso viel wert ist. Ihr Mann hat sich hochgearbeitet, ist im Betriebsrat, in zwei Sportclubs, hat das Haus gebaut, in dem die Familie wohnt, und will seinen Ingenieurstitel machen. Bezugnehmend darauf wird die Frau gefragt, ob alles, was für den Mann Erfolg war, für sie Niederlage war und ob sie mit ihm konkurriert habe.
Die Frau wird nicht gestützt in ihrem Kampf um ihren Selbstwert und ihre Autonomie. Dieses Bemühen ihrerseits wird als Niederlage und Konkurrenz gedeutet. Die reale ökonomische Abhängigkeit ist offenbar selbstverständlich, denn sonst wäre sie benannt worden. In der Art und Weise, wie die Patientin von der Krankenschwester gefragt wird: „War das so eine Konkurrenz zwischen Ihnen?" ist der Vorwurf, daß sie konkurriert, deutlich zu hören. Es wird unterstellt, sie dürfe nicht konkurrieren.
Gleichzeitig wird ihr unterstellt, daß sie konkurrenzwürdig und konkurrenzfähig sei. Damit wird sie in eine double bind-Situation gebracht. Denn auf Grund der Tatsache, daß sie eine Frau ist und für drei Kinder verantwortlich und kein Geld verdient und somit ökonomisch vom Ehemann abhängig ist, hat sie gesellschaftlich eine minderwertige Stellung im Vergleich zum Mann. Durch die Frage nach der Konkurrenz wird dieser Widerspruch negiert. Die krankmachenden Strukturen werden verschleiert und nicht aufgedeckt. In dieser Situation werden ihr noch nicht einmal die ge-

sunden, verständlichen Gefühle von Neid und Eifersucht zugestanden.
An diesem Beispiel wird deutlich, wie im psychiatrischen Alltag die Frau in ihrem Bestreben nach Unabhängigkeit und Autonomie ignoriert wird. Dieses Ignorieren hat das Ziel, daß die Freiheit der Frauen gebunden wird und daß die Frau sich der Macht der Männer beugt.

Rotraud A. Perner

LUST AUF LEERE. EIN *WEG* VON DER INTEGRATIVEN SEXUALTHERAPIE

Ob wir überhaupt von „Sexualtherapie" sprechen dürfen, ist eine Frage, die häufig Anstoß erregt. Volkmar Sigusch spricht dieser „Chiffre" jeglichen Sinn ab:

> Prinzipiell unterscheiden sich die Störungen des Liebes- und Geschlechtslebens weder krankheitstheoretisch noch behandlungstechnisch von den anderen psychosozialen Erkrankungen des Menschen.[1]

Er befürchtet „verkürzte" Betrachtung und Schaffung falscher „Krankheitsentitäten", die Förderung von „verarmtem Spezialistentum" und die Erleichterung der Abschiebung der Patienten: „Das Überweisen der Kranken entlang mehr oder weniger markanter Symptome ist gegenwärtig ohnehin eine medizinische Unsitte ersten Ranges." Und weiter: „Außerdem kommen verborgene sexuelle ‚Probleme' ohnehin häufiger vor und sind oft wesentlicher als offene und manifeste Störungen." „Sexualtherapie" gibt es strenggenommen nicht, doziert er und beruft sich auf Morgenthaler, weil die Sexualität „niemals eine Neurose, eine Psychose, eine Morbidität" sein kann. Für ihn und seine Anhänger gibt es nur „Therapie sexueller Störungen", denn:

> Wer Patienten mit neurotischen oder psychosomatischen Erkrankungen behandeln kann, der kann auch Patienten mit sexuellen Störungen behandeln, sofern ihn eigene Präferenzen und Ängste nicht daran hindern.[2]

Ich verwende bewußt den Begriff Sexualtherapie; ich verwende nicht Begriffe wie „Patienten", „Erkrankungen", „behandeln." Diese Begriffe drücken nach meiner Ansicht bereits Präferenzen aus, die hindern können. „Therapie" verstehe ich im Sinne von „Diener sein, freundlich behandeln, gut sorgen für jemanden, pflegen,

1 Sigusch, V.: Die Behandlung sexueller Störungen. Drei Fragen zur Eröffnung. In: Sigusch, V. (Hrsg.): Therapie sexueller Störungen. New York 1980, S. 6.
2 Ebda S. 7.

sorgfältig ausbilden“[3], wie ich es im Altgriechisch-Unterricht gelernt habe, auch, aber nicht nur, als „heilen“. Ich folge nicht einem Medizin-Paradigma von gesund–krank und versuche, mich nicht durch diagnostische Begriffe in meinem Wahrnehmen, Mitschwingen und Reagieren behindern zu lassen, sondern sie als eine Möglichkeit zu sehen, aus vorgegebener Erfahrung Orientierungshilfe (im Sinne von Falsifizierung oder Verifizierung) zu finden. Das Davorstellen von „Sexual-“ wage ich, weil ich in meiner Tätigkeit in Sexualberatung und -therapie nicht die „Behandlung“ kranken oder gestörten Bewußtseins oder Verhaltens oder die Verbesserung der Funktionsfähigkeit als Sinn sehe, sondern weil ich hilfreich sein will, Sexualität als wesentlichen Aspekt der Persönlichkeit in der individuellen Lerngeschichte, in Beziehung zu den nächsten Mitmenschen und zur sozialen Umgebung (und damit auch in bezug zu mir), in Hinsicht auf Erwartungen und Ziele und auf erlebte Beeinträchtigungen wahrzunehmen: Ist die Wahr-Nehmung wiederhergestellt, werden auch die Ansätze zur Veränderung erkennbar.

Zur Wahrnehmung gehört auch die Erkenntnis des jeweiligen Paradigmas.

Ich bin von meinem Ursprungsberuf Juristin; erst in meiner ersten Eigentherapie erkannte ich das Motiv dieser Berufswahl: Die Faszination der Gewalt – in diesem Fall der Kraft der Gesetze, der Staatsgewalt – zur Konfliktregelung, auch präventiven Konfliktvermeidung (und sehe das heute als Suche nach Hilfe in einer „männlichen“ Sicht der Dinge im Sinne von Carol Gilligan[4] durch Hierarchisierung und Trennung in erlaubt–verboten–strafbar).

Nach Einführung der Fristenlösung und Familien- und Partnerberatung als „flankierende Maßnahme“ (Reform der Österreichischen Strafrechts 1975) gründete ich aus meiner Mandatschaft für eine politische Partei eine Beratungsstelle und erkannte bald, daß die Ratsuchenden, die zur Rechtsberatung kamen, nicht juristische Konfliktlösungsmethoden wollten, sondern Alternativen.

3 Gemoll, W.: Griechisches und deutsches Schul- und Handwörterbuch. München–Wien 1957, S. 372.

4 Vgl. Gilligan, C.: Die andere Stimme. Lebenskonflikte und Moral der Frau. München–Zürich 1988.

Ich wurde damit konfrontiert, daß die Ratsuchenden ein anderes Paradigma suchten! Dies und die Anstöße und Förderung des revolutionären Wiener Psychoanalytikers Harald Picker („Statt Leistungszwang Erlaubnis zum Gefühl“) motivierten mich zur Änderung meiner Sichtweise: psychotherapeutische Ausbildung und Studium der Erwachsenenbildung an der Pädagogischen Akademie im Zweiten Bildungsweg – jeder neue Blickwinkel, jedes neue Theoriegebäude ein eigenes Paradigma. Dazu kam auch Kritik an der Indoktrination in der politischen Arbeit, an den Trainings zur Selbstbehauptung gegenüber anderen – unerwünschten – Sichtweisen. Statt dessen entstand Sensibilisierung für Definitionen strategischer Ziele, Sensibilisierung für den „feministischen Blick“. Wissenschaftliche Berufsvorbereitung, wie §1(2)a) des Bundesgesetzes über geisteswissenschaftliche und naturwissenschaftliche Studienrichtungen das Ziel universitärer Studien bezeichnet, bezweckt auch die Aneignung des jeweiligen Paradigmas: den Gesamtbestand

> [...] all der auf den Forschungsgegenstand gerichteten Grundvorstellungen, Glaubenshaltungen, Problemperspektiven und Normierungen, die den Mitgliedern der Forschergemeinschaft gemeinsam sind und die ihnen in der Abarbeitung „Wissenschaftlicher Rätsel“ ein einheitsstiftendes Gerüst geben.[5]

Dazu gehört auch die jeweilige Fachsprache.

> Wissenschaftler arbeiten nach Vorbildern, die sie sich durch ihre Ausbildung und die spätere Beeinflussung durch die Literatur angeeignet haben, oft ohne genau zu wissen oder auch wissen zu müssen, welche Eigenschaften diesen Vorbildern den Status von Gemeinschafts-Paradigmata gegeben haben [merkt Thomas S. Kuhn kritisch an, und:] Daß die Wissenschaftler gewöhnlich nicht danach fragen oder darüber diskutieren, was ein bestimmtes Problem oder eine Lösung legitimiert, legt die Annahme nahe, daß sie die Antwort zumindest intuitiv wissen. Es kann aber auch lediglich bedeuten, daß sie weder die Frage noch die Antwort als relevant für ihre Forschung erachten.[6]

5 Herriger, N.: Verwahrlosung. Eine Einführung in Theorien sozialer Auffälligkeit. München 1979, S. 18.

6 Kuhn, T. S.: Die Struktur wissenschaftlicher Revolutionen. Frankfurt/M. 1976, S. 60.

Irrelevante Sexualität?

Die Vermutung liegt nahe, daß Forscher ihre eigene Geschlechtssozialisation für nicht relevant halten. Die amerikanische Biologieprofessorin Anne Fausto-Sterling erkennt im Geschlecht der forschenden Personen hingegen sehr wohl einen Faktor, der die Objektivität beeinflußt. So berichtet sie über Studien zur Erforschung geschlechtsspezifischer Unterschiede bei physischer Aggression, wonach nicht nur Mitgefühl mit den hypothetischen Opfern sowie Schuldgefühle die Ergebnisse beeinflußten, sondern auch das Geschlecht des hypothetischen Opfers und das Geschlecht des Forschers![7]

Schon Georges Devereux forderte Forscher auf, „sich die Illusion aus dem Kopf zu schlagen, sie könnten jegliche Subjektivität ausschalten und die Angst gänzlich neutralisieren“[8] im Sinne der Einsteinschen Erkenntnis, daß wir Ereignisse nur „am Beobachter beobachten können“.[9]

Der Freudschen Psychoanalyse wird häufig zum Vorwurf gemacht, sie überbetone die Ursächlichkeit sexueller Strebungen und betrachte das Übertragungsgeschehen in Therapie wie Ausbildung unter den Blickwinkel sexueller Phantasien und Wünsche bzw. deren Abwehr. Die „subjektive“ Wahrnehnung der „Wirklichkeit“ (im Sinne Watzlawicks) als sexuelles Wesen, das der/die Wahrnehmende ist, wird nur rudimentär thematisiert. Im systemischen Ansatz werden zwar Glaubenssätze – und damit auch Mythen – ebenso verdeutlicht wie in einer gelungenen Psychoanalyse oder humanistischen Therapie derartige Prägungen oder Werthaltungen bewußt werden: Die „Ergänzung“ solcher Erkenntnisse wird aber bestenfalls dem therapeutischen Prozeß überlassen; üblicherweise fehlt die Dimension des „anderen“ im Denken der KlientInnen wie der TherapeutInnen.

„In absurder Weise will die gängige Mentalität den Hund wie das Pferd mit Heu ernähren und mit Hufeisen beschlagen.“[10]

7 Vgl. Fausto-Sterling, A.: Gefangene des Geschlechts? Was biologische Theorien über Mann und Frau sagen. München 1988, S. 210.
8 Devereux, G.: Angst und Methode in den Verhaltenswissenschaften. Frankfurt/M. 1984, S. 19.
9 Ebda S. 17.
10 Devereux, G.: Frau und Mythos. München 1986, S. 12.

Rotraud A. Perner

Der Weg zur integrativen Sexualtherapie. Szenen einiger Ausbildungen.

Der Begriff „integrativ" (H. Petzold) ist als „terminus technicus" zu verstehen, der offensichtlich heute in verschiedenen Synonyma anzutreffen ist: ganzheitlich, multimodal, theoretisch synoptisch – methodisch eklektisch (Däumling, 1970), interaktiv-deterministisch usw.[11] bemerkt Hermann Wendt einführend zum integrativen Ansatz in der Sexualtherapie, der eine Verbindung zwischen Verhaltenstechniken und Einsicht in innerpersönliche – kognitive und affektive – Prozesse anstrebt; Wendt stellt ein Modell der Verbindung von Verhaltens- mit Gestalttherapie vor.

Ich habe meine spezifische Ausbildung bei Dr. med. Verena Middendorp, der Leiterin der Sexualkundlichen Sprechstunde der Universitätsklinik Zürich, erhalten. Sie verbindet die Psychosexualtherapie Helen Singer-Kaplans (also bereits eine Kombination von gezielten Verhaltensanleitungen mit der Aufarbeitung der dabei gehabten Erlebnisse und Empfindungen in psychotherapeutischen Sitzungen) mit dem systemischen Ansatz. Diese Ausbildung in Österreich wurde von ihr für eine kleine Gruppe erfahrener PsychotherapeutInnen konzipiert und durchgeführt, die alle über jahrelange Praxis in Familien- und Paarberatung verfügten und im Bewußtsein eigener Unsicherheit gegenüber steigender Nachfrage nach Sexualberatung und -therapie ihrer KlientInnen fachkundige Anleitung und Supervision erbeten hatten.
Viele dieser KollegInnen kamen aus der Tradition systemischer Familientherapie. Ich gehörte zu der Minderheit tiefenpsychologisch Orientierter: Meine Vorbildung basierte auf der Ausbildung zur Psychoanalytischen Sozialtherapeutin, einer Abspaltung vom Wiener Arbeitskreis für Tiefenpsychologie mit dem deklarierten Schwerpunkt der Arbeit mit sozial gefährdeten Jugendlichen und ihren Bezugspersonen, die sich außer an Sigmund Freud und Igor Caruso vor allem auch an Ivan Illich und Helm Stierlin orientiert; zusätzlich mehrjährige Analyse nach C. G. Jung; weitere Ausbildungen hatte ich nach dem personzentrierten Ansatz von Carl R. Rogers und in Neurolinguistischem Programmieren (das beinhaltet die konzentrierte Methodik von Gestalt-, Hypno- und

11 Wendt, H.: Integrative Sexualtherapie. Am Beispiel von Frauen mit Orgasmusstörungen. München 1979, S. 13.

Systemtherapie) absolviert. Als ich nach beendeter Ausbildung in Sexualberatung und -therapie im Team mit ÄrztInnen, PsychologInnen und SozialarbeiterInnen begann, in der Ersten und später auch in der Zweiten Wiener Sexualberatungsstelle[12] (seit der Zwischenkriegszeit) zu praktizieren, gedachte ich, mit einem reichen Repertoire an „Techniken", basierend auf meiner tiefenpsychologischen Weltsicht – „verbessert" durch die sozialtherapeutisch - kritische Brille – und mit personzentriertem Herzen, das alles anzuwenden, was ich gelernt hatte: Anamnese erheben, Ziele definieren und vereinbaren, einfühlsam zuhören und therapeutisch intervenieren...
Middendorp propagiert dafür das PLISSIT-Modell (Annon, 1975):
P (für Permission/Entängstigung): Vielen Menschen hilft bereits die Tatsache, von einer als kompetent anerkannten Person in ihrem individuellen So-Sein akzeptiert zu werden. Wendt meint dazu, der als Autorität erlebte Fachmann biete nun ein anderes Etikett für das kritische Verhalten an, das angstreduzierend wirke oder auch neutrale oder gar positive Gefühle auslöse. Oder auch: Der Therapeut bestrafe das Verhalten nicht, wie der Patient es erwarte, sondern akzeptiere es.
In der Psychoanalytischen Sozialtherapie finden wir eine analoge Methode – das „Verrücken" – im NLP entspricht dem etwa das „Reframing", systemisch heißt es „umdeuten".
LI (für Limited Information/begrenzte Information) verbindet das „Erlaubnisgeben" mit Darstellung der Fakten über männliche und weibliche sexuelle Reaktion sowie Aufklärung und Richtigstellung von Mythen und Legenden aus dem Märchenreich von repressiver Leib- und Lustfeindlichkeit wie auch Pornographie und Sexismus; zumindest Middendorp hat diese beiden Blickwinkel anempfohlen – in der Fachliteratur fehlen sie zumeist.
SS (für Specific Suggestions/gezielte Verhaltensmaßnahmen) verlangen, daß die KlientInnen zur Verhaltensänderung aktiv werden, schreibt Wendt und führt aus:

> Die spezifischen Verhaltensanweisungen, die auf diesem Therapieniveau gegeben werden, basieren überwiegend auf den Prinzipien der

12 Erste Wiener Sexualberatungsstelle, 1090 Wien, Lustkandlgasse 50; Zweite Wiener Sexualberatungsstelle, 1221 Wien, Freytaggasse 32.

> „Paradoxen Intervention“, der „sukzessiven Approximation“ und der „systematischen/unsystematischen Desensibilisierung“. Die Verhaltensanweisungen können entweder den Klienten, dessen Partner oder beide zusammen betreffen.“[13]

(Ich möchte an dieser Stelle auf den ungewollt paradoxen Effekt der Wendtschen Männersprache hinweisen – eine Folge des damaligen Zeitgeistes. Auch Margarete Mitscherlich verwendete in den 70er Jahren männliche Endungen.)
IT (für Intensive Therapy/Intensivtherapie) erweist sich als angebracht, wenn mit den bisherigen Interventionen kein ausreichender Erfolg erzielt werden konnte. Wendt zählt Kommunikationstherapie, Familientherapie, Selbstbehauptungstraining und besondere Verhaltenstherapieverfahren wie Flooding, Systematische Desensibilisierung, Angst-Management[14] usw. an.
Meiner Ausbildung entsprechend, setzte ich auch andere Techniken ein: Zu den Specific Suggestions gehören für mich auch Verbalsuggestionen im Sinne der Ericksonschen Hypnotherapie[15], und Intensivtherapie definiere ich noch weitergehend in Richtung humanistischer oder tiefenpsychologischer Methoden.

Irrwege

So weit die Ausgangsposition. Dann die Erfahrungen: Als roter Faden zieht sich durch die Erstgespräche, in denen die KlientInnen ihre Wünsche und Hoffnungen artikulieren und wir gemeinsam Ziele festlegen, eine Geschlechterdifferenz: Männer wollen technische Anleitung (was soll ich/kann ich machen, damit...) oder ein Hilfsmittel, um so zu funktionieren, wie sie „wollen“; sie stellen sich nicht in Frage.
Frauen stellen sich in Frage, sie wollen werden, wie jemand anderer will.
Frauen kommen und geben als Ziel an: „richtigen“ Geschlechtsverkehr ausüben können (ohne Verkrampfungen, ohne Schmer-

13 Wendt 1979, S. 81.
14 Vgl. ebda S. 83.
15 Vgl. Zeig, J. K. (Hrsg.): Meine Stimme begleitet Sie überallhin. Ein Lehrseminar mit Milton H. Erickson. Stuttgart 1985; Grinder, J./Bandler, R.: Therapie in Trance. Stuttgart 1984.

zen, ohne Scheidentrockenheit...), einen „richtigen" Orgasmus erleben, eine „richtige" Frau sein (mit Busen, mit Kind...). Peter F. Schmid, einer meiner Ausbildner in personzentrierter Arbeit, formuliert, daß „ein Problem haben immer auch heißt, sich nicht so zu mögen, wie man ist!"[16]
Und bei Wendt heißt es:

> Ob der Wunsch danach, ein „richtiger" Mann und eine „richtige" Frau zu sein, und alle daraus resultierenden klischeehaften Vorstellungen einer biologischen Veranlagung oder dem Druck sozialer Normen entsprechen, ist letztlich angesichts der Verzweiflung und Enttäuschung der Betroffenen unwesentlich. Wesentlich dagegen erscheint mir die Überlegung, ob und inwieweit das mit der Sexualtherapie erzielte sexuelle Erleben und Verhalten danach mit einer möglichen biologischen Veranlagung oder mit den relevanten sozialen Normen und Tabus zu vereinbaren ist.[17]

Daß sich die relevanten sozialen Normen mehrfach ändern, änderten, ist Frauen durch die Ein- und Abberufung als industrielle Reservearmee in diesem Jahrhundert deutlich bewußt geworden; auch durch die Bemühungen der bürgerlichen, proletarischen und autonomen Frauenbewegungen, die den Zugang zu gleichen Bildungschancen, weitgehende rechtliche Gleichstellung und Antidiskriminierungsgesetze vorwärtstrieben.
Im Fremd- wie im Selbstbewußtsein taucht hingegen noch immer die dem konservativen Frauenrollenbild entsprechende „männlich-egoistische Idealisierung und Infantilisierung der Frau"[18] auf – gelegentlich bis dominant.
„Von ‚der' Identität der Frau zu sprechen, wäre angesichts der Vielfalt der Lebensentwürfe von Frauen wohl falsch", meint auch Lilly Dür-Gademann.

> Identität ist abhängig von der Schichtzugehörigkeit, von der Nationalität, der Hautfarbe, vom Alter. Identität kann nicht als fester Begriff verstanden werden, sondern ist ein Prozeß. Frau-Werden und Frau-Sein werden von

16 Schmid, P. F.: Personale Begegnung. Der personenzentrierte Ansatz in Psychotherapie, Beratung, Gruppenarbeit und Seelsorge. Würzburg 1989, S. 53.
17 Wendt 1979, S. 32.
18 Mitscherlich, M.: Müssen wir hassen? Über den Konflikt zwischen innerer und äußerer Realität. München 1988, S. 23.

> der einzelnen Frau, aber auch von der jeweiligen Gesellschaft in Abhängigkeit vom Alter und den sozialen Lebensumständen immer wieder anders verstanden.[19]

Relevante soziale Normen werden nicht nur von außen – von Eltern und anderen Erziehungs-„Berechtigten“, von PartnerInnen, NachbarInnen, Kindern, ExpertInnen, PolitikerInnen, ja der „Gesellschaft“ überhaupt propagiert bis oktroyiert, sondern im Sinne von „trial and error“ und „vorauseilendem Gehorsam“[20] von innen kreiert.

Während die für Männer relevanten sozialen Nornen innerhalb einer Polarität von Held–Feigling oder Erlaubt–Verboten bzw. durch Abgrenzung und Hierarchisierung klar bestimmt sind,[21] erleben Frauen je nach Beziehung unterschiedliche Relevanz. Brigitte Dorst formuliert: „Sie definieren sich stärker im Kontext von Beziehungen und beurteilen sich selbst entsprechend ihrer Verbundenheit mit anderen und ihrer Anteilnahme am Leben anderer.“[22]

Dementsprechend kann auch die Nachfrage nach Sexualberatung bzw. -therapie als Suche nach Verbundenheit verstanden werden sowie die Bereitschaft, in dieser Verbundenheit neue, sozial relevante Normen anzunehmen. Sie entsprechen damit noch immer oder schon wieder dem Kern des weiblichen Rollenbildes, wie etwa Barbara Krebs aufzeigt:

> Frauen und Männer entwickeln Persönlichkeiten, die von jeweils unterschiedlichen Grenzerfahrungen bestimmt werden. Während Jungen die präödipale Liebe zur Mutter weiterführen, definieren sich Mädchen im Verlauf ihres Heranwachsens als kontinuierlich mit anderen verbunden, mit flexibler und durchlässigerer Ich-Grenze. Außerdem benötigen sie eine flexiblere Ich-Grenze für die Schwangerschaft und die damit folgende – immer noch gesellschaftlich bei der Frau verankerte – Kinderaufzucht. Diese Fähigkeiten und Anforderungen der Frauen werden aber in unse-

19 Dür-Gademann, L.: Frauen auf der Suche nach der eigenen Identität – die Arbeit mit Märchen, Bibeltexten und Biografien. In: Camenzind, E./Steinen, U. v. d. (Hrsg.): Frauen definieren sich selbst. Auf der Suche nach weiblicher Identität. Zürich 1991, S. 79.
20 Ringel, E.: Die österreichische Seele. Wien–Köln–Graz 1984, S. 10.
21 Vgl. Gilligan 1988.
22 Dorst, B.: Die Bedeutung der Frauengruppen für die Identitätsentwicklung von Frauen. In: Camenzind/Steinen 1991, S. 46.

> rer heutigen Gesellschaft nicht gefragt; hier wird das autonome Individuum mit ausgeprägter Ich-Grenze benötigt – mobil, verfügbar und überall einsetzbar auf dem Arbeitsmarkt."[23]

Ich sehe allerdings auch in der postulierten Mobilität, Verfügbarkeit und ubiquiden Einsetzbarkeit eine Anforderung an Flexibilität und verminderte Widerstandsbereitschaft! Und genau diese Flexibilität und Anpassungsbereitschaft definiert Frauen als die angenehmeren, weil kooperationswilligeren „Patienten" in der Sexualtherapie (mit Ausnahme der Frauen, die wegen Vaginismus kommen; an ihren Widerständen scheitern nicht nur Partner, sondern viele TherapeutInnen). Diese Bereitschaft, von jemand anderem Inhalte – Bewußtseinsinhalte, Lerninhalte – anzunehmen, ist auch eine Bereitschaft, aufzunehmen. Mariana Valverde schreibt:

> Eine gastronomische Analogie soll näher beleuchten, was geschieht, wenn Sex und Begehren allgemein aus dem Blickwinkel des Konsums betrachtet werden. Die meisten Frauen werden ja in unserer Kultur mit widersprüchlichen Botschaften bombardiert, die ihnen vermitteln, sie hätten geradezu dürr zu sein, müßten aber gleichzeitig alle Produkte der Nahrungsmittelindustrie genießen können. Als Folge davon sind sie hoffnungslos verwirrt und können Hunger und Sättigung nicht mehr unterscheiden.[24]

In dieser übergroßen Bereitschaft aufzunehmen sehe ich die Grundproblematik von Sexualberatung oder -therapie mit Frauen: Frauen, die sexuell traumatisiert wurden, haben schmerzhaft erfahren, daß sie durch Gewalt, Täuschung oder Mißbrauch zum Annehmen, Aufnehmen bestimmt wurden; dadurch wurde ihre Fähigkeit, sich abzugrenzen, massivst verletzt. Frauen, die ohne derartiges Erleben heranwuchsen, werden durch Leitbilder partnerorientierter Harmoniesexualität inklusive Kindersegen auf Annehmen, Aufnehmen programmiert. Eine weitere Facette dieser Ideologie entdecken wir in der Koitus-Zentrierung. Wendt schrieb schon:

> Trotz überwältigender neuer Erkenntnisse zu dem alten Streit über vagi-

23 Krebs, B.: Eßstörungen und einige Probleme bei der Entwicklung des weiblichen Körper-Ichs. In: Fuchtmann, E. (Hrsg.): Identität und Sexualität. Süchtige zwischen Selbstheilung und Selbstzerstörung. Freiburg im Breisgau 1988, S. 80.

24 Valverde, M.: Sex, Macht und Lust. Berlin 1989, S. 166.

> nalen oder klitoralen Orgasmus, zu denen Masters & Johnson mit ihren Untersuchungen selber beigetragen haben, huldigen sie in ganz unverständlicher Weise nach wie vor dem Koitus als ideale sexuelle Betätigungsform. Und setzen die Stimulierung zum Orgasmus durch den Koitus immer noch als Nr. 1 auf die therapeutische Wunschliste.[25]

Auch das Setting ExpertIn-Klientin perpetuiert „Aufnehmen".

Stoffwechsel
„Ein anderer Schritt ist es, den Patientinnen langsam bewußt zu machen, welche Erwartungen die Gesellschaft an die Sexualität der Frau hat", zeigt Reinhild Geier eine Alternative:

> Dies ist wichtig, weil es einmal die unbewußten Erwartungen gibt, die die Patientinnen an sich selbst haben, zum anderen aber auch die unbewußten Erwartungen, die die Ehemänner an die Frau haben. Der Frau wird von alters her die Fähigkeit zu eigener sexueller Lust abgesprochen. Freud definierte dies für seine Zeit als „Penisneid der Frau" – der Mann bringt also der Frau die Genugtuung und die Freude. Dies bedingt, daß die Frau von sich aus nicht aktiv werden kann und darf", – erinnern wir uns an die Special Suggestions! –, daß sie auf der anderen Seite aber – da sie angeblich neidisch und bedürftig ist – sich auf die Sexualität des Mannes freuen muß. Eine Frau ohne Mann kann nach Auffassung der Gesellschaft gar kein erfülltes, reiches Leben haben."[26]

Die Erfüllung – da ist sie wieder!
Erfüllung wird als Zustand beschrieben, den es zu erlangen gilt. Vorher fehlt etwas.
Fehlt wirklich etwas? Wer definiert, was fehlt?

> Die Intoleranz gegen das Verbot, Erlebnisse zum Abschluß zu bringen, hat ihr Gegenstück in der Furcht, in einem bestimmten Organmodus zu verarmen. Auf der oralen Stufe gibt es etwas wie die Furcht (ernährungsmäßig), leer gelassen zu werden und (sensorisch und sinnlich) nach Reizen hungern zu müssen"[27]

heißt es bei Erikson. Die entgegengesetzte Furcht betreffend, sieht er die Gefahr, zugeschlossen zu sein. Auf motorischem Gebiet beschreibt er die entsprechende doppelte Intoleranz so:

25 Wendt 1979, S. 49.
26 Geier, R.: Die Rolle der Sexualität in der Therapie suchtkranker Frauen. In: Fuchtmann 1988, S. 91ff.
27 Erikson, E. H.: Kindheit und Gesellschaft. Frankfurt/M. 1982, S. 399.

> Die Angst, die aus dem Gefühl entspringt, bis zur völligen motorischen Machtlosigkeit behindert und gefesselt zu sein, hat ihr Gegenstück in der Angst, überhaupt nicht gehalten zu werden, alle äußeren Bindungen und Schranken zu verlieren und mit ihnen die für die Definition der eigenen Autonomie notwendige Orientierung.[28]

Als Polarität zur Furcht des Knaben „vor der Kastration, davor, einer eindringenden Waffe beraubt zu werden", formuliert er:

> Bei Mädchen hat die Furcht (oral) leer zu bleiben oder (anal) ausgeleert zu werden, eine andere Qualität, da die Körperimago des Mädchens (selbst ehe es seinen eigenen Körperbau wie einen anatomischen Aufriß „kennt„) ein kostbares Inneres beinhaltet, ein Inneres, von dessen Entwicklung die Erfüllung des Mädchens als Organismus und als Rollenträgerin abhängt. Die Furcht, leer gelassen zu werden, oder ganz einfach die Furcht, ge- und verlassen zu werden, scheint die grundlegende weibliche Angst überhaupt zu sein, die über das ganze Dasein einer Frau verbreitet ist. Normalerweise intensiviert sich diese Furcht während jeder Menstruation und fordert in der Menopause ihren vollen Tribut. Es ist daher nicht verwunderlich, daß die Angst, die durch diese Befürchtungen erregt wird, sich entweder in völliger Unterwerfung unter männliche Denkweisen, in verzweifeltem Wettstreit ihnen oder in der Anstrengung zeigen kann, das Männchen einzufangen und zu einem Besitz zu machen.[29]

Meiner Ansicht nach bildet die Bearbeitung eben dieser Angst – einer Angst, die von der Gesellschaft erwartet, ja provoziert wird – das Wesentliche einer gelungenen Sexualtherapie mit Frauen.
In meinem Essay „Der Mythos vom weiblichen Masochismus"[30] versuchte ich aufzuzeigen, wie die unkritische Übernahme eines Begriffs, der vom Mann für einen männlichen Erlebnisinhalt geprägt wurde – und damit die Unterwerfung unter Männersprache – Frauen hindern kann, das Ziel ihrer Wünsche zu erkennen und zu erreichen.
Ob Wettstreit Zeichen von Angst ist oder eher ein erstes Aktivieren von Energie zur Problemlösung, wie auch immer diese letztendlich aussehen wird – und die Zuschreibung des Ettiketts „ver-

28 Ebda S. 400.
29 Ebda S. 400f.
30 Vgl. Perner, R. A.: Der Mythos vom weiblichen Masochismus. In: Huemer, P./ Schurz, G. (Hrsg.): Unterwerfung. Über destruktiven Gehorsam. Wien–Darmstadt 1990, S. 297ff.

zweifelt“ ein zusätzlicher Hinweis auf mögliche Ängste des Autors (und Abwehr der Erkenntnis, daß Konkurrenz auch eine lustvolle Komponente beinhaltet, die nicht nur den Männern vorbehalten ist!) – wäre eine ausgiebige Diskussion wert! Wie auch der angesprochene „Männerfang“!
Um eine solche Diskussion anzuregen, möchte ich noch anfügen, wie Roswitha Burgard (im Gefolge der Untersuchungen Inge K. Brovermanns) über das Festhalten am „Doppelstandard“ seelischer Gesundheit aus einer biologistischen, soziale Interaktionen negierenden Sichtweise schreibt:

> Alle Kliniker gingen von verschiedenen Gesundheitsbegriffen für Männer und Frauen aus. Ihre Vorstellungen vom gesunden erwachsenen Mann wichen nicht signifikant von ihren Vorstellungen vom gesunden Erwachsenen im allgemeinen ab, aber ihre Vorstellungen von der gesunden Frau unterschieden sich signifikant von den beiden übrigen Kategorien. Sie vertraten überwiegend die Ansicht, gesunde Frauen neigten im Gegensatz zu gesunden Männern zur Unterordnung, seien weniger aggressiv, weniger dem Konkurrenzkampf zugeneigt, leichter erregbar bei kleineren Krisen, leichter gekränkt, emotionaler, eitler in bezug auf ihr Aussehen, weniger objektiv und weniger an Mathematik und Naturwissenschaft interessiert.[31]

Martin Maria Schönberger formuliert hinsichtlich der Polarität Mann/Frau, daß der Sinn bestimmt, ob „man sie als feindlich, sich gegenseitig ausschließend versteht, d. h. dualistisch – oder polar als sich gegenseitig ergänzende, ja sich bedingende Partner.“[32]
Ohne weiter auf die Beobachtung eingehen zu wollen, daß im Sinne zunehmender Androgynität unserer Gesellschaft auch diese Polarität Mann/Frau in Veränderung begriffen scheint, möchte ich daran erinnern, daß Unterwerfung, Unterordnung eine (aktive oder passive) Form des Umgangs mit Feinden – mit Bedrohlichem, Übermächtigem – ist. Sie darf meiner Sichtweise nach nicht als „normale Haltung“ (Geistes- wie Körper-) akzeptiert oder gar als Ziel einer „anpassenden“ Therapie formuliert werden. Zu groß ist die Gefahr, daß sich gerade eine Klientin der Übermacht „Experte/Expertin“ unterwirft – oder umgekehrt die Unterwerfung

31 Burgard, R.: Wie Frauen „verrückt“ gemacht werden. Berlin 1988, S. 67.
32 Schönberger, M. M.: Von der Sexualität zur Polarität. Hamburg 1982, S. 35.

unter die unreflektierten Ziele der Klientin der Konfliktvermeidung (und damit der Vermeidung echter Nähe) dient (und damit auch die Frage nicht gestellt werden muß, inwieweit die Klientin mächtig ist). Im Sinne der „Wellennatur“[33], die alles Lebendige auszeichnet, zeigt auch eine lebendige therapeutische Beziehung Frequenz: Höhen und Tiefen. Systole-Diastole. Einatmen-Ausatmen. Aufnehmen-Abgeben.
Sexualität als Umgang mit dem „anderen“[34], als Austausch (von Energie bis zu den Körpersäften[35]) zu erkennen, erleichtert, das Steckenbleiben in einer *Halt*ung aufzugeben und Bewegung zu wagen. Leere als notwendige Phase in der Wellenbewegung zur Fülle zu begreifen, zu akzeptieren und nutzen zu lernen.

Parallelprozesse

Erinnern wir uns an Reinhild Geier – „Eine Frau ohne Mann kann nach Auffassung der Gesellschaft gar kein erfülltes, reiches Leben haben.“ Erfüllung durch den Penis? Durch Schwangerschaft? Geburt? Kinder-Reichtum? Lust, die der Mann hervorruft? Denken, Fühlen, das der Mann bestimmt? Wie heißt es weiter bei Geier: „

> Dies hat weite Auswirkungen auf das Selbstwertgefühl der Frau, ihre Identitätsfindung, ihre *Kreativität* usw. [Hervorhebung R. P.] Solange die Frau den Mann mehr achtet als sich selbst und an sich selbst den Anspruch stellt, alles zu verstehen, alles zu ertragen, allen zu dienen, nicht nein sagen zu dürfen, wird sie kaum einen Ausweg aus diesem Dilemma finden. Frauen verachten sich selbst und andere Frauen. Sie fühlen sich nur durch Männer aufgewertet. Dies wird in der Therapie allzuoft übersehen. Auch die Therapeutin wird verachtet, weil sie „nur“ eine Frau ist, die Patientinnen nehmen von ihr nur schwer etwas an. Therapeuten werden dagegen sehr leicht angehimmelt.[36]

Systemische Sichtweise heißt auch, derartige Glaubenssätze er-

33 Vgl. Capra, F.: Das Tao der Physik. Bern–München–Wien 1984, S. 44ff.
34 Vgl. Perner, R. A.: Scham macht krank. Sexualerziehung – das Aschenbrödel der Gesundheitsförderung? In: Wintersberger, B. (Hrsg.): Ist Gesundheit erlernbar? Beiträge zur Gesundheitspädagogik. Wien 1991.
35 Perner, R. A.: Sucht nach Menschen. In: Tagungsband der 9. Goldegger Dialoge: Auf der Suche nach dem Glück – Der Mensch und seine Süchte. Goldegg 1990, S. 203.
36 Geier, wie Fußnote 26, S. 92.

kennbar zu machen; vor allem, wenn in Paarbeziehungen unterschiedliche Glaubenssätze aufeinanderprallen. Parallelprozesse werden hingegen mehr der therapeutischen Introspektion vorbehalten, wie ja in psychoanalytisch orientierten Verfahren auch.
In der Sexualtherapie sollten wir als TherapeutInnen, so denke ich, auf jede Geisteshaltung verzichten, die dadurch, daß wir Einsicht, Wissen, Fühlen für uns behalten und damit „aufgeklärter" sind, Parallelprozesse verschleiern könnten. Wir sollten mit äußerster Behutsamkeit nachfragen, wie das jeweilige Parallelgeschehen empfunden und bewertet wird: als angenehm oder unangenehm, als fördernd oder einschränkend. Dann erst, welche Folgen sich daraus ergeben könnten. Gerade weil so viele Ziele im absolut „Richtigen" gesucht werden, wird dessen Subjektivität und Veränderlichkeit übersehen. Das liegt meiner Ansicht nach daran, daß wir „richtig" in der Dualität zu „falsch" interpretieren und damit weiter in Dualitäten wie Mama/Papa, Madonna/Hure, Hausfrau/Karrierefrau, mit Kind/ohne Kind, heterosexuell/homosexuell denken und außer acht lassen, welche Interessen dahinter verborgen liegen, uns auf die eine oder andere Seite zu bringen.
Wollen wir jedoch zu einem „richtig" im Sinne von „stimmig" (der Körper gibt durch ein Gefühl die Antwort: stimmt!) kommen, heißt das auch, auf eine „richtige" Therapie zu verzichten: auch hier Mut, ja Lust zur Leere wagen. Als „richtige" Therapie wird oft verstanden: Schnell soll sie sein (was hieße, keine Zeit zu brauchen zum Nachdenken, zum Nachfühlen – und das ist ja auch ein Problem in Sexualbeziehungen, daß sich Schnelligkeit nur zu oft als Fehlhandlung erweist!) und „effizient" soll sie sein (nur keinen „Leer-lauf" bringen!). Da kommt dann an TherapeutInnen die Forderung wie an die Mutter der frühen Kindheit: Mach mich voll! und die Verlockung: Dring in mich ein!
„Gesunde Sexualität, die nicht einsperrt, sondern frei macht, setzt eine gewisse emotionale Unabhängigkeit voraus", schreibt Reinhild Geier. „Eine Frau kann sich ja eigentlich erst für einen Mann entscheiden, wenn sie weiß, daß sie auch fähig ist, ohne ihn zu leben."[37]

37 Ebda S. 93.

Oder mit Wendts Definition von Verantwortlichkeit:

> Ich bin voll verantwortlich für die Art und Weise meiner Existenz als Erwachsener in dieser Welt. Ich schiebe niemand anderem die Schuld und Verantwortung für mein Leben und für die Erfüllung meiner Erwartungen und Bedürfnisse zu.[38]

Lust auf Leere

Seine eigenen Reaktionen *nicht* zum Ausgangspunkt der Entwicklung des eigenen Wesens zu machen, ist der Anfang der Fehlentwicklung, die eigene Bedürfnisse als etwas Gefährliches, ja Feindliches erlebt, schreibt Arno Gruen, der Anfang des Abbruchs der Autonomie:

> Daß der Anfang des Lernens auch ein anderer sein könnte, einer, der aus inneren Vorgängen hervorgeht, die ihren Sinn durch ein vom Organismus her gesehenes positives Entgegenkommen der Umwelt entwickeln, steht der gängigen Denkorientierung fern.[39]

Hier trifft sich der Psychoanalytiker mit Carl R. Rogers, der nicht müde wurde zu betonen, wie die „aktualisierende Tendenz"[40] daß die Verhaltensweisen eines Organismus immer auf die Erhaltung, Förderung und Reproduktion seiner selbst ausgerichtet sind, durch die Schaffung einer begünstigenden Atmosphäre[41] bestärkt werden könne. Nach nun doch einigen Jahren praktischer Erfahrung mit unterschiedlichen Ansätzen in Sexualberatung und -therapie bekenne ich: Es gab und gibt damit vielerlei Erfolge, *wirk*liches Wachstum der Klientin (und damit Überwindung von „Hemmung, Symptom und Angst") durfte ich dort erleben, wo ich für mich Mut und Lust zur Leere hatte, das heißt: Verzicht auf jedwede Diagnostik, stattdessen echtes Interesse am Erleben der Klientin, echte Bereitschaft, sie zu begleiten, wenn sie ihren Weg sucht (und in ihrer Zeit findet) und mit ihr mitzufühlen.
Roswitha Burgard kritisiert: „Wir bekommen nur eine Schein-

38 Wendt 1979, S. 52.
39 Gruen, A.: Der Verrat am Selbst. Die Angst vor Autonomie bei Mann und Frau. München 1986, S. 20.
40 Rogers, C. R.: Die Grundlagen des personzentrierten Ansatzes. In: Arbeitsgemeinschaft Personenzentrierte Gesprächsführung (Hrsg.): Persönlichkeitsentwicklung durch Begegnung. Wien 1984, S. 12.
41 Ebda S. 11.

identität über Väter, Freunde oder Ehemänner zugestanden."[42] Ich denke: Wir Frauen müssen achten, uns nicht auch nur eine Scheinidentität über TherapeutInnen zuzugestehen! Und womöglich vor lauter Bearbeitung von Mutter-Tochter-Konflikten und anderen Rollenmustern von Rivalität und Nähe-Distanz-Wünschen die eigentliche Sexualität vergessen, wie sie Eichenbaum/Orbach andeuten, wenn sie schreiben:

> Die Sexualität kann sich narzißtischer Elemente entkleiden, sie kann zwei Menschen Stärke schenken, die ihnen erlaubt, als ganzheitliche Personen aufeinander einzugehen, anstatt den anderen als *Füllmittel* der eigenen inneren *Leere* zu benutzen.[43] [Hervorhebungen R. P.]

Kein vorgegebenes Muster etwa einer Sexualtherapie zu verfolgen, gibt Raum zur Entfaltung des eigentlichen Selbst und zur Beobachtung der Reaktionen der Umwelt.

> Wenn man aber unsere Sicht des Lernens das Verhältnis eines Lebewesens zu seiner Umwelt als ein MESHING (eine Vernetzung, ein Ineinandergreifen, ein Miteinanderverbinden von zueinander passenden Teilen) sieht, und nicht als einen mechanischen Prozeß, der ihm aufgezwungen ist, dann wird Lernen nicht lediglich Reaktion auf einen Stimulus, sondern ein Suchen seitens der Reaktion (und der ihr zugrunde liegenden Bedürfnisse) nach geeigneten Stimuli, die die Reaktionen auslösen. Lernen ist dann nicht nur ein von außen aufgesetzter Vorgang, sondern ein Netz ineinander verflochtener Verbindungen.[44]

heißt es bei Arno Gruen. Lernen im Sinne von: durch Erfahrungen zu sich selbst finden; Erfahrungen nicht nur durch einen Vaterlehrer, aber auch nicht durch eine Mutterlehrerin verlockend angeboten oder repressiv vorgekaut bekommen; nichts oktroyiert erhalten (und in einem letzten Aufbäumen von Autonomie Verweigerung üben – wie Vaginismusklientinnen oder Frauen nach sexuellen Traumatisierungen – und womöglich dasselbe Trauma nochmal in der Therapie erleben müssen!); die „Weisheit des Körpers"[45] akzeptieren. Die eigene Weisheit akzeptieren. Das zeigt

42 Burgard 1988, S. 82.
43 Eichenbaum, L./ Orbach, S.: Was wollen die Frauen? Reinbek b. Hamburg 1986, S. 135.
44 Vgl. Gruen 1986.
45 Wendt 1979, S. 54ff.

sich wieder einmal als der Weg weg vom Elternmodell, hin zu sich selbst.
Wendt schreibt: „Dies ist nicht die Philosophie vom richtigen Weg, sondern die Philosophie von der Freiheit und Selbstverantwortung, den richtigen Weg selber zu wählen.“[46]
Integrative und ideologisch stark ausgerichtete Therapieformen bieten eine „Fülle“ geebneter Wege. Die Klientin kann unter den vorbereiteten Wege wählen. Ob ihr eigener, vielleicht unebener darunter ist? Mag sein. Will eine Therapeutin eine Klientin, Klientinnen auf dem Weg zu deren sexueller Selbstbestimmung begleiten, sollte sie sich hüten, vorgezeichnete Wege vorzuschlagen.

46 Ebda S. 51.

Marianne Springer-Kremser

DIE FRAU ALS PATIENTIN

DIE PSYCHOSOMATISCH-GYNÄKOLOGISCHE AMBULANZ AN DER II. UNIVERSITÄTS-FRAUENKLINIK – EIN LIAISONDIENST DER KLINIK FÜR TIEFENPSYCHOLOGIE UND PSYCHOTHERAPIE

Die Geschichte der Ambulanz

Die Idee zur Einrichtung dieser Ambulanz stammt von Prof. Hugo Husslein, einem Frauenarzt. Die Tatsache, daß ein Ordinarius einer Klinik die Notwendigkeit eines psychosomatischen Versorgungsangebotes dringend genug wahrnimmt, um von sich aus die Einrichtung einer psychosomatischen Ambulanz voranzutreiben, ist im österreichischen Kontext bemerkenswert. Daher interessiert die Frage, welche Motive für diese Initiative wichtig waren. 1968 wurde die Österreichische Gesellschaft für Familienplanung gegründet. Prof. Husslein, der auch Mitglied der internationalen Familienplanungsorganisation war, wurde auf internationaler Ebene mit den im Rahmen der Familienplanung wichtigen Funktionen der Sexualberatung und der gynäkologischen Psychosomatik konfrontiert. Etwa zur gleichen Zeit erfolgte auch die Veränderung der gesetzlichen Regelung des Schwangerschaftsabbruchs: die Einführung der Fristenlösung (Straffreiheit des Schwangerschaftsabbruchs in den ersten 12 Schwangerschaftswochen, soferne der Abbruch nach vorheriger Beratung durch einen Arzt durchgeführt wird; 1975).
Schon seit längerer Zeit hatten zwischen einem Oberarzt dieser Klinik und der Autorin dieses Beitrages, als Psychiaterin an der Frauenabteilung der Psychiatrischen Universitätsklinik, Kontakte auf der Basis einer regen Konziliarkooperation bestanden. Nachdem die Autorin als Gast der II. Frauenklinik bei einer Fortbildungsveranstaltung als Referentin eingeladen war, wurde sie von Prof. Husslein gebeten, die Leitung der neu gegründeten Ambulanz zu übernehmen.

Das theoretische Konzept der Ambulanz

Die Bausteine der Psychosomatik

Psychosomatik in der Frauenheilkunde hat die Aufgabe, das Zusammenwirken somatischer, psychischer und sozialer Faktoren in Gesundheit (ungestört verlaufende Schwangerschaft, Vorsorgemedizin) und Krankheit zu erfassen, um die Rolle dieser Faktoren in Diagnostik und Therapie berücksichtigen zu können. Die Multikausalität im reproduktiven Bereich läßt in besonderer Weise Einflüsse aus:

- der Psychoneuroendrokrinologie,
- dem sozialen Umfeld (stressful life-events, Interaktion im Familiensystem, der Paarbeziehung) und
- der psychosexuellen Entwicklung

annehmen.

Psychoneuroendokrinologie

Wie kann man sich nun vorstellen, daß seelische Einflüsse, z. B. starke Empfindungen wie Angst, Trauer, Wut, Scham etc. körperliche Funktionen beeinflussen können und für Erkrankungen mitverantwortlich sein können? Die Psychoneuroendokrinologie versucht, darauf eine Antwort zu finden. Die Interpretation der Korrelationsmechanismen zwischen Psyche und Soma ist heutzutage über die intuitive Phase hinaus. Es gilt als gesichert, daß Emotionen pathogene Einflüsse auf den Organismus ausüben können – über den Weg des autonomen Nervensystems.

Die Steuerung des menstruellen Zyklus, der Fruchtbarkeit unter dem Einfluß der entsprechenden Hormone ist somit eng mit der Affektlage der Frau verbunden.

Es ist bekannt, daß Frauen häufiger als Männer der Auffassung sind, daß körperliche Beschwerden seelisch bedingt seien; sie haben ein seelisches Krankheitsbewußtsein, d. h. ein Konzept von ihrem Leiden, das der wissenschaftlichen Theorie von der Somatisierung nahesteht[1].

1 Beckmann, D.: Paardynamik und Gesundheitsverhalten. In: Richter, H. E./Strotzka, H./Willi, J. (Hrsg.): Familie und seelische Krankheit, Reinbek b. Hamburg 1976.

Das soziale Umfeld – die Rolle der Life-Events

Bei manchen gynäkologisch-psychosomatischen Krankheitsbildern wie z. B. Eileiterentzündung, begleitet von depressiver Verstimmung, finden sich situative Faktoren sozialer Art im zeitlichen Zusammenhang mit dem Ausbruch der Erkrankung. Die Erkrankung kann somit auch als Reaktion auf bestimmte Lebensereignisse gesehen werden. Forschungsergebnisse zeigen, daß mit der Häufung einzelner Lebensbelastungen ein erhöhtes Morbiditätsrisiko verbunden ist. Besonders Lebensereignisse, welche als „exits from social field" beschrieben werden, also Verlustereignisse, egal, ob reale Verluste (Tod eines Angehörigen, Abortus, Sterilisation, Entfernung der Gebärmutter, Verlust eines Arbeitsplatzes etc.) oder ideelle Verluste (Entwertung einer nahestehenden Person) eher pathogen wirken als andere Lebensereignisse.

Die psychosexuelle Entwicklung

Entsprechend der Entwicklung vom autoerotisch, in Symbiose mit der ersten Bezugsperson lebenden kleinen Mädchen zur genital orientierten jungen Frau mit persönlicher Autonomie gibt es eine Fülle von Problemen, welche das Zustandekommen eines individuellen Körpergefühls, die Fähigkeit, sich von anderen abzugrenzen, erschweren. Derlei Probleme sind: Trennungsängste, die Schwierigkeit, Nähe und Distanz zu anderen Personen adäquat zu regulieren, die Heftigkeit von Reaktionen wie Ekel, Scham, Gier, Neid; die Kontrolle über das eigene Verhalten unflexibel zu handhaben; die Angst vor Ablehnung durch den/die PartnerIn, falls es nicht gelingt, den/die PartnerIn zufriedenzustellen und eine „ausreichende" Leistung zu vollbringen.
Die reale symbolische Bedeutung, welche den einzelnen Körperöffnungen (Mund, Vagina, Anus) zugeschrieben wird, die Intensität der Verletzlichkeit und Abhängigkeit von der eigenen Mutter, sind wichtig dafür, ob eine Frau die Signale, die vom eigenen Körper kommen, richtig interpretieren und somit Gesundheit und Krankheit gut voneinander abgrenzen kann.[2]

2 Springer-Kremser, M.: Psychosexualität und Gynäkologie. Wien 1983.

Der Begriff „psychosomatisch" steht für fünf Sachverhalte:

1. Eine funktionelle Störung der Funktionen ohne Schaden an den Organen, das prämenstruelle Syndrom, sexuelle Funktionsstörungen und funktionelle Sterilität.
2. Das Bestehen einer organischen Erkrankung, wobei eine psychosoziale Mitbedingtheit mit hoher Wahrscheinlichkeit angenommen werden kann, z. B. chronische Eileiterentzündung, Juckreiz im Bereich der Geschlechtsorgane, Brustkrebs.
3. Eine Mittelstellung zwischen den beiden ersten Sachverhalten nimmt die ausgeprägte Magersucht und ihre wesentlich milder verlaufende Form ein, da, obwohl vieles für eine reine Psychogenese spricht, letztlich doch – wenn schon nicht von Anfang der Erkrankung an wirklich nachweisbar – auch körperliche Veränderungen, Veränderungen des Wasser- und Elektrolythaushaltes auftreten.
4. Körperliche und psychologische Reaktionen als Folge medizinischer Eingriffe, sowie körperliche und seelische Veränderung infolge
   - 4a. notwendiger gynäkologischer Operationen: Entfernung der Gebärmutter, Entfernung einer Brust
   - 4b. Spontanabort oder Totgeburt, oder
   - 4c. kontrazeptiver Methoden, sei es infolge einer Sterilisation als irreversible Methode, zu der sich die Frau „freiwillig" entschlossen hat, oder Nebenwirkungen oraler Kontrazeption, welche in ihrer Intensität nicht mehr dem Chemismus der Pille zuzuschreiben sind.
5. Patientinnen mit angeborenen genitalen Mißbildungen. Die psychologische Reaktion der Patientin auf das Erfahren der Mißbildung und die im Anschluß daran entwickelten Bewältigungsstrategien sind von entscheidender Bedeutung für die Frage einer korrigierenden Operation überhaupt und auch für die Wahl des Operationszeitpunktes. Eine ausführliche Information über Operationstechnik und zu erwartende Probleme beeinflußt auch das körperliche Operationsergebnis positiv.

Beispiel zu Kategorie 1 – Funktionelle Störungen

Zyklusstörungen

Zyklusstörungen während der Geschlechtsreife werden – ausge-

hend von der Eierstock-Funktion – eingeteilt in Amenorrhoen (Ausbleiben der Regel ohne Schwangerschaft oder Klimakterium), dysfunktionelle Blutungen, Tempoanomalien und Blutungsanomalien bei erhaltenem Zyklus.
Der objektive Grund der Menstruation ist erst seit etwa 70 Jahren bekannt[3], und der Zyklus war somit bis in die Neuzeit ein nicht erklärbares, nur Frauen betreffendes Ereignis. Vor diesem Hintergrund verwundert es nicht, daß sich eine Vielzahl von stereotypen Vorstellungen, Mythen und Tabus um dieses Phänomen rankten, deren Ursprung sich bis in die früheste Zeit zurückverfolgen läßt.
Alle diese Mythen und Tabus werden von Müttern auf Töchter auch indirekt weitergegeben: Man hört immer noch von der Vorstellung, während der Menstruation keine Marmelade einzukochen, keine Milch anzurühren, die Lebensmittel verderben sonst, etc. Weitere wesentliche Motive für die bestehenden negativen Vorstellungen in Zusammenhang mit der Menstruation sind vor allem männliche und auch weibliche Ängste vor den geheimnisvollen Vorgängen des weiblichen Körpers. Einige Autoren spekulieren darüber, daß das Blut der Menstruation von Männern unbewußt gleichgesetzt wird mit dem Blut der Kastration, das der Mann fürchtet und meidet und das er entsprechend auch abwertet durch eine Fülle von negativen Attributen und Verhaltensmaßregeln für menstruierende Frauen.
Für eine optimale Betreuung von Patientinnen mit Menstruationsproblemen interessiert vor allem die Frage, welche psychologischen Determinanten über die Achse Zwischenhirn – Hirnanhangdrüse – Eierstöcke für diese Beschwerden mitverantwortlich sind. Von besonderer Bedeutung ist hier die subjektive Einstellung zur Menstruation, und diese wiederum ist determiniert durch folgende Faktoren:

1. Die Situation der ersten Blutung
   Wie war der Stand der Aufklärung zu diesem Zeitpunkt, wie beschämend, peinlich wurde die erste Blutung erlebt?
2. Persönlichkeitsfaktoren:
   Hier ist vor allem der Wirklichkeitssinn von Bedeutung: Wie gut

3 Bergler, R.: Psychohygiene der Menstruation. Bern 1984.

ist eine Frau in der Wirklichkeit integriert; wie weit kann sie Phantasie und Wirklichkeit voneinander abgrenzen oder wird sie von Phantasie und unheimlichen Befürchtungen in Zusammenhang mit der Blutung überrollt? Auch die Art und Qualität ihrer Beziehungen kann hilfreich oder zusätzlich irritierend sein: Frauen, die sich stark abhängig und immer „ferngesteuert“ fühlen, werden die Menstruation eher als belastend und somit mit Schmerzen behaftet erleben als selbständige, autonome Frauen.
3. Die Einstellung zur Sexualität.
4. Die Einstellung zum Kinderwunsch: Das Einsetzen der Blutung bedeutet schließlich: „wieder nicht“ schwanger geworden oder „Gott sei Dank“ nicht schwanger. Je zwiespältiger die Einstellung zum Kinderwunsch ist, um so stärker emotional belastet ist die Frau, um so eher wird chronische emotionale Belastung über die hormonelle Achse den Eisprung beeinflussen.
5. Als belastend erlebte Lebenssituationen (stressfull-life-events): Vor allem die sekundäre Amenorrhoe, unter anderem schon lange den Frauenärzten als sogenannte „Hausbauamenorrhoe“ bekannt, ist in der Regel ein vorübergehendes, mit Lebensereignissen verknüpftes Zustandsbild. Sehr häufig tritt eine sekundäre Amenorrhoe auch nach einer Geburt auf; dann ist sie allerdings oft mit einer leichten subdepressiven Stimmung verknüpft, diese wiederum ist oft eine Reaktion auf Schwierigkeiten der Anpassung an die neue Situation mit dem Kind.

Perimenstruelle Beschwerden

Sowohl die Dysmenorrhoe, also Schmerzen während der Menstruation, als auch das prämenstruelle Syndrom, führen zu – oft unkontrollierter – Einnahme von ärztlich verschriebenen Schmerzmitteln und auch Psychopharmaka (Minor Tranquilizer, Antidepressiva).

Alternative Behandlungsangebote, beruhend auf einer ausführlichen biographischen Anamnese, welche auch Einstellungen zu Sex und Reproduktion einschließt, finden zunehmend Interesse.

Dysmenorrhoe

Bei der Dysmenorrhoe unterscheidet man zwei Formen: eine „spasmoide" Form und eine „kongestive" Form. Die spasmoide Form beginnt in der Regel etwa zwei Jahre nach der Menarche, die Schmerzen sind wehenähnlich, kolikartig, und treten etwa alle 20 Minuten auf. In der Regel verschwinden diese Beschwerden nach der ersten Gravidität. Der Schmerzbereich ist jener der uteriellen und overiellen Nervenversorgung; als Ursache wird eventuell ein Östrogendefizit oder ein etwas erhöhter Prostagladin-Spiegel angenommen, in der Regel sind die Beschwerden streß-unabhängig. Als Behandlung empfiehlt sich nach Klarstellung des Prostagladin-Spiegels eventuell Prostagladin-Inhibitoren oder Östrogene oder ein orales Kontrazeptivum.
Die kongestive Form beginnt unmittelbar in Zusammenhang mit der Menarche, die Schmerzen setzen bereits im Prämenstrum ein, die Beschwerden können dann übergehen in ein prämenstruelles Syndrom, das heißt, es können noch andere Beschwerden dazukommen. Sie sind streßabhängig, und als Behandlung empfiehlt sich Progesteron bzw. ein progesteronbetontes, orales Kontrazeptivum.

Das prämenstruelle Syndrom (PMS)

Das prämenstruelle Syndrom spielt in den Praxen von niedergelassenen GynäkologInnen und AllgemeinärztInnen, verglichen zur Dysmenorrhoe, keine so große Rolle: So schwanken die Angaben der Häufigkeit der Dysmenorrhoe zwischen 60% und 90%, während prämenstruelle Beschwerden ungefähr von 12% der Patientinnen einer gynäkologischen Praxis vorgebracht werden. In der Zwischenzeit gibt es zahlreiche Definitionen des PMS; prinzipiell handelt es sich um eine Gruppe von Symptomen, wie z. B. Anspannung, Irritierbarkeit, Reizbarkeit, Kopfschmerz, Gewichtszunahme und Ödeme 7 bis 10 Tage vor dem Einsetzen der Menstruation. Dazu kommen noch eine Fülle anderer Beschwerden, wie z. B. Rückenschmerzen, Müdigkeit, Neigung zu Kojunktivitiden, Heuschnupfen, Gelenksbeschwerden etc.
Die Diskussion der individuellen Einstellung zur Menstruation verhilft der Patientin dazu, die Quelle ihres Leidenszustandes zu verstehen, zu akzeptieren und somit die Signale ihres Körpers

richtig zu lesen. Das hilft, den Schmerzmittelkonsum zu reduzieren und individuelle Behandlungsstrategien zu finden. Auch Sinn und Zweck einer hormonellen Beeinflussung des Zyklus kann so besser verstanden oder auch einfach weggelassen werden.
Im Kapitel „Evaluationsforschung“ findet sich ein ausführliches Beispiel zu Ursache und Behandlung von Zyklusstörungen.

Beispiel zu Kategorie 2 – Psychosomatosen
Chronic pelvic pain
Patientinnen mit chronischen Schmerzen im Unterbauch sind in der Regel für die/den behandelnde/n Ärztin/Arzt „schwierige Patientinnen“, und meistens sind auch die behandelnden ÄrztInnen durch die Buntheit und den Wechsel der Symptomatik einerseits und die Klagen der Patientin andererseits verunsichert und mit den zur Verfügung stehenden Behandlungsschemata unzufrieden. Im folgenden wird zuerst eine umfassende Betrachtung der Entstehung dieses Krankheitsbildes und anschließend ein Behandlungsvorschlag angeboten. Aus der Verhaltensforschung, der kognitiven Psychologie und der Psychoanalyse wissen wir, daß Schmerz verschiedene Funktionen haben kann. Schmerz kann ein Warnsignal sein, Schmerz kann aber auch als Mittel zur Kommunikation, also zum Austausch von Mitteilungen benützt werden. Schmerz kann einen Wunsch nach Unterstützung, Hilfe oder Aufmerksamkeit signalisieren, oder auch zur Vermeidung bestimmter Aktivitäten benützt werden, wenn die betroffene Person dies auf eine direkte Weise, sei es verbal oder nonverbal, nicht vermitteln kann. Außerdem sind Schmerz, Schuld und Scham häufig eng verbunden. Besonders Schmerzen im Urogenitalbereich, im Bereich der mit Sexualität und Fruchtbarkeit verbundenen Organe. Man denke auch an die Verknüpfung von Schmerz mit Strafe und Vergeltung. Schmerz kann also ein Mittel zur Darstellung eines Konfliktes sein: ein Wunsch, ein Impuls, der mit der Vorstellung von der eigenen Person unvereinbar scheint, wird so vom Bewußtsein ferngehalten und in ein sozial akzeptables körperliches Symptom – den Schmerz – umgewandelt.

Zur Schmerzwahrnehmung
Die Schmerzwahrnehmung ist das Ergebnis komplexer Einflüs-

se, sowohl im spinalen als auch im zentral-nervösen Bereich. Welch eminente Bedeutung aber die subjektive Bereitschaft zur Schmerzwahrnehmung hat, wird an der Schwierigkeit der Schmerzforschung deutlich. Die Schmerzforscher sind sich darüber einig, daß der entscheidende Faktor bei der Schmerzwahrnehmung die Bedeutung ist, welche das Individuum dem Schmerz für sich und sein soziales Umfeld zuschreibt.[4] Bei dem Krankheitsbild chronic pelvic pain kann zwischen episodischen und kontinuierlichen Schmerzen unterschieden werden. Unter episodischen Schmerzen verstehen wir z. B. die Dyspareunie, den Mittelschmerz, primäre und sekundäre Dysmenorrhoe, Schmerzen in Zusammenhang mit Adenomiose oder Endometriose. Kontinuierliche Schmerzen bestehen eher bei Adhäsionen, bei anatomischen Veränderungen wie Tumoren im Unterbauch, chronische Infektionen mit Erweiterung der Eileiter. Weiters bei Mangel an bindegewebiger Unterstützung im Beckenbereich und schließlich Schmerzen ohne organisches Substrat. Die Unterscheidung ist für das diagnostisch-therapeutische Vorgehen nur insoferne relevant, als bei kontinuierlichen Schmerzen eher ein organisches Substrat vorliegt als bei episodischen. Etwa 20% aller Patientinnen, die einmal eine Eileiterentzündung durchgemacht haben, klagen über chronische Schmerzzustände. Die Behandlung der Verwachsungen ist in der Regel enttäuschend; die Diskussion darüber, inwieweit diese Verwachsungen Schmerzen verursachen können, eine kontroversielle. Allen Schmerzgruppen gemeinsam ist folgender Mechanismus: Die Schmerzempfindung führt zu einer zunehmenden Erwartungsspannung, diese wiederum sensibilisiert für die Schmerzwahrnehmung: So beginnt sich die Spirale zu drehen. Die Schmerzempfindung im gynäkologischen Bereich ist von drei einander überschneidenden Bereichen abhängig:
- der subjektiven Vorstellung von Verletzlichkeit (auch symbolischer Verletzlichkeit), Macht- und Ohnmachtsvorstellungen;
- vom Körperschema, also vom Bild, das eine Frau vom eigenen Körper hat, und

4 Melzak, R.: The Puzzle of Pain. New York 1983.

– von den ganz persönlichen Einstellungen zu Sexualität und Frauchtbarkeit.

In einer eigenen Untersuchung zur Frage belastender Lebensereignisse (live-events), die von den Patientinnen als verursachend für ihre Erkrankung angesehen werden, gaben 47% der Patientinnen familiäre Ursachen, Partnerschaftskonflikte an, 29% nennen ein mit Fruchtbarkeit in Zusammenhang stehendes Ereignis: Schwangerschaft, Abortus, Geburt, Sterilisation, Hysterektomie.[5] Einige Autoren meinen, daß das Fehlen orgastischer Empfindungen, also die Unmöglichkeit, einen Orgasmus lustvoll zu erleben, zu den Schmerzzuständen beitragen kann. Als physiologisches Korrelat wird eine chronische Überdehnung der Beckengefäße gesehen. Sexuelle Aktivität ist für viele Patientinnen entweder „uninteressant", nicht existent, lustlos oder schuldbeladen. Die Verletzlichkeit wird auch dadurch dokumentiert, daß es für viele Patientinnen häufig keine für sie in Frage kommende Methode der Empfängnisverhütung zu geben scheint. Die Patientinnen sind unfähig, sich selbst effektiv zu schützen gegen das, was subjektiv als Bedrohung erlebt wird (eine Schwangerschaft, ein Schwangerschaftsabbruch). Der Schmerz ist oft eine Kompromißbildung: „Wenn ich nicht die Schmerzen hätte, dann könnte ich..., dann wäre ich..."

Behandlungsprogramm

Das folgende Behandlungsprogramm wird an der II. Univ. Frauenklinik und an anderen Institutionen, wie z. B. am Hospital Mourier in Paris, durchgeführt. Es trägt der komplexen Wechselwirkung zwischen subjektiver Wirklichkeit der Patientin einerseits und vorhandenen oder fehlenden organmedizinischen Befunden andererseits Rechnung.

Es handelt sich um ein Dreistufenprogramm.

Die wesentlichen Punkte der Stufe 1 sind folgende: als oberste Maxime gilt, immer den körperlichen und emotionalen Aspekt der Erkrankung beachten. Das bedeutet Erheben der Beschwerden und der Beschwerdeanamnese. Weiters Aufklärung über Anato-

5 Springer-Kremser, M./Haberl, R./Brunner, K./Urbas, E.,: „Life-events" und Psychosomatik der Frau. In: Söllner, W./Wesiack, W./Wurm, B. (Hrsg.): Soziopsychosomatik. Berlin 1988.

mie, Physiologie im kleinen Becken; dann scheint es oft notwendig, ausständige diagnostische Untersuchungen nachzuholen oder zu diskutieren; weiters wird der Patientin die Führung eines Tagebuches empfohlen und eine milde Schmerzerleichterung (medikamentös) angeboten. Die Stufe 2 – in der Regel ist sie beim dritten Kontakt mit der Patientin erreicht – beinhaltet: das Erheben einer genauen biographischen Anamnese, also eine ausführliche Lebensgeschichte, das Beachten und Diskutieren der Tagebucheintragungen mit der Patientin. In Zusammenhang mit den Tagebucheintragungen wird auf zeitliche Zusammenhänge mit Lebensereignissen oder psychischer Befindlichkeit hingewiesen und schließlich gemeinsam mit der Patientin ein Behandlungsplan erstellt. Dieser Behandlungsplan beinhaltet meistens eine physikalische Therapie, das Einbeziehen eventuell des/der Partners/Partnerin. In der Stufe 3 ist die Patientin soweit kooperativ, daß es ihr möglich ist, eine psychotherapeutische Behandlung, die ihr auf dieser Stufe angeboten wird, zu ihrer eigenen Sache zu machen, schließlich die Psychopharmaka oder Schmerzmittel wieder abzubauen.
Es ist grundsätzlich wichtig, mit der Patientin zu klären, daß es nicht möglich ist, für alle Probleme eine Erklärung und eine Lösung zu finden – und vor allem schnell zu finden. Daß es hingegen höchstwahrscheinlich ist, daß man zu einer Liste von Überlegungen und Vorschlägen kommt, welche die Schmerzsituation verbessern; und außerdem muß dem Arzt/der Ärztin und der Patientin klar sein, daß eine komplette Schmerzfreiheit nicht das ausschließliche Kriterium für den Erfolg einer Behandlung sein kann. Besonders zu beachten ist das massive Abhängigkeitsbedürfnis, das die pelvic-pain-Patientinnen häufig haben; gleichzeitig haben sie Angst vor dieser Abhängigkeit. Diese Zwiespältigkeit birgt zwei Gefahren für die Behandlung: erstens eine Neigung zu Medikamentenabhängigkeit, vor allem Tranquilizer-Abhängigkeit. Wegen der muskelrelaxierenden und angstlösenden Wirkung werden diese Substanzen gegeben, sie verschleiern jedoch die Symptomatik, verhindern eine Auseinandersetzung damit, was die Schmerzen für die Patientin bedeuten, welche Signale sie ihr senden, und sind dann erst nur begrenzt wirksam. Dazu besteht zwangsläufig das Bedürfnis nach Dosissteigerung. Die

zweite Gefahr im Umgang mit den Patientinnen ist deren Neigung, den/die jeweils behandelnde/n Arzt/Ärztin zuerst zu idealisieren, um ihn/sie dann um so wirkungsvoller abzuwerten. Diese besondere Form und Art der Patientin in der Interaktion führt nur dann nicht zum Abbruch der Behandlung, wenn das Spiel transparent gemacht wird und der/die BehandlerIn das Rollenangebot von seiten der Patientin nicht annimmt, es jedoch mit ihr thematisiert.

Organisationsprinzip der Ambulanz, Einbindung in die Klinik

Die Ambulanz findet einmal wöchentlich in den Räumen der II. Frauenklinik statt. Außer der Leiterin gibt es eine ärztliche Mitarbeiterin, die als Bedingung für die Mitarbeit eine psychotherapeutische Ausbildung haben muß.
Zuweisungsmodus: Die Zuweisung der Patientinnen erfolgt über die Ambulanzen der Frauenklinik, niedergelassene FachärztInnen, andere psychosoziale Institutionen, sowie die Frauenberatungsstellen.
Von Beginn der Arbeit an wurde eine Begleitforschung eingerichtet, die aus Drittmitteln finanziert wird.
Die Integration dieser Spezialambulanz in den Klinikbetrieb und die Kooperation mit dem Klinikpersonal ruht im wesentlichen auf drei Säulen:

1. Auf den Rückmeldungen über die zugewiesenen Patientinnen; diese geschehen mittels Arzt/Ärztinnenbriefen schriftlich, oder mündlich direkt an den/die zuweisende Arzt/Ärztin,
2. auf der Kooperation mit den ÄrztInnen des Hauses bei Forschungsvorhaben;
3. die dritte Säule stellt das „women's network" dar: dies ist die Gesamtheit der informellen Kommunikationskanäle zwischen dem Personal der Psychosomatikambulanz und den Schwestern, Laborantinnen, physikalischen Therapeutinnen, Gynäkologinnen und der Internistin des Hauses. Die Sympathien, die von seiten dieses „women's network" der Ambulanz entgegengebracht werden, können wohl am ehesten mit der Identifikation jener Frauen an der Klinik mit einer Einrichtung erklärt werden, die sich von der Kontrolle von Fruchtbarkeit, Sexuali-

tät und Reproduktion durch ein patriarchalisch-medizinisches System reflektierend abgrenzen wollen.

Die Funktionsbereiche der Ambulanz

Der patientinnenzentrierte Bereich

Vor dem theoretischen Hintergrund der drei einander überschneidenden Ursachenbereiche für gynäkologisch-psychosomatische Störungen wurde ein Behandlunskonzept erarbeitet, das auf drei Säulen beruht:

- einer psychotherapeutischen Technik, die wir „Fokussierende Beratung" nennen,
- der interdisziplinären Kooperation mit Ärzten und dem medizinischen Personal (Schwestern, Physikotherapeutinnen, Hebammen), der Frauenklinik für diagnostische Abklärung und notwendige therapeutische Maßnahmen sowie Kooperation mit jenen Personen oder Institutionen, in welche Patientinnen zu weiterführenden Behandlungen überwiesen werden;
- dem immer wieder erneuerten Wissen über Einrichtungen, welche als mögliches soziales Netzwerk „para"psychotherapeutische Hilfe anbieten, wie z. B. bestimmte Kurse in Volkshochschulen, Nachbarschaftshilfezentren etc.

Die Ambulanz ist so konzipiert, daß nur kurzfristige Beratungs- und Behandlungsstrategien angewandt werden können. Der psychoanalytische Erfahrungshintergrund der in der Ambulanz Tätigen bringt es mit sich, daß die Beratungs- und Therapiekonzepte an aus der psychoanalytischen Theorie entlehnten Techniken orientiert sind. Das Erstgespräch, welches organmedizinisch-diagnostische und psychiatrisch-explorative Elemente enthält, muß auch eine ausführliche biographische Anamnese einschließlich der Sozialdaten beinhalten. Die Patientinnen suchen nur in seltenen Fällen mit einem primär psychologischen Problem die Ambulanz auf; in ihrem Bewußtsein handelt es sich bei dem Leiden, das sie präsentieren, um eine körperliche Veränderung oder Erkrankung. Dieses Selbstverständnis der Patientinnen gilt es zu hinterfragen und ihre Laienätiologie herauszuarbeiten. Unter Laienätiologie verstehen wir die ganz persönlichen Vorstellungen von jenen Faktoren, welche die Krankheit oder das Leiden verursachen und auf-

rechterhalten:auchseelischeBefindlichkeiten und Lebensbedingungen sind ein Teil davon.[6]
Die psychoanalytisch orientierte Diagnostik verwendet auch das Einschätzen der Ich-Funktionen[7]. Weiters kommen Techniken des „Non-directive Counselling“[8] zur Anwendung. Wir bezeichnen unsere Technik als „fokussierende Beratung“.

Die Fokussierende Beratung

Nach Erheben einer ausführlichen biographischen Anamnese wird mit der Patientin gemeinsam ein Brennpunkt oder „Fokus“ ihres Leidens herausgearbeitet. Dabei kann es sich um ein körperliches Symptom wie z. B. chronische Schmerzzustände im kleinen Becken handeln oder um ein psychologisches Symptom, wie z. B. die Unfähigkeit, alleine zu sein, weil Alleinesein immer als Verlassensein erlebt wird. Es kann auch nach einer mehrere Sitzungen dauernden Arbeit an einem körperlichen Brennpunkt später dann auf einen psychologischen Brennpunkt umgeschwenkt werden: dabei muß es sich aber immer um eine klare Absprache zwischen Patientin und BehandlerIn handeln. Oft ist es möglich, im Erstgespräch die Leidenszustände als symbolischen Ausdruck für einen inneren Konflikt zu markieren. Der Konflikt besteht in der Regel zwischen geheimen, also als verboten definierten Triebwünschen (sexuelle oder aggressive Wünsche) und dem Bild, das die Patientin von sich selbst hat und in welches diese Wünsche nicht hineinpassen. Eine Wunscherfüllung scheint mit der Wirklichkeit unvereinbar und muß daher versagt bleiben.
Ein wichtiges Arbeitsinstrument in der Ambulanz ist auch eine weitgehende technische Neutralität sowie das Beachten von Übertragungs- und Gegenübertragungsreaktionen.
Übertragung bezeichnet in Psychoanalyse und psychoanalytischer Therapie jenen Vorgang, in welchem die unbewußten Wünsche an bestimmten Objekten im Rahmen eines bestimmten Beziehungstypus – hier einer fokussierenden Beratung, Fokalthe-

6 Vgl. Beckmann, a. a. O.
7 Vgl. Bellak, L. H./Goldsmith, L. A. (Hrsg.): The Broad Scope of Ego Function Assesement. New York 1984.
8 Newsome, A.: Counselling. In: Crown, S. (Hrsg.): Psychosexual Problems. New York 1976.

rapie – der sich mit diesen Objekten ergeben hat, aktualisiert werden. Es handelt sich dabei um die Wiederholung infantiler Muster, die mit einem besonderen Gefühl von Aktualität erlebt werden.
Unter Gegenübertragung verstehen wir dementsprechend die Gesamtheit der unbewußten Reaktionen des/der Therapeuten/Therapeutin und teilnehmenden StudentInnen auf die Patientin und ganz besonders auf deren Übertragung. Wie kommt hier nur die technische Neutralität ins Spiel? Subsummiert man die Schwierigkeiten, die der/die Therapeut/Therapeutin im Umgang mit PatientInnen haben kann unter den Begriff der Gegenübertragung, so ist die technische Neutralität das beste Mittel, diese, nämlich die Gegenübertragung, so zu handhaben, daß man seine Arbeit erfolgreich weiterführen kann. Die grundsätzliche Verpflichtung auf die technische Neutralität als Basis jeder analytischen Arbeit, d. h. auf das, was an der technischen Neutralität methodenimmanent ist, hilft, die Gegenübertragung unter Kontrolle zu halten. Die technische Neutralität verlangt vom/von der Therapeuten/Therapeutin und StudentInnen nach Cremerius:

1. Impulse und Gefühle gleich welcher Art zunächst einmal zu zügeln und daraufhin zu prüfen, inwieweit sie aus der eigenen Konflikthaftigkeit erwachsen oder Indikatoren von unbewußten Prozessen im Patienten/in der Patientin sind;
2. Alles, was er/sie sieht, sagt und tut, daraufhin zu erforschen, ob es im Interesse der PatientInnen oder im eigenen Interesse gesagt oder getan wird bzw. aus seiner/ihrer eigenen Konflikthaftigkeit heraus, oder um eigene Bedürfnisse zu befriedigen. Diese Erforschung der eigenen Impulse, d. h. vor allem die Versagung unbedachter Spontanität, verschafft am ehesten Klarheit über die unbewußten Quellen derselben.

Die Leidensinhalte vieler unserer Patientinnen haben viel mit Sexualität und Intimität zu tun; die besondere Situation der psychosomatisch-gynäkologischen Ambulanz bietet aber noch eine Unzahl von Möglichkeiten für die TherapeutInnen und teilnehmenden StudentInnen Macht, Glanz, geistige Überlegenheit, sexuelle Neugier zu suchen und auch zu finden. Es gibt also eine Unzahl von Bedürfnissen auf Seiten der TherapeutInnen und der teilnehmenden StudentInnen, welche nach Befriedigung suchen können und gut kontrolliert werden müssen.

Der didaktische Bereich
Die Ambulanz ist in die Wahlausbildung „Fokussierende Beratung" für MedizinstudentInnen eingebunden. Das bedeutet, daß MedizinstudentInnen als teilnehmende BeobachterInnen in der Ambulanz anwesend sind, und daß – freilich nur mit Einverständnis der Patientin und des Klinikleiters – Erstgespräche oder auch therapeutische Gespräche auf Band oder mittels Video für didaktische Zwecke und für einen definierten Personenkreis aufgenommen werden können. Wir glauben, daß dieser didaktischen Aktivität eine besondere Bedeutung zukommt, weil es eine der wenigen Möglichkeiten ist, MedizinstudentInnen mit den wichtigen Elementen der psychoanalytischen Theorie und Technik, Übertragung, Gegenübertragung, Widerstand und Abstinenz, vertraut zu machen. Die psychosomatisch-gynäkologische Ambulanz stellt also in gewisser Weise eine Annäherung an das Freudsche Junktim-Vermächtnis[9] dar.

Der Forschungsbereich
Begleitende Forschungen in der psychosomatischen Ambulanz verfolgen zwei Fragestellungen:
Evaluationsforschung psychotherapeutischer Interventionen: Welche therapeutischen Interventionen haben welchen Effekt auf Leidenszustände und Funktionsstörungen?
Ätiologische Forschung: Welche Art von Persönlichkeitsdynamik und Persönlichkeitsstruktur, und welche Umweltfaktoren beeinflussen einen Leidenszustand derart, daß man sie als verursachende oder die Beschwerden und Leiden aufrechterhaltende Faktoren bezeichnen kann?
Zur Evaluationsforschung:
Das unserer Meinung nach gesundheitsökonomisch wichtigste Projekt war jenes über die Behandelbarkeit und Prognose von Zyklusstörungen. Hier ging es vor allem darum zu zeigen, daß wenig aufwendige und kostspielige psychotherapeutische Interventionen oft jahrelange, sehr aufwendige Hormonbehandlungen überflüssig machen können.[10]

9 Freud, S.: Nachwort zur „Frage der Laienanalyse". Ges. Werke, Bd. 14, Frankfurt/M. 1968.
10 Springer-Kremser, M.: Ein integriertes Behandlungskonzept bei Zyclusstörungen. Fertilität 2, 1986.

Von 284 Patientinnen, die in einem Zeitraum von 12 Monaten die psychosomatisch-gynäkologische Ambulanz an der II. Univ. Frauenklinik in Wien aufsuchten, litten 108 (38%) an einer Störung des menstruellen Zyklus. Die Zuweisung an die psychosomatische Ambulanz stellt meistens den letzten Versuch dar, nachdem alle Möglichkeiten der Hormontherapie bereits ausgeschöpft sind. Viele Patientinnen wünschten auch keine Hormonbehandlung mehr, welche nur zur Blutungsauslösung verhalf, denn Absetzen der Medikamente bedeutete wieder Amenorrhoe, bzw. Unvorhersagbarkeit des Beginns der nächsten Blutung. Diese Unvorhersagbarkeit wird als besondere Belastung erlebt.[11]
Es war also notwendig, ein Behandlungsmodell zu entwickeln, das ohne hormonelle Beeinflussung auskommt.
Die Zyklusstörung kann im wesentlichen als Streßreaktion betrachtet werden.[12] Dies vor allem auf der Basis eines erweiterten Streßkonzeptes, bei dem Belastungen, die aus diskrepanten Anforderungen resultieren, Hilflosigkeit, Neuheit und Unvorhersagbarkeit von Situationen eine entscheidende Rolle spielen.
An diesen der Ambulanz zugewiesenen Frauen wurde beobachtet, daß bestimmte Persönlichkeitsmerkmale, Verhaltens- und Interaktionsmuster häufig gemeinsam auftraten. Dies führte zu dem Versuch einer typisierenden Einteilung der Gemeinsamkeiten in Persönlichkeitsmerkmalen, Verhaltens- und Interaktionsmustern in fünf Gruppen, die die häufigsten Konfliktsituationen, wie sie einer Zyklusstörung zugrundeliegen können, beinhalten. Diese Einteilung erhebt freilich keinen Anspruch einer psychopathologischen Etikettierung. Grundsätzlich kann die Konfliktsituation jeder Gruppe in ihrer Intensität von weitgehender seelischer Gesundheit bis zu tiefgreifender psychischer Beeinträchtigung reichen. Bei den von uns in der hier referierten Studie untersuchten Frauen waren starke psychische Beeinträchtigungen allerdings auf eine bestimmte Gruppe (Gruppe 5) konzentriert. Die Frauen einer anderen Gruppe (Gruppe 4) waren dagegen vor-

11 Snowden, R./Christian, B.: Patterns and Perception of Menstruation. New York 1983.

12 Eder, A.: Lebenswelt und Lebensstil als Elemente eines psychosozialen Gesundheitsbegriffes. Gesundheitsverhalten, Teil 2. Originalarbeiten, Studien, Forschungsberichte des Bundeskanzleramtes. Wien 1987.

wiegend im sozialen Bereich belastet.
Die Einteilung hat auch den Zweck, eine prognostische Einschätzung der Effektivität von psychotherapeutischen Interventionen zu erleichtern. Es ergibt sich die Frage, welche Frauen mit welcher psychologischen Struktur welchen Bewältigungsmechanismen, welchem sozialen Kontext und natürlich welcher Art von Zyklusstörungen für eine Kurztherapie im Rahmen eines ambulanten Settings geeignet sind.
Mit Hilfe dieses diagnostischen Inventars wurde es möglich, Hinweise darauf zu gewinnen, aus welchen Bereichen das größte Leiden resultiert. Der Zyklusstörung in ihrer Eigenart als Störung des reproduktiven Bereiches kann die Funktion zugeordnet werden, Konflikte somatisch auszudrücken – in Situationen, wo dies kognitiv oder emotionell allein nicht möglich ist. Aus der Tatsache, daß Frauen in bestimmten, mit Hilfe des Schemas von Bellak[13] benennbaren Bereichen besonders viele Konflikte haben, ergibt sich eine Möglichkeit der Zuordnung zu Fokusgruppen, die den spezifischen Konflikten und somit dem subjektiven Leiden Rechnung trägt. Diese Fokusgruppen sind:

Gruppe 1: ***Leiden an der Abhängigkeit***
Das zentrale Thema dieser Fokusgruppe ist die Diskrepanz zwischen dem Bedürfnis nach Ablösung aus der Herkunftsfamilie einerseits und dem Verhaftetsein in einem nach dem traditionellen Rollenbild strukturierten Elternhaus, in dem der Mutter der Patientin nach wie vor eine wichtige Kontrollfunktion zukommt, andererseits.
Eine häufige und wichtige Manifestation solcher als diskrepant erlebten Anforderungen an sich selbst ist die Mutterbeziehung: Die Frauen dieser Gruppe geben einen besonders engen Kontakt zu ihren Müttern an, möchten aber andererseits ihr Leben ganz anders gestalten als ihre Mütter. Es besteht einerseits ein starkes Identifikationsbedürfnis mit der Mutter, andererseits der deutliche Wunsch nach Abgrenzung von ihr. Wir betrachten die Selbstdefinition der Frauen dieser Gruppe im Gießen-Test als einen Ausdruck eines solchen Abgrenzungsversuches: Sie schätzen sich

13 Bellak, a. a. O.

selbst weniger gefügig sowie sozial potenter ein als ihre Mutter.

2. Gruppe: *Leiden an der Idealität*
Unzufriedenheit, Antriebslosigkeit und „Warten auf Besseres" charakterisieren das Verhalten der Frauen dieser Gruppe. Gleichzeitig bestehen starke Wünsche nach Veränderung und Aktivität, die aber vordergründig unrealisierbar scheinen.
Bei den Frauen dieser Gruppe besteht eine auffällige Diskrepanz zwischen dem Selbstbild und dem Wunschbild von der eigenen Person.[14] Wenn diese Frauen ihre wirkliche Situation mit dem Idealbild, das sie von sich haben, vergleichen, so schneidet die Wirklichkeit dabei immer schlecht ab: Sie haben somit eine unerschöpfliche Quelle von Depressivität. Eine Möglichkeit, dem Wunschbild zu entsprechen, ist die Aufopferung, die sozial positiv sanktioniert und daher beibehalten wird.

Gruppe 3: *Leiden am eigenen Körper*
Dieser Gruppe wurden jene Frauen zugeordnet, die ihrer Fortpflanzungsfunktion gegenüber auffallend zwiespätlig eingestellt sind. Diese Zwiespältigkeit findet ihren Niederschlag im Kinderwunsch einerseits und im Bestehen von zahlreichen Beschwerden im Zusammenhang mit ihrer Körperlichkeit als Frau andererseits. Sie reagieren mit Ekel und Scham auf die Menarche, leiden dann an Dysmenorrhoe, PMS, Brustspannen vor der Menstruation und sind durch ein großes Ausmaß an vegetativen Beschwerden gekennzeichnet.
Die Herkunftsfamilien sind am stärksten kirchlich gebunden, die Frauen haben auch heute noch am meisten Kontakt mit den Eltern. Dementsprechend stehen sie unter dem starken Einfluß der Vorstellungen ihrer Eltern darüber, „was sich für eine Frau gehört". In der Präadoleszenz wurden viele von ihnen als „verpatzter Bub" bezeichnet und litten unter der Bevorzugung männlicher Geschwister.

14 Eder, A./Kemeter, P./Springer-Kremser, M.: Cycle Disturbances, Psychosomatik Complaints and Self-Image: An Analysis of Interdependencies Between Self-Perception and Psychosomatik Disturbances. In: Journal of Psychosomatik Obstetrics and Gynecology, Vol. 1, Nr. 3/4, 1982.

Gruppe 4: ***Leiden an der Migration; die Frau zwischen zwei Welten***
Dieser Gruppe werden jene Frauen zugeordnet, die vor die kaum lösbare Aufgabe gestellt sind, gleichzeitig die Anforderungen aus zwei diskrepanten Wertsystemen oder kulturellen Systemen erfüllen zu müssen. Hierzu gehören Frauen, die in anderen soziokulturellen Traditionen aufgewachsen sind, wobei diese Tradition in ihrer häuslichen Situation noch aufrechterhalten wird (z. B. Islam), aber auch Frauen, die vom Land zu einer Ausbildung in die Stadt geschickt werden, oder Frauen, die soziale Aussteigerinnen sind.
Die Frauen dieser Gruppe zeigen, verglichen mit anderen, ein stabiles Selbstwertgefühl (geringste Diskrepanz zwischen Selbstbild und Wunschbild) und einen ausgeprägten Wirklichkeitssinn. Sie haben gute Problembewältigungsstrategien, konfliktverursachend sind vorwiegend exogene Faktoren.

Gruppe 5: ***Leiden am Verlassensein***
Dieser Gruppe wurden jene Frauen zugeordnet, die nach traumatisierenden Trennungserfahrungen in ihrer Kindheit auf jede Trennung oder Vorstellung von Trennung mit extremer Verletztheit reagieren. Andererseits setzen sie sich körperlichen und seelischen Verletzungen und Demütigungen aus, um Trennungen um jeden Preis zu vermeiden. Diese Frauen haben inadäquate Strategien zur Lebensbewältigung, sie sind häufig berufliche Aussteigerinnen. Die Diskrepanz von Selbstbild und Wunschbild ist bei den Frauen dieser Gruppe am höchsten. Davon ist abzuleiten, daß diese Frauen die größte Unzufriedenheit, Angst-Spannung, und das geringste Selbstwertgefühl aufweisen. Sie wollen im Vergleich mit den anderen Gruppen am zweithäufigsten ihr Leben so wie ihre Mutter gestalten. Diese Vorstellung von Konkurrenz mit der Mutter ist am ehesten als Abwehr von Trennungsängsten und zum Aufrechterhalten einer funktionierenden Selbstwert-Regulation zu verstehen.
Unabhängig von dem Fokus der psychtherapeutischen Behandlung scheint eine Intervention, die aus einer Kombination von Einzeltherapie und Entspannungs-Gruppentherapie besteht, die erfolgversprechendste zu sein: bei mehr als der Hälfte der Patien-

tinnen mit dieser Behandlung hat sich der Zyklus eingependelt. Bei den anderen Patientinnen zeigt sich trotz Fortbestehens der Zyklusstörung im Verlauf der Behandlung, besonders gegen Ende, eine deutliche Änderung der Einstellung zum eigenen Körper. Diese zeigt sich einerseits in einer entkrampften und selbstverständlicheren Haltung, die sich zum Beispiel in einer Besserung der sexuellen Beziehung äußerte, zum anderen in erhöhter Autonomie: sie sind imstande, belastende äußere Situationen aktiv zu verändern.
Eine psychosomatische Beeinflussung von Zyklusstörungen erfordert nach unseren Erfahrungen eine Zusammenarbeit von Endokrinologie/Gynäkologie, PsychiaterIn mit Psychotherapieausbildung und HeilgymnastikerIn zur Entwicklung eines patientinnenzentrierten Behandlungsprogrammes. Es hat sich herausgestellt, daß unser Modell der fokussierenden Beratung als Behandlung von Zyklusstörungen unter bestimmten Bedingungen effektiv ist. Diese Bedingungen beziehen sich:

- auf die psychosoziale Ausgangssituation der Patientin
- auf den Inhalt des angebotenen Behandlungsmodells

Bedingungen, die die Anwendung unseres Therapiemodells erfolgreich erscheinen lassen, sind:

- im Hinblick auf die psychosoziale Ausgangsposition der Patientin: Die Zyklusstörung soll nicht mit einer schweren Persönlichkeitsstörung verbunden sein und keinen symbolischen Charakter haben.
- im Hinblick auf den Inhalt des angebotenen Behandlungsmodells: Räumliche Gegebenheiten und personelle Zusammensetzung müssen derart sein, daß eine koordinierte Integration der genannten Vielfalt von Behandlungsmethoden gewährleistet ist:
- Entspannungstraining, Psychotherapie und, falls notwendig, somatische Therapie müssen koordiniert erfolgen. Dies macht enge Teamarbeit der TherapeutInnen notwendig.

Ätiologische Forschung:
Im Zusammenhang mit einer Untersuchung über die Rolle von kritischen Lebensereignissen in den Biographien von Patientinnen mit gynäkologisch-psychosomatischen Leidenszuständen

konnten wir Einblick in die fatalen Auswirkungen von sexuellem Mißbrauch auf das spätere Leben unserer Patientinnen gewinnen. Von allen Frauen, die in einem definierten Zeitraum (12 Monate) die Ambulanz aufsuchten, waren etwas über 10% Opfer eines sexuellen Mißbrauchs oder einer Vergewaltigung (einschließlich Inzest) gewesen. Für viele dieser Frauen war das Erstgepräch in der Ambulanz die erste Möglichkeit in ihrem Leben, darüber zu sprechen. Vor allem jene Frauen, die als Kind Opfer eines derartigen Mißbrauchs waren, hatte die unglaubliche Koalition zwischen Tätern und der Gesellschaft (häufig einschließlich der eigenen Mutter) zum Schweigen gebracht. Alle diese Frauen wiesen gynäkologisch-psychosomatische Krankheitssymptome wie z. B. chronische Schmerzzustände im Bekken, sexuelle Funktionsstörungen und eine auf alle Lebensbereiche bezogene Erniedrigung ihres Selbstwertgefühls, sowie schwere Störungen ihrer Liebes- und Beziehungsfähigkeit auf. Außerdem litten sie an depressiven Verstimmungszuständen, die in der Regel mit Psychopharmaka behandelt worden waren, wobei diese Behandlung zumeist nur zur Festigung der Scham- und Schuldgefühle führte.

BIOGRAPHIEN DER AUTORINNEN

Eva Bauer
Studium der Pädagogik, Sozial-, Sprach- und Kulturwissenschaften in München, Paris und Tübingen. Frauenspezifische Arbeit in verschiedenen pädagogischen Bereichen und in autonomen Frauenprojekten. Auf der Suche nach einem frauenmusikalischen Ausdruck Begegnung mit Inge Latz und deren frauenmusiktherapeutischer Fortbildungsarbeit 1983 im Frauenbildungshaus Zülpich. Von da ab Entwicklung der speziellen Arbeitsrichtung Frauenmusiktherapie. Sechs Jahre Mitarbeit im Frauentherapie-Zentrum München als Musiktherapeutin; Einzel- und Gruppenarbeit, Aufbau des Arbeitsbereiches „Kreativer Ausdruck" im Frauentherapie-Zentrum. 1990 zusammen mit Inge Latz Gründung von „LIVE MUSIK – Das andere Musikhaus" in München.

Verena Blumer
Jahrgang 1948, aufgewachsen in St. Gallen. Studium der klinischen Psychologie und Ethnologie an der Universität Zürich. Psychotherapeutische Ausbildung am psychoanalytischen Seminar Zürich. Zwei Jahre USA-Aufenthalt aufgrund eines Forschungsstipendiums ihres Ehemannes. Bekanntschaft mit der amerikanischen Frauenbewegung und feministischen Therpapieformen. Seit 1978 freiberufliche Psychotherapeutin in Zürich. Lebt und arbeitet seit 1981 in Saarbrücken. Freiberufliche Forschungs- und Lehrtätigkeit zum Thema „Frauenfreundschaften im historischen Wandel (19. und 20. Jhd.)". Gehört zum Netzwerk feministischer Therapeutinnen, die sich alljährlich auf dem Frauen-Therapie-Kongreß treffen, und zu einer Arbeitsgruppe von lesbischen Psychoanalytikerinnen. Lebt zusammen mit ihrer Lebensgefährtin und ihrem 13jährigen Sohn.

Martina Brandl
Geboren 1961, Dipl. Sozialarbeiterin, Studium der Soziologie und Ethnologie, derzeit Ausbildung in Psychodrama, Arbeit im psychiatrischen Bereich. Bewährungshelferin, seit 1990 Mitarbeiterin der Frauenberatungstelle Wien.

Marianne Breiter
Geboren 1952 in Wien, Berufsausbildung als Kindergärtnerin und Lehrerin, anschließend Studium der Pädagogik und Psychologie, Arbeit in der Klinik für Kinder- und Jugendpsychiatrie sowie am Institut für Tiefenpsychologie der Universität Wien, Ausbildung in Gesprächstherapie, Gründungsmitglied und ständige Mitarbeiterin der Wiener Frauenberatungsstelle (seit 1981), Fortbildung in Musiktherapie bei Inge Latz und Eva Bauer (seit 1986), Lehraufträge für feministische Pädagogik an zwei österreichischen Universitäten.

Agnes Büchele
Geboren 1949 in Vorarlberg, Psychologiestudim in Innsbruck. Während des Studiums vier Jahre Arbeit in der Kinderpsychiatrischen Beobachtungsstation. Danach Arbeit als Kostümassistentin bei Film und Theater. 1980 Promotion in Psychologie. Abschluß der Grundausbildung in Gesprächspsychotherapie. Übersiedlung nach Wien. Ein Jahr Mitarbeit am Ludwig-Boltzmann Institut der Semmelweisklinik. Leitung einer Galerie, freie Mitarbeit beim Österreichischen Fernsehen. Seit 1983 Mitarbeit in der Frauenberatung Wien. Psychotherapeutische Fortbildung in Focussing, Gruppenanalyse, Supervision. Dreijährige Fortbildung in frauenspezifischer Sozialtherapie. Lektorin an den Universitäten Wien, Graz und Innsbruck. Unterrricht an der Sozialakademie Wien. Supervisorin. Daneben Kostümentwürfe fürs Theater.

Traude Ebermann
Geboren 1950, Psychologin und Psychotherapeutin; Gastwirtstochter, gelernte Serviererin, Absolventin der Wiener Hotelfachschule, mehrjährige Berufstätigkeit im In- und Ausland, nebenberuflich Externistenmatura, Psychologiestudium, Thema der Diplomarbeit: Psychosoziale Bedingungen von Serviererinnen und Receptionistinnen. Seit 1978 Selbsterfahrung in diversen Gruppen (u. a. Bioenergetik, Gestalt, Gruppendynamik etc.), 1983–1989 Psychoanalyse nach Freud, 1984–1987 Grundausbildung in Gesprächspsychotherapie nach Rogers (ÖGwG), seit 1988 fortlaufende Ausbildung in Katathymem Bilderleben nach Leuner (ÖGATAP). Nach Studienabschluß (1987): Mitarbeit im Krisenin-

terventionszentrum Wien, Gastpsychologin an einer psychiatrischen Abteilung, Arbeit mit Arbeitslosen (Berufsfindungszentrum), 1984–1989 Leiterin von emanzipatorischen Kursen an einer Volkshochschule, seit 1989 selbständige Psychotherapeutin in einer Gemeinschaftspraxis, seit 1990 Mitarbeiterin der Frauenberatung Wien (Karenzstelle). Interessensschwerpunkte: Weibliche Biographien und Lebensformen.

Barbara Gissrau
Dr. phil.; nach fünfjähriger Arbeit als Sekretärin Abitur auf dem zweiten Bildungsweg im Hessen-Kolleg, Frankfurt. Danach Studium der Psychologie, Philosophie und Soziologie an den Universitäten Konstanz, München und Salzburg. Therapeutische Ausbildungen in Psychodrama, Gesprächstherapie und Psychoanalyse. Seit 1982 Analytikerin in freier Praxis in Stuttgart. Mitgründerin von zwei Frauenprojekten, dem ARKUNA-Frauenforschungs- und Bildungszentrum und dem FETZ Frauenberatungs- und Therapiezentrum in Stuttgart, und weitere Mitarbeit in beiden. Interessensschwerpunkte: Feministische Psychoanalyse, lesbische und heterosexuelle Identitätsbildung, Frauentherapiegruppen, weibliche Spiritualität.

Elisabeth Grünberger
Diplomierte Tanztherapeutin (Ausbildung in der BRD), sechsjährige Kliniktätigkeit als diplomierte Physiotherapeutin, ab 1981 Leitung und Organisation der Praxis für Heilgymnastik und Tanztherapie. Derzeit freiberuflich als Tanztherapeutin in Einzel- und Gruppentherapie mit tiefenpsychologischem Ansatz tätig. Supervision für BewegungstherapeutInnen, Organisatorin und Co-Therapeutin der berufsbegleitenden Ausbildung in tiefenpsychologischer Tanz- und Ausdruckstherapie im April 1991, Lehrtherapeutin an der Schule für Physiotherapie der Universitätsklinik Wien.

Barbara Hennig
Geboren 1946. Vorerst sechsjährige Ausbildung zur Innenarchitektin und zehn Jahre Tätigkeit in diesem Beruf. Mit 33 Jahren Auflösung des eigenen Archtekturbüros und Studium der Kulturpädagogik in Hildesheim. Parallel dazu Ausbildung zur Yogaleh-

rerin in Hannover. Über diesen Weg Annäherung und schließlich Begegnung mit Maria Hippius und Graf Dürckheim. Von 1983–1986 intensive Selbsterfahrung im Rahmen der Initiatischen Therapie, anschließend Ausbildung zur Therapeutin am C. G.-Jung-Institut in Zürich, wo sie seit 1987 als Therapeutin in freier Praxis arbeitet.

Birgit Hoppe
geboren 1956 in Koblenz. Studium der Psychologie in Hamburg und Berlin, Abschluß mit Dr. phil. Arbeitsschwerpunkte sind klinische Psychotherapie, hier insbesondere das Spannungsfeld zwischen Theorie und Praxis. Tätigkeit als Psychotherapeutin und Supervisorin, verschiedene Lehrtätigkeiten u. a. an TU und FU Berlin. Derzeit stellvertretende Schulleiterin der Fachschule des Sozialpädagogischen Instituts (spi). Veröffentlichungen: *Das andere Gesicht. Grenzen und Potentiale der Hysterie.* Pfaffenweiler 1986. *Körper und Geschlecht. Körperbilder in der Psychotherapie.* Berlin 1991.

Inge Latz
Studium der Schulmusik in Köln, Gesangs-, Schauspiel-, und Opernausbildung in Berlin und Düsseldorf, zusätzlich Ausbildung in Musik- und Medientherapie in Hösseringen in Verbindung mit Ausdruckstherapie des Lesley Art Institute International (Cambridge/USA/Europa), Komponistin, Musiktherapeutin und -pädagogin, seit 1970 tätig an Musik- und Fachschulen, Fortbildungs- und Therapieeinrichtungen und im geriatrischen Bereich. Im Zusammenhang mit der Frauenbewegung, in Frauengruppen und -projekten entwickelte sie die spezifischen Ansätze und Grundlagen für eine neue Frauenmusiktherapie. In der gemeinsamen Arbeit mit Eva Bauer findet diese eigenständige musikalische Ausdrucksform ihre Möglichkeit zur Weiterentwicklung und -verbreitung, auch als Fortbildungsangebot, im Münchner Projekt „LIVE MUSIK – Das andere Musikhaus". Veröffentlichungen: *Die Stille würde mich töten.* Bonn 1987; *Musik im Leben älterer Menschen.* Bonn 1988

Maria Majce-Egger
Psychotherapeutin und Gruppentrainerin in freier Praxis in Wien. Bioenergetische Analytikerin (DÖK), KlientInnenzentrierte Psychotherapeutin (ÖGwG), Gruppendynamik-Trainerin (ÖAGG). Team- und Organisationsberatung von Frauenprojekten, Supervision, Seminare, Einzeltherapien.

Elisabeth Pahl
Jahrgang 1941. Studium der Humanmedizin, Abschluß mit Dr. Med. 1968–1981 Kliniktätigkeit überwiegend in der Psychiatrie, Entwicklung und Verwirklichung sozialpsychiatrischer Ansätze. Neben der Weiterbildung zur Fachärztin für Nerven- und Gemütsleiden Therapieausbildung in Gestaltpsychotherapie. Sie gründete 1982 mit vier anderen Frauen das Projekt „Frauenspezifische sozialtherapeutische Fortbildung". Arbeit als niedergelassene Psychotherapeutin und in einer stationären Einrichtung für Drogenabhängige. Schwerpunkte der Arbeit sind Psychotherapie, Supervision, Fortbildung in Feministischer Psychotherapie.

Rotraud A. Perner
Geboren 1944, Mag. Dr. iur. (Univ. Wien), Dipl. Erwachsenenbildnerin (Päd. Ak. Wien), Diplome in Psychoanalytischer Sozialtherapie (ÖAPS), Personzentrierter Gesprächsführung (APG), Neurolinguistischem Programmieren (ÖTZNLP) und Sexualberatung und -therapie (VFB). Psychotherapeutin in eigener Praxis, Mitarbeit in den Sexualberatungsstellen des VFB, zahlreiche Lehraufträge und medienpädagogische Projekte mit Schwerpunkt Sexualaufklärung und Frauenförderung. Zahlreiche Publikationen.

Margot Scherl
geboren 1952 in Linz, 1973 Diplom für Sozialarbeit in Innsbruck. Zwei Jahre Sozialarbeit in München. Umzug nach Wien. Nach fünf Jahren im Institut für Sozialtherapie der Stadt Wien Mitbegründerin der Frauenberatung und seitdem Mitarbeiterin. 1979 Grundausbildung in Gesprächspsychotherapie, vier Jahre frauenspezifische sozialtherapeutische Fortbildung, seit 1990 in Supervisionsfortbildung bei Triangel, Berlin. Von 1980–1987 Unterricht an der Akademie für Sozialarbeit der Stadt Wien: Projektar-

beit und Soziale Gruppenarbeit. Gestaltung einer Dokumentation für den ORF über Scheidung gemeinsam mit Agnes Büchele, Entwicklung einer Schulung für Kontaktbeamte zu „Gewalt gegen Frauen in der Familie“ mit Dr. Sylvia Löw. Seit 1989 Fortbildungen für Sozialarbeiterinnen zu Sexueller Ausbeutung mit Agnes Büchele. Diverse Artikel, Aufsätze und Vorträge zu Frauenthemen aus feministischer Sicht. „Meine Zuneigung und mein Interesse gilt Frauen – und dem Frau-Sein in unserer Gesellschaft. In diesem Bewußtsein gestalte ich mir Orte und nehme mir einen Platz in dieser Welt. Das ist mein Weg, um so etwas Althergebrachtes wie Würde wieder zu gewinnen.“

Marianne Springer-Kremser
Geboren 1940 in Wien. 1967 Promotion zur Dr. Med. 1976 Heirat mit Prof. Dr. Alfred Springer, Tochter Nadja. Seit 1973 an der Universitätsklinik für Tiefenpsychologie, 1974 Leitung der Psychosomatischen Ambulanz der II. Univ. Frauenklinik. 1979 Mitglied der Wiener und Internationalen Psychoanalytischen Vereinigung. Seit 1981 Vorsitzende der Österr. Gesellschaft für Psychosomatik in Gynäkologie und Geburtshilfe. 1982 Habilitation für das Fach Psychiatrie, Psychotherapie und Psychosomatik. Derzeit Vorstand auf Zeit der Univ. Klinik für Tiefenpsychologie und Psychotherapie, Mitglied des Psychohygiene- und Psychotherapiebeirates des Bundesministeriums f. Gesundheit, Sport und Konsumentenschutz.

Ursula Wirtz
Geboren 1946. Studium der Philosophie, Literatur- und Theaterwissenschaft an der Universität München. Nach mehrjähriger Lehrtätigkeit an verschiedenen Hochschulen Abschluß des Psychologiestudiums an der Universität Zürich. Danach Ausbildung zur analytischen Psychologin am C. G. Jung-Institut/Zürich. Sie führt heute eine psychotherapeutische Praxis in Zürich und ist Dozentin am C. G. Jung- Institut. Bekannt wurde sie mit ihren Vorträgen zu den Themen Vaterlosigkeit und Inzest in den USA, Deutschland, Östereich, der Schweiz, Italien und Spanien.

DIE HERAUSGEBERINNEN

Hilde Jawad-Estrak

Geboren 1950; Studium der Psychologie und Pädagogik. Promotion 1978 zur Dr. Phil. Zwei Jahre Stipendienaufenthalt in Hamburg, dort Ausbildung in klientInnenzentrierter Psychotherapie bei Reinhard Tausch. 1980 Rückkehr nach Wien, Berufstätigkeit als klinische Psychologin und Psychotherapeutin in der ambulanten Betreuung psychiatrischer PatientInnen, Arbeit mit AlkoholikerInnen und Drogenabhängigen, 1981 Ausbildung in Gestalttherapie im ÖAGG in Wien, seit 1985 Arbeit in freier Praxis gemeinsam mit anderen GestalttherapeutInnen. Arbeitsschwerpunkte sind Einzel-, Paar- und Gruppentherapien, Einzel- und Teamsupervisionen; seit 1990 Mitarbeit an der Internationalen Akademie für Ganzheitsmedizin in Wien.

Diana Voigt

Geboren 1960 in Wien. Nach dem Schulabschluß vorerst Keramiklehre. Anschließend Studium der Germanistik und Theaterwissenschaft in München und Wien. Schon früh als „Betroffene" Kontakt mit Psychotherapie, langjährige Psychoanalyse und Gestalttherapie. Von da her auch großes Interesse und theoretische Beschäftigung mit Psychotherapie. Seit 1984 in der Frauenbewegung in diversen Projekten tätig. Seit 1988, nach dem Studienabschluß, als Verlegerin im Wiener Frauenverlag. Neben den sehr kopflastigen beruflichen Tätigkeiten als Gegengewicht Ausbildung in TRAGER, Psychophysische Integration. Außerdem leidenschaftliche Rosengärtnerin. Veröffentlichte: *Das Mädchenbuch im Dritten Reich.* Köln 1988

INHALT

REIHE FRAUENFORSCHUNG Band 5

Luce Irigaray

ZUR GESCHLECHTERDIFFERENZ

Interviews und Vorträge

164 Seiten, mit einem Vorwort von Karin Rick
Übersetzt aus dem Französischen von Xenia Rajewsky
öS 240,–/DM 34,–
ISBN 3-900399-14-X

Aus dem Inhalt: Eine andere Kunst des Genießens; Der dunkle Kontinent der Frauen; Das andere in der Natur; Körper-an-Körper mit der Mutter; Orientierung hin zu einer gesellschaftlich differenzierten Kultur; Eine Geburtslücke. Für Unica Zürn; Grenzen zwischen den Geschlechtern.

REIHE FRAUENFORSCHUNG Band 11

DIOTIMA – Philosophinnengruppe aus Verona

DER MENSCH IST ZWEI

Das Denken der Geschlechterdifferenz

240 Seiten, mit einem Vorwort von Ingvild Birkhan
Übersetzt aus dem Italienischen von Veronika Mariaux
öS 240,–/DM 34,–
ISBN 3-900399-36-0

„Die Gruppe DIOTIMA weiß sich bezogen auf die ‚Libreria delle donne di Milano', die sich mit dem Buch ‚Wie weibliche Freiheit entsteht' der Öffentlichkeit vorgestellt hat. Zeitlich geht die ‚Libreria' der DIOTIMA voraus. In ihren Schwerpunkten möchte ich eine konsequente Differenzierung feministischer Zielsetzung sehen. Das Ringen der ‚Libreria' um freiere Beziehungen der Frauen untereinander ist eine Station, die für den Schwerpunkt der DIOTIMA, die Interpretation ‚Der Mensch ist Zwei' schon Voraussetzung ist." (Ingvild Birkhan)

REIHE FRAUENFORSCHUNG Band 6

Gertrude Pauritsch/Beate Frakele/Elisabeth List (Hrsg.):

KINDER MACHEN

Strategien der Kontrolle weiblicher Fruchtbarkeit

262 Seiten, mit einem Vorwort der Herausgeberinnen

öS 218,–/DM 32,–

ISBN 3-900399-20-0

Beiträge zur Fortpflanzungstechnologie von Irmtraud FISCHER, Beate FRAKELE, Monika GIMPEL-HINTEREGGER, Helga GLANTSCHNIG, Christine HÖLZLE, Gudrun KAUPEN-HAAS, Renate KLEIN, Nancy LYON, Erna PFEIFFER, Ilse REINPRECHT, Roswith ROTH, Irmtraut SEYBOLD, Käthe SONNLEITNER, Ingrid SPÖRK, Lisbeth N. TRALLORI, Christa WICHTERICH

REIHE FRAUENFORSCHUNG Band 8

Barbara Neuwirth (Hrsg.):

FRAUEN, DIE SICH KEINE KINDER WÜNSCHEN

Eine liebevolle Annäherung an die Kinderlosigkeit

288 Seiten, 6 Abbildungen, mit einem Vorwort der Herausgeberin

öS 240,–/DM 34,–

ISBN 3-900399-26-3

Im Mittelpunkt der Beiträge aus den Bereichen Soziologie, Geschichte, Ethnologie, Japanologie, Philosophie, Romanistik, Psychologie stehen Frauen, die sich für ein Leben ohne Kinder entscheiden.
Mit Beiträgen von: Elfi HÖCKNER, Ruth LINHART, Claudia OPITZ, Monika PELZ, Erna PFEIFFER, Karin RICK, Roswith ROTH, Elisabeth WALLINGER, Christiane SCHMERL und Lindy ZIEBELL.

REIHE FRAUENFORSCHUNG Band 15

Claudia von Werlhof

MÄNNLICHE NATUR UND KÜNSTLICHES GESCHLECHT

Texte zur Erkenntniskrise der Moderne

216 Seiten, mit einem Vorwort der Autorin

öS 268,–/DM 39,–

ISBN 3-900399-51-4